世纪波
Century Wave

THE FUTURE OF HR

HR的未来简史

洞悉人力资源管理未来发展的启示录

Understanding HR Management Trends That Will Shape Our Future

唐秋勇 等 著

電子工業出版社
Publishing House of Electronics Industry
北京·BEIJING

图书在版编目（CIP）数据

HR的未来简史 / 唐秋勇等著. —北京：电子工业出版社，2017.8
ISBN 978-7-121-32106-1

Ⅰ. ①H… Ⅱ. ①唐… Ⅲ. ①人力资源管理 Ⅳ. ①F243

中国版本图书馆CIP数据核字(2017)第162174号

策划编辑：吴亚芬
责任编辑：杨洪军
印　　刷：北京富诚彩色印刷有限公司
装　　订：北京富诚彩色印刷有限公司
出版发行：电子工业出版社
　　　　　北京市海淀区万寿路173信箱　邮编100036
开　　本：720×1000　1/16　印张：20.25　字数：325千字
版　　次：2017年8月第1版
印　　次：2021年2月第8次印刷
定　　价：98.00元

凡所购买电子工业出版社图书有缺损问题，请向购买书店调换。若书店售缺，请与本社发行部联系，联系及邮购电话：（010）88254888，88258888。
质量投诉请发邮件至zlts@phei.com.cn，盗版侵权举报请发邮件至dbqq@phei.com.cn。
本书咨询联系方式：（010）88254199，sjb@phei.com.cn。

前 言

一切坚固的东西都将烟消云散，个体崛起的时代已经到来，人力资源行业正在经历一场史无前例的大变革。

共享经济、工业 4.0、物联网等新经济，以及云、大数据、人工智能等新技术正在以前所未有的速度变革着商业环境和模式，对传统企业管理进行着冲击。新技术正助推变化的发生，并导致许多商业形态的消亡。那么，未来的商业组织和工作将是什么样子呢？

商业环境正在发生剧变，而组织也面临着未来发展的空前挑战。对于领先组织而言，越领先意味着越接近灭亡，大型企业创新导致的必然趋势则是科层式组织架构的崩溃，而组织的边界也正在被打破。与此同时，随着个体的崛起，自由工作方式成为未来职场大趋势，阻拦自由工作方式的障碍早晚会土崩瓦解。未来，传统的职业概念及人力资源管理方式都将失去意义。

在个体时代，权威不断消失。组织形态和工作方式也正在发生变革，传统的集中在固定场所和时间的工作方式逐渐被瓦解，员工与组织之间则从雇佣关系走向联盟关系：企业将演变成由全职员工与自由职业者组成的混合体，而未来的工作也将由全职员工、自由职业者、外包服务机构、人力资源平台和人工智能等协同完成。

在个体价值崛起时代，组织的职能不再是分配任务和监督工作，而是搭建平台和培育土壤，让员工的专长、潜力、兴趣等能够得到更好的发挥。对于组织而言，未来要管理的员工将变得更加多元化和复杂化。人力资源管理者需要利用多方资源，充分利用多样化的劳动力，进入人力资源管理新时代。

未来，扑面而来。组织如何突破创新者的窘境？未来，雇佣时代是否走向终结？如何重构未来的组织发展战略？人力资源管理如何应对全球化人才布局、技术的突变、文化意识，以及文化多样性、组织变革等问题？人力资源部门如何进行快速迭代？人力资源管理者如何帮助组织快速适应未来商业环境和组织形态的变革？面对时代的挑战，人力资源管理者如何定位未来角色？

人力资源管理正在经历一场史无前例的历史性变革，没有简单便捷的答案可循。实际上，容易解决的问题不复存在。

在快速变化的商业环境之下，人力资源部门必须直面挑战，积极主动拥抱变革，重视人才对组织运作的决定性作用，率先引领以人才为核心的一系列组织创新与变革，以扁平化和互联式的组织形态解放人才，让他们释放出最大的活力与创新力。同时，善于用新理念、新方法和新技术提升人力资源管理的效率，为企业未来发展提供战略支持，创造更大的价值。

作为中国最大的人力资源管理媒体，转眼间，HRoot已经成立了15年。15年来，我们见证了中国人力资源管理的巨大变革，也致力于为企业引进一系列具有前瞻性和行之有效的人力资源管理理念和技术，帮助人力资源部门在大时代的变革背景下掌握变革的主动权，用新理念推动组织转型。同时不断借助互联网新技术，书写人力资源管理新的未来。

HRoot是中国最大的人力资源媒体公司，旗下拥有诸多行业领先品牌与平台业务。目前，HRoot旗下网站注册用户总数达到200万人，每年向用户提供5亿人次的人力资源在线信息访问，每年主办活动的参加人数超过5万人次，旗下出版物读者达3.5万人。现在，HRoot客户已经超过了5万家，同时在华的《财富》世界500强企业中，超过95%是HRoot的客户，此外，还拥有超过500家人力资源服务机构、商学院、协会等广告客户或赞助商，其中包括全球最大的10家人力资源服务机构中的9家。

《HR的未来简史》所提供的是一面透视镜。通过本书，读者可以了解未来组织和工作方式的变化，以及人力资源管理极具前瞻性的理念和技术。我们希望与读者共同探讨人力资源行业的前沿浪潮与发展趋势，洞悉潜在的变革因素，见证整个人力资源行业技术与服务融合的演变。

本书适合在企业从事人力资源管理工作的人员，以及与之相关的管理人士参考使用。此外，本书对于从事与人力资源管理工作相关的理论研究、企业创新与变革管理工作的研究学者，大专院校人力资源管理等相关专业的学生，以及其他相关人员都有很高的参考价值。书中若有不足之处，恳请广大读者批评指正。

《HR的未来简史》是集体智慧的结晶，从选题、立意、策划、大纲拟订到成书的过程中，始终得到人力资源高管的大力支持，得到人力资源学术机构及其他研究机构的学术指导，也感谢积极参与本书编辑的叶琼亚、彭海燕、毕景艳、王琴琴、沈奕安、仇珍珍、王姣丽、马莲莲。本书也获得了业界众多企业家的鼎力支持，在此一并致以真诚的感谢。

唐秋勇

HRoot总经理、《人力资本管理》杂志执行主编

致HR:
如果今天我们不研究未来，
未来我们将
生存于迷茫之中！
HR的
未来简史

作者简介

唐秋勇先生在人力资源管理领域有十多年工作经验，他是中国最大的人力资源媒体公司 HRoot 总经理，并担任公司旗下的《人力资本管理》杂志执行主编。现在 HRoot 的客户高达 5 万家，包括了 95% 以上的在华世界 500 强企业，同时全球最大的 10 家人力资源服务机构中 9 家是 HRoot 的广告客户或赞助商。他先后创办了中国发行量最大的人力资源管理期刊《人力资本管理》、全球规模最大的人力资源行业展会——中国人力资源服务展、中国领先的人力资源精英社团——卓悦会、中国人力资源行业的领袖级会议——中国人力资本论坛。

唐秋勇先生拥有澳大利亚国立大学创新管理硕士学位和华中科技大学工商管理硕士学位，并拥有香港大学组织与人力资源管理研究生文凭，他还攻读了哈佛商学院“专业服务公司发展战略”项目。他著有多本计算机和人力资源管理方面的畅销图书，如行业畅销著作《卓越 HR》《人事第一》等。

沟通交流，请联系：anson@hroot.cn

关注 HRoot 微信公众号，可获取全球人力资源行业最新资讯。首次关注并发送“HR 的未来简史”可获赠价值 50 元的一期电子版《人力资本管理》。

目录

第 1 章 商业环境的巨变 / 1

商业环境：不断加速的跑步机 / 7

巨型组织的白垩纪：21 世纪的恐龙 / 16

不可思议的悖论：越领先越接近灭亡 / 20

巨型化组织如何应对创新者的窘境 / 22

商业世界的达尔文主义：黑暗丛林的生存法则 / 25

第 2 章 工作的未来：雇佣时代会终结吗 / 31

未来的工作：分解、扩散、脱离 / 33

工作任务和企业组织正在分离 / 34

最后的边界：组织的边界正在被打破 / 36

未来组织：全职员工与自由职业者混合体 / 39

全球性人才库 / 51

未来的工作场所 / 55

与机器赛跑 / 59

第 3 章 未来的组织趋势：混序与开放 / 67

大型企业创新的必然趋势：科层式组织架构的崩溃 / 72

重构组织：用设计思维驱动组织战略与发展 / 86

个体价值崛起时代如何打造组织能力 / 94

权威的消失与权力的崩溃 / 97

从雇佣关系到联盟关系 / 103

从“人才池”到“人才河流”，以及组织的新挑战 / 107

第 4 章 未来的招聘 / 111
传统招聘渠道的没落 / 113
价值主张的战场 / 117
营销技术与品牌管理的入侵 / 123
构建人才引力场 / 130
雇主品牌的蝶变 / 132

第 5 章 行为设计与员工体验：人才管理的新边疆 / 141
行为设计学：在行为心理学与行为经济学边界以外 / 143
从心智模型到行为改变 / 150
员工体验的方程式 / 156

第 6 章 学习与发展的未来：企业大学的终结 / 165
传统课堂学习审判日的到来 / 167
构建知识工厂：内容生产流水线 / 170
自我导向学习体系的构建 / 173
认知设计：重构学习旅程与体验 / 174
大争论的结局：正式学习与碎片学习 / 179
高频、新鲜、个性、多样的学习新时代 / 182

第 7 章 认可与激励的未来战略 / 185
未来的整体回报 / 187
解码激励体系 / 194
识别福利缺失的环节 / 207

第 8 章 混沌中探寻生机：绩效管理的未来 / 213
关于绩效管理变革的争论：涂了口红的猪还是猪 / 220
追根溯源：从关键绩效指标到目标和关键结果 / 222

第 9 章 大数据与人工智能的入侵 / 247
满意度、敬业度调研即将随风而逝 / 249
薪酬数据报告的跃迁 / 258
HR 认知与预测能力的飞跃：美妙的数据流动与实时分析技术 / 263
三支柱的坍塌——即将到来的人力资源共享服务中心机器人化 / 271

第 10 章 HR 的未来之镜 / 275
人力资源部门的敏捷与迭代 / 277
超级 HR 的诞生：哥伦布与人力资源管理的新边疆 / 284

致HR：

没有洞察未来
就盲目前行，
终将走入谬误！

HR的未来简史

第 1 章

商业环境的巨变

在这个指数级时代，
别人迅雷不及掩耳，
我们岂能掩耳盗铃？
HR的
未来简史

当西洋人的长枪大炮对上义和团的大刀长矛时，义和团“刀枪不入”的“神话”破灭了；当清朝政府再次围剿义和团时，被两面夹击的义和团最终“兵败”。义和团对外部环境的忽视（放松对清朝政府的警惕与防备），以及对西方技术的盲目排外（抵抗或销毁一切与西方有关的事务），是他们败北的直接原因。**在商业世界中，一切无视针对商业环境新的冲击的行为，对竞争对手的变化掩耳盗铃的行为，必将导致商业的失败。**如同阿里巴巴董事局主席马云所言：“很多人输就输在，对于新兴事物，第一看不见，第二看不起，第三看不懂，第四来不及。”

今天，企业所面临的商业世界与先前相比已经大相径庭，不仅更加复杂，竞争环境的不确定性也大大增强。无论你是否愿意，你都将面对一系列前所未有的崭新挑战。

❑ 全球化

世界已经进入全球化时代，企业所面临的竞争对手不再局限于所在的行业和地区，供应商、合作伙伴、客户也不再集中在特定的区域内，而是可能来自这个星球的任何一个角落。人才、资本、技术、信息、能源在全球范围内流动，跨国的整合、并购越来越多地涌现。

全球化带来了世界性的市场，也带来了世界性的挑战，这既让人激动又让人恐惧。企业要在全球竞争舞台上立足，必须重新制定战略，构建核心竞争力，塑造高绩效的企业文化。

全球化要求企业做出多方面的变革：

- 在全球范围内选择合适的生产地点、运营地点，尽可能地控制成本。
- 尽可能地贴近市场前沿和客户需求做出决策，灵活应对市场变化。
- 优化组织结构，提高运营效率，灵活应对来自多方面的挑战。
- 塑造企业的跨文化管理能力。

❑ 快速化

现在已经成为一个成功和失败都以十倍速率变化的时代。产品更新换代、技术淘汰、客户需求提升的速度变得越来越快，这要求企业必须加快研发创新、不断适应客户需求、加快产业升级和提高快速决策的能力，同时需要更加注重渐进性变革和突破性变革的平衡。

❑ 复杂化

（1）企业内部的组织结构复杂化。随着经济全球化以及互联网与通信技术的发展，**越来越多的企业采用虚拟团队的形式完成项目**。身处不同地点的员工必须跨越时间和空间，合作达成既定的工作目标。管理者需要化解文化的冲突，建立团队信任感，克服员工的孤立感，有效评估工作绩效，而这些都是非常艰巨的挑战。

（2）客户的需求越来越多样化、个性化。面对当今日益动荡的市场环境，客户需求愈加个性化和多样化。企业越来越难把握客户的需求，**迫切需要重新设计可以快速响应来自客户的一系列不确定需求的业务流程**，从而增加产品多样性，缩短周期时间，争取第一时间满足客户所需的产品和服务。

（3）企业间、行业间的依赖性增强。人们日常乘坐的波音飞机，虽然最后的整体安装在波音公司的工厂内完成，许多部件其实并非由波音公司制造。波音787飞机超过65%的部件外包给外国公司制造：可移动的尾缘来自澳大利亚的工厂；机身和机翼的整流罩来自加拿大的温尼伯；日本富士、川崎、三菱则负责机翼和机身中部的制造。**波音公司已经从单纯的飞机制造公司变成了项目设计、整合、协作者。**

（4）企业的边界越来越模糊。随着互联网技术的发展，互联网分流了传统媒体的广告、读者和信息源。网络媒体从形式上对读者的冲击力更强：它不仅表现力更好、互动性更强、时效性更快，而且，内容不受版面限制。传统媒体的内容由记者和编辑撰写，并通过自身的媒体平台发布；而在互联网环境中，内容更多地由用户提供，读者越来越倾向于通过开放式网站平台获取新闻和信息，往往在传统媒体对突发事件做出反应之前，互联网上已经炸开了锅。传统媒体在两条战线上陷入苦战——不仅要应对同行的竞争，同时要面对新兴的网络媒体这一非传统对手的竞争。新闻集团早已意识到这一点并迅速采取行动：收购MySpace。

（5）全球性商品价格传导和对流效应，对企业的成本和利润产生重大影响。原油价格飙升产生了一系列价格传导效应，影响范围不限于能源行业，还波及食品、纺织、交通、日用化工等众多行业。石油价格上升，促使以粮食为原料的生物燃料的兴起，导致全球有数千万吨粮食用于制造生物燃料。同时，由于石油是世界上第一种人工合成的甜味剂——糖精钠的原料，它的价格上涨促使了玉米更多地被用于制造替代甜味的甜味剂。同样的道理，石油价格的上涨也导致了石油产品——化纤价格的上涨，这又传导至替代品棉麻价格的上涨，从而使纺织业的成本全面上升。而这种影响蔓延至交通行业，使所有企业物流运输成本大为提升。

（6）大幅度的汇率变化。随着世界各国经济交往的日益密切，全球货币的汇率波动自 21 世纪以来不断加剧。激烈的竞争使得企业微利化，导致一旦汇率发生微小变化，那些出口型企业原本已微薄的利润瞬间化为乌有，遭受灭顶之灾。

（7）全球人才流动性增强。今天，几乎所有的企业都在抱怨难以招募到合适的优秀人才，而竞争对手更为激进的招聘手段，也使得保留人才的成本大大增加。在战术层面上，企业需要提供不低于同行业或本地区其他企业的薪酬福利待遇；在战略层面上，则需建立具备全球竞争优势的人力资源管理体系，而非仅仅控制雇佣成本。统计表明，企业花在吸引和保留人才方面的费用比历史上任何时期都要高。

以上这些趋势的交互作用，令企业面临的商业环境更加激荡，使得**企业不仅要保持规模化、差异化、低成本等传统竞争力，还要打造更为强大的复合竞争力，这包括适应力、执行力、创新力、洞察力。**

❑ 适应力

除了要应对残酷的市场、严苛的客户、无情的对手，企业的领导者还必须与诸多不可预测的威胁作斗争：金融市场的崩溃、天气或地质灾害，甚至恐怖事件等。优秀的企业必须建立应对众多不可控风险的应变机制。例如，沃尔玛公司的 125 家超市中的大部分能在毁灭性的卡特里娜飓风过后的短短数天内重新开张，就是因为其危机预案中有用铁路供应系统应对当时瘫痪的公路运输系统的部分。

❑ 执行力

对于美好的蓝图和完美的战略，如果没有必要的执行力，都只能是空中楼阁。企业执行力差的原因除了员工的能力和态度问题，也有可能是管理本身的问题。作为管理者，要注意目标的清晰度、方法的可行性、流程的合理性、激励的有效性、考核的全面性等，这些是提高执行力的关键。

❑ 创新力

1913 年，美国 50% 的汽车都是福特公司生产的。至 1918 年年底，美国的汽车将近一半都是福特 T 型车。随着时间的推移，客户希望有更多的品种、更新的款式、更加节能降耗的轿车。但福特汽车公司的前总裁亨利 · 福特说："客户可以选择他想要的任何一种颜色，只要它是黑色。"即客户只能够购买福特黑色的 T 型车。而此时，通用汽车公司等竞争对手则加紧推出新车型并在 20 世纪 70 年代的石油危机中后来居上，而福特汽车公司一度濒临破产。**亨利 · 福特深有体会地说："不创新，必灭亡。"**

今天企业创新的形态已经不仅是指产品创新和技术创新了，还包括战略创新，服务、组织与制度创新，管理创新，营销创新和文化创新等，真正优秀的企业应该综合具备以上创新能力。

❑ 洞察力

柯达是数码相机技术的发明者，并不缺乏创新力，但对市场的发展缺乏洞察力，固守传统影像市场，造成了其此后的发展不利。管理者必须未雨绸缪，在市场变化之前就做出反应，如果在市场已经产生重大变化后才亡羊补牢，则为时已晚。

案例：魏文王问扁鹊

春秋战国时期，魏文王问名医扁鹊："你们兄弟三人，谁的医术最高明？"扁鹊说："大哥医术最高，二哥次之，我的最差。"魏文公很好奇："为什么你名气最大呢？"扁鹊说："我大哥治病是看病人的神色，病还没发作，他就把病给治了，所以他的名声总是传不出家门。我二哥治病是在病人稍有不适的时候，因此他的名声传不出巷子。而我看病时，病人已经病入膏肓，我用的是疏通血脉的针、有毒副作用的汤汁、埋入肌肤之内的草药。所以我的名声反倒传遍了各个诸侯国。”

点评：在企业陷入危机时力挽狂澜，往往给一个管理者带来很大的名气。但真正有洞察力的管理者在狂澜掀起前或刚掀起时已经提前做出正确反应，而不是等到市场已经产生重大变化或企业已经造成严重损失时才挽狂澜于既倒，扶大厦之将倾。

今天企业所面临的商业环境与生存环境变得异常“尖锐”，企业的成功和衰败都呈直线式：要么火箭般上升，要么断崖式跌落。**一如梅赛德斯奔驰的广告语所言的“the best or nothing”，前所未有的不确定性，让如今的企业处于随时被颠覆、淘汰的边缘！**

商业环境：不断加速的跑步机

从工业革命以来，每次技术革命都推动了商业世界的快速发展，如图 1-1 所示。第一次工业革命始于 1755 年，机器、蒸汽、铁路推动了人类从农耕文明向工业文明的演变；第二次工业革命始于 19 世纪末，石油、钢铁、电气、重工、汽车等的兴起重塑了产业的发展，全球交流加快；始于 20 世纪中期的第三次工业革命开创的“信息时代”，更是拉开了商业历史最为璀璨的变革步伐，互联网和移动互联技术使得全球信息和资源的流通变得更为迅速，从古时候的鸿雁传信需要耗费数月、数周、数日的时间，到如今通过电子邮件就可以进行全球快速连接，甚至可以通过社交软件等进行实时沟通；当下发生的第四次工业革命，借助科技变革的力量，更是整个系统的创新，数字技术、物理技术、生物技术等有机融合使得变革如海啸一般席卷而来。

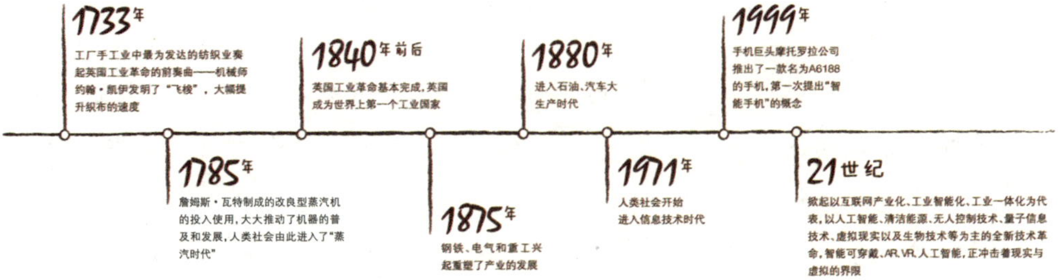

图 1-1 产业革命时间轴

如果说蒸汽机和电动机带来的革命释放了人的体力，那么互联网与智能科技带来的技术革命则释放了人的“脑力”。信息与资本加快了商业发展的速度，且变化的速度越来越快。互联网技术、移动技术、人工智能、虚拟现实技术、增强现实技术、可穿戴设备等新技术不断颠覆人们的生活、工作方式，并改变着商业世界的竞争规则与态势。拥抱技术，拥抱变化，否则就只能被世界所淘汰，正如《全球目录》作者斯图尔特·布兰德所说：**“当新技术的压路机向你碾压过来时，如果你不能成为压路机的一部分，那么你就只能成为路的一部分。”**[1]

❑ 速度！速度！速度

普利策奖获得者、美国畅销书作者托马斯·弗里德曼在其著作《世界是平的》中说，**如今最明显的衡量标准是速度——特别是商业、旅行、通信和革新的速度。**[2] 速度成为第一要诀，因为新物种出现的速度，远远超出人们的想象。**从农业时代到工业时代，100 年（五代人的时间）把 90% 的农民转换成了工人；未来的 20 年，现在 90% 的全职工作将消失！**[3]

快鱼吃慢鱼，全球商业的变革都在加速，而中国则在过去的 30 多年间犹如接受了过去 300 多年历史呼啸而来的变化，中国经济以人类经济史上前所未有的速度高速发展：从 1978 年到 2013 年，中国实现了年均 9.8% 的国内生产总值（Gross

---

1 史蒂文·霍夫曼 . 让大象飞 [M]. 周海云，陈耿宣，译 . 北京：中信出版社，2017.

2 托马斯·弗里德曼 . 世界是平的：21 世纪简史（内容升级和扩充版 3.0）[M]. 何帆，肖莹，译 . 长沙：湖南科学技术出版社，2016.

3 约翰·布德罗，瑞文·杰苏萨森，大卫·克里尔曼 . 未来的工作：传统雇用时代的终结 [M]. 毕崇毅，康至军，译 . 北京：机械工业出版社，2016.

Domestic Product，GDP）增长率，人均 GDP 实际增长 17 倍多。[1] 资本运作更是中国企业高速发展的助推器，每一天都有企业获得融资、上市。2016 年中国沪深股市股票总数首次突破 3 000 家，年产值近 30 万亿元，总市值超过 52 万亿元。

热闹的创投风潮也让中国企业面临更加严峻的挑战，经历着在商业市场的快速成功与洗盘，成功登顶与跌落谷底都变得更加直接。“如果把做企业比作 100 米的赛跑，在西方真是 100 米赛跑，在中国可能是 100 米的障碍跑、100 米的跨栏跑。”马云如是说。尽管异常艰辛，但阿里巴巴、腾讯、百度等企业在梦想飞扬的互联网时代，将信息技术转化成颠覆一切传统思维的生产力。阿里巴巴和腾讯市值破 3 000 亿元用了 18 年；微信突破 9 亿月活跃用户数用了 8 年；摩拜完成 D 轮 25 亿美元融资只用了 8 个月；2017 年 4 月末，滴滴估值达到 500 亿美元，成为世界上估值第二高的私营科技初创公司；[2] 共享单车平台 ofo 2017 年 3 月 1 日宣布完成 D 轮 4.5 亿美元的融资，估值达到 138 亿元人民币 [3]……

需要特别指出的是，在商业环境中，竞争速度是指相对速度而非绝对速度。相对速度是指相对于竞争对手的速度，这意味着即使一家公司发展的绝对速度很快，但在相对速度上仍然落后于竞争对手，则未来依然可能被淘汰。

❑ 人工智能与人类的相爱相杀

20 世纪初，美国资本家约翰 · 戴维森 · 洛克菲勒用免费的煤油灯控制了整个石油经济命脉，21 世纪的互联网巨头谷歌、亚马逊等公司则通过互联网与移动互联技术，用免费的服务获取了数以亿计的用户，并获取这些用户所产生的行为轨迹与数据。从 20 世纪 50 年代计算机诞生以来，软件开发人员一直试图让这些“有思想的机器”能够像人类一样思考。在过去的十年里，计算机的深度学习算法不断优化，急剧增长的数据也推动了机器学习更加强大，人工智能进入加速

1 蔡昉 . 中国 35 年人均 GDP 增长 17 倍创造经济奇迹 [EB/OL]. 中国新闻网（2015-05-20）. http://finance.chinanews.com/cj/2015/05-20/7289958.shtml.

2 滴滴为什么总能融这么多钱？日本媒体很好奇 [EB/OL]. 华尔街见闻（2017-06-07）.https://wallstreetcn.com/articles/3013833.

3 界面传媒发布“创业估值榜”[EB/OL]. 界面新闻（2017-03-09）.https://www.jiemian.com/article/1158902.html.

增长的新阶段：在2011年成立100周年之际，国际商业机器公司（International Business Machines，IBM）的大数据与分析平台Watson在“危险边缘”电视游戏节目中战胜人类获得冠军；2016年，谷歌开发的AlphaGo成为第一个击败人类职业围棋选手、第一个战胜围棋世界冠军的人工智能程序。

在商业世界中，这些海量数据极具价值。例如，特斯拉的用户数量越多，无人驾驶自主学习的知识库就越强大。尽管特斯拉一年销量7万多辆，但其市值却超过销售几百万辆的通用汽车。

《与机器赛跑》的作者安德鲁·麦卡菲曾研究发现一个惊人的现象：机器转变为电脑的那一年，也是美国劳动力的税后工资开始下降的一年，更是美国的岗位数量停止增长的时候。这不是一个巧合。亦如安德鲁·麦卡菲写道：人们正在进入世界历史的一个全新阶段，为全球人口生产商品、提供服务所需的工人，正在变得越来越少。[4] 创新工场创始人李开复认为，人工智能将全面取代未来5秒以下的工作。同时，翻译、简单的新闻报道、保安、销售、客服等领域也将约有90%的工作被人工智能全部或部分取代。

案例：银行家向“码农”低头，华尔街失守

人工智能对于工作机会的“抢夺”已不局限于劳动力密集的领域，离钱更近的金融服务业等领域也遭遇颠覆。世界四大会计事务所之一的德勤开发了财务机器人，这个机器人能够替代15个财务人员的工作，而且可以每周7天、全天24小时工作。它解决了大量手工操作工作的人力和时间，并大大增强了数据的准确性；而且它能够快速响应企业业务的变化和扩展，使之真正能达到百分之百全覆盖。

摩根大通也利用人工智能技术开发了一款金融合同解析软件，经测试，原先律师和贷款人员每年需要36万小时才能完成的工作，这款软件只需几秒就能完成。不仅错误率大大降低了，而且它从不放假。

根据金融数据服务商Kensho的创始人预计，到2026年，33% ~ 50%

4 埃里克·布林约尔松，安德鲁·麦卡菲. 与机器赛跑 [M]. 闾佳，译. 北京：电子工业出版社，2014.

的金融业工作人员会失去工作，他们的工作将被电脑取代。Kensho 开发的程序，做分析工作只需 1 分钟，而拿着高达 35 万美元年薪的分析师们，则需要 40 小时才能做完同样的工作。

与之相应，金融机构的雇员人数逐年下降，2000 年，高盛在纽约总部的美国现金股票交易柜台雇用了 600 名交易员。如今，这里只剩下两名交易员“留守空房”。科技公司的雇员中，拥有在金融行业工作经验的人数在上升。领英的数据显示，谷歌 4.75 万名员工里，至少有 1 200 人曾经在全球排名前十的投行工作；苹果至少有 75 名员工来自投行；优步员工中有 10% ~ 15% 来自金融服务业，曾经在高盛工作的员工占 5%。[1]

当机器人进入人力资源管理领域，在这场人与机器的赛跑中，一部分处于价值链底端的人力资源管理者将面临失业，并被迫向价值链附加值更高的工作转型。2017 年 5 月 25 日，在 HRoot 打造的“前沿与趋势——人力资源技术与服务大会（Tech^HR）”（上海站）上，两款新型人力资源服务智能化机器人现身大会现场，引起了人力资源管理者的极大关注。这两款智能化机器人，一款是由一站式自助办公服务提供商纷享科技带来的 iHR 人力机器人——这款机器人可以为企业员工提供 24 小时自动证明打印服务，堪称人力资源服务部门的即时助手；另一款则是文思海辉发布的科技产品智能服务终端，可以大大提升人力资源共享服务中心的服务效率。每台机器每年可节约的人力成本约 26 万元。据预测，2025 年，99% 的人力资源共享服务中心将被机器取代。

全球顶级商业咨询公司麦肯锡 2016 年发布的报告《机器的崛起：中国高管眼中的人工智能》显示，随着人工智能的兴起，人类 50% 的工作职责会在 2055 年消失，最早在 2035 年，最迟在 2075 年……麦肯锡公司对于中国企业在人工智能方面的发展评估更优于全球平均水平，它预计中国的人工智能应用市场将以 50% 的增速逐年增长，远远超过全球市场 20% 的复合年增长率。

技术快速更新带来的冲击也让企业与员工都经受着前所未有的压力，而这种压力源自技术进步与生产能力间差距的不断扩大，如图 1-2 所示。

1 华尔街分析师最大的敌人：人工智能 [EB/OL]. 华尔街见闻（2016-03-19）https://wallstreetcn.com/articles/232629.

2025年，
人力资源共享服务中心
99% 的HR工作岗位
将被机器人替代！
HR的
未来简史

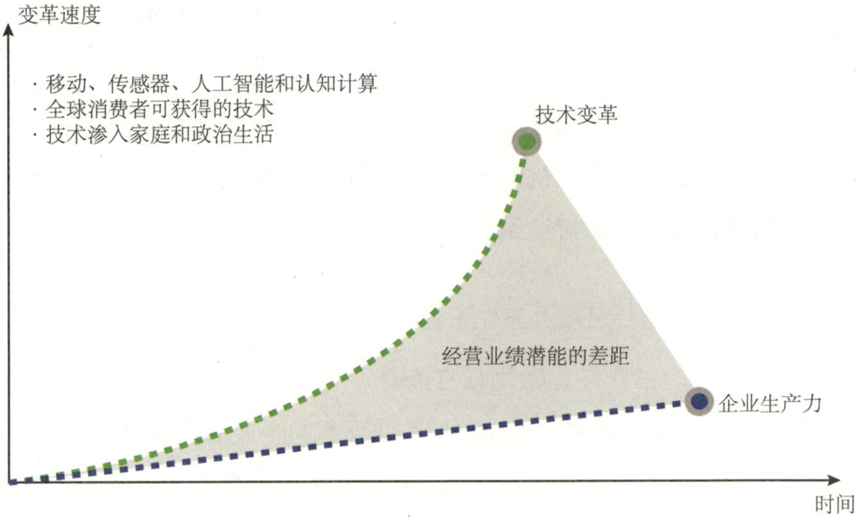

图 1-2　技术变革与企业生产力的差距逐渐扩大

资料来源：《2017 年德勤全球人力资本趋势报告》。

托马斯 · 弗里德曼在 *Thank You for Being Late* 一书中提到了 Alphabet 公司的 Google X 部门首席执行官埃里克 · 泰勒创建的一个曲线图，印证了这一趋势（见图 1-3）。

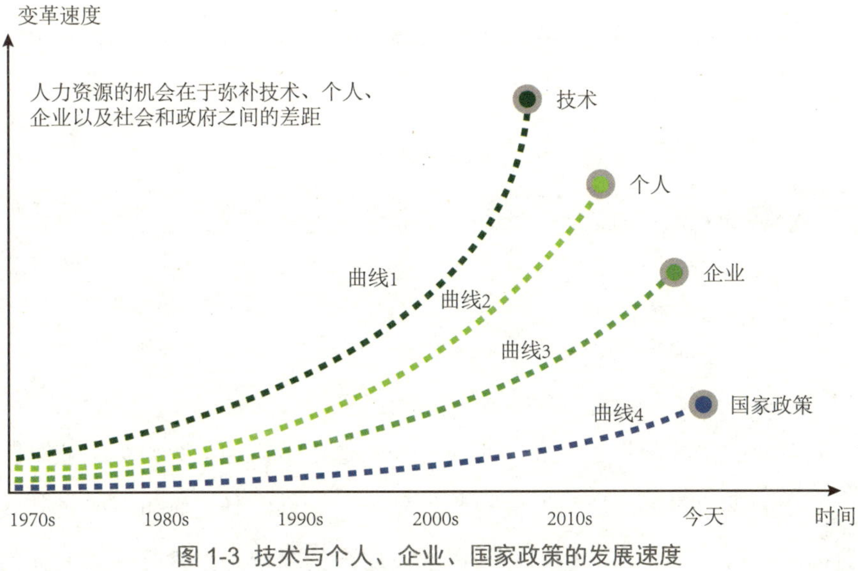

图 1-3　技术与个人、企业、国家政策的发展速度

资料来源：《2017 年德勤全球人力资本趋势报告》。

曲线 1 ～ 4 依次代表了技术、个人、企业与国家政策。从图中可以看出，技术变革以指数级的速度发展，个人能够以相对较快的速度接受科技创新，但是企业对于新技术的适应能力却相对变慢，国家政策的调整速度则更慢。

生产力低下的企业必将很快败给竞争对手，德勤将造成这种差距的原因归结于人力资本战略，即企业如何组织、管理、发展以及统筹人员。[1]

❑ 敏捷：指数级增长中的适者生存

通用电气公司的第八任首席执行官杰克 · 韦尔奇说："如果外部的变化比内部的变化快，那么企业的死期就不远了！"如果你的企业的优势建立在某种技术、成本和信息不对称上，那么它很有可能被替代。未来生存下来的前提是敏捷，适者生存。

在如此严峻和快速变化的商业环境中，企业的机会窗口期被缩短：过去客户需求变化和行业演变非常慢，现在一着不慎，满盘皆输；过去产品生命周期长达 10 年计，现在以月计、以周计；过去只要关注几个竞争对手，现在需要小心提防门外的"野蛮人"；过去只要高速增长就够了，现在需要指数级增长。全球商业太空探索的领导者、美国硅谷的创业明星彼得 · 戴曼迪斯把企业的增长方式划分为线性增长和指数级增长，传统企业与指数型企业有着不同的特色与发展重点（见表 1-1）。

表 1-1 传统企业和指数型企业的特色和发展重点

传统公司	指数型企业
确定赢利模式	快速扩张市场份额
尽快赢利	高速获取海量客户资源
有机增长	变现
扩张	

一流企业的"标准"在互联网时代已经不适用了，因为那是大工业时代的思维逻辑。在大工业时代，所有产品被整齐划一，标准的制定者可以坐享其成。而未来的标准只有一个，即满足用户的需求。**用户的需求是个性化、多元化的，这**

1 德勤 . 2017 年德勤全球人力资本趋势报告 [R]，2017.

也迫使组织变得更加敏捷。

敏捷是一种过程控制理论，要求企业适用于快速变化的市场；适用于客户，也不知道自己要什么的情况，要求企业和客户不断沟通、合作、倾听反馈、持续改进；适用于竞争激烈的市场，在竞争对手之前交付一个不完美但至少能用的产品非常重要。表 1-2 所示为传统企业与敏捷企业的差异。

表 1-2　传统企业与敏捷企业的差异

类型 差别	传统企业	敏捷企业
经营理念	强调大而全	强调专和强
组织结构	臃肿	简单
运营模式	自力更生，单打独斗	广泛使用外包、内包
资源获取	挖掘内部资源	整合外部资源
资源分布	散布于众多职能部门	集中于核心竞争力
经营原则	循规蹈矩	开拓创新
职能部门	高度重叠	拥有共享服务中心
业务模式	粗放	集约
运营成本	较高	较低
市场反应速度	迟钝	敏捷
优势环节	生产、供应链、销售	设计、研发、品牌
利润来源	规模效应	价值创造
员工主要行为	重复性劳动	创造性工作
固定资产比重	高	低
资源投入	分散于所有业务职能	集中于核心竞争力
净资产回报率	低	高

这种产品被称为最小可行产品，其目标是尽可能以低成本、快速有效地进行实验来检验假说中的各种假设因素，从而弄清楚方案是不是真正解决了所识别出的客户的问题，如图 1-4 所示。[1]

1　亨布尔，莫莱斯凯，欧莱礼，埃里克·莱斯．精益企业：高效能组织如何规模化创新 [M]. 姚安峰，韩锴，译．北京：人民邮电出版社，2016.

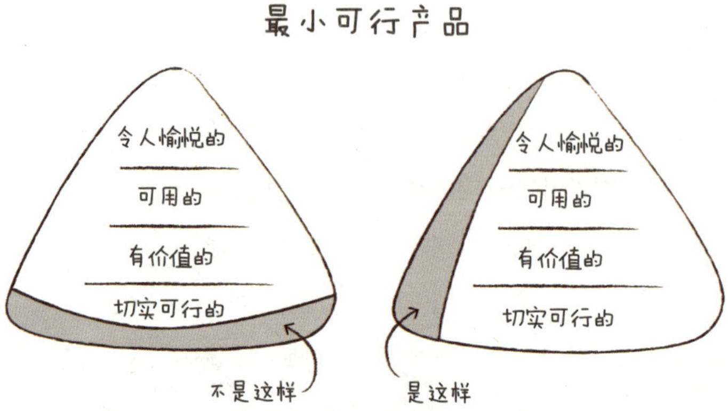

图 1-4 最小可行产品解析

资料来源：《精益企业：高效能组织如何规模化创新》。

巨型组织的白垩纪：21世纪的恐龙

6 600 万年前的白垩纪晚期，一颗小行星对地球的猛烈撞击，使得全球气温骤降。当时地球的主宰者恐龙因无法适应新气候，在短时间内集体灭亡。如今，我们把那些无法感知商业气候变化、行动迟缓或者无法适应商业环境的企业，称为“恐龙”。

每个企业家都梦想把企业打造成百年老店，但在日益严峻的商业环境中，这个概率变得更低：自 1955 年以来，《财富》世界 500 强企业中仅有 12% 的企业仍在榜单之中，而且仅 2016 年，又有 26% 的企业跌落榜单。[1]1920—1930 年，标准普尔 500 指数公司的淘汰率平均为每年 1.5%，一旦上榜，保持榜上有名的时间可长达 65 年以上；而在 1998 年，标准普尔 500 指数公司淘汰率为 10%，上榜企业持续时间降为 10 年。1973—1983 年，有 350 家企业被挤出《财富》1 000 强榜单；2003—2013 年，被新企业挤出《财富》1 000 强榜单的有 712 家。其中，1/3 的上市公司在过去 5 年之内由于倒闭、清算、并购等原因，退市的概率是 40

1 德勤. 2017 年德勤全球人力资本趋势报告 [R]，2017.

年前的 6 倍。[1]

在工业时代，产品生命周期漫长，企业的死亡相对较难。而如今处在一个技术日新月异的商业世界中，产品生命周期越来越短，产品方生方死，方死方生。**一般而言，大公司战线很长，如无法及时洞察市场与消费者的变化，一旦失速，死亡将来得更快。**

案例：柯达的衰落

过去的 100 多年里，柯达凭借传统胶片业务在全球影像行业叱咤风云。早在 1976 年，柯达就开发出了全球第一台数码相机，而 1991 年柯达就有了百万像素的数码相机。但是，柯达高层对柯达自己发明的数码影像技术的革命性影响估计不足，此后仍固守传统的胶片业务，并未重视新兴的数码相机市场。

进入 21 世纪后，数码影像产品以惊人的速度普及，而传统相机和胶片市场也随之急速萎缩。客户需求层次提升的速度远远超出想象，而此时的柯达对传统胶片业务的下降之快也没有做出准确预期，竞争环境急剧恶化，以前业务毫无不相干的公司一夜之间成了竞争对手：索尼、佳能、尼康、奥林巴斯、三星……

直到 2002 年年底，柯达高层才意识到传统胶片的辉煌已经一去不复返。2003 年下半年，柯达宣布实施战略性转变：放弃传统的胶片业务，业务重心向新兴的数码产品转移。但一切为时已晚。

柯达对技术和客户需求的反应迟钝招致了灾难性后果。1989 年，柯达收入达到 170 亿美元，高居《财富》500 强第 18 位。到 2005 年，柯达已直线坠落至第 483 位，收入降至 138.28 亿美元，这也是柯达最后一次出现在《财富》500 强企业排行榜中。要知道，在 1955 年《财富》500 强排行榜诞生时，柯达就一直位列其中，并成功保持了 51 年。根据其最新公布的财务报表，2007 年柯达的收入进一步降至 103 亿美元。2008 年 5 月，

1　李善友 . 想基业长青，要像市场破坏企业一样破坏自己 [EB/OL]. 混沌大学（2016-09-26）. http://hdyxs.hundun.cn/Repo/h5_article_share/article_share.html?id=3c308ad37fb0684a493bd2c9c2d3d911&from=singlemessage&isappinstalled=1.

其股价跌至历史最低。

柯达在传统影像市场中的独占鳌头，对该市场上的另一个巨头——富士来说却是塞翁失马，焉知非福。当初在柯达的攻城略地之下，富士在传统胶片市场败北，却加速了其数字化转型。到2002年，富士产品的数字化率已达60%，而柯达只有25%。1998年，富士在《财富》500强排名第400位左右，2007年排名已上升到第287位，销售额则从100多亿美元增长到约238亿美元。但是在最新的《财富》世界500强企业中，富士也已不见踪影。

点评：柯达和富士的例子生动地说明了在市场竞争日益激烈的环境下，不采取措施积极转变就意味着失败。企业必须及时洞察市场未来发展趋势，并及时采取应对措施，才可像富士那样能够后来者居上。但是商业世界并没有完全的胜者，一切都是在不断变动中的。

2007年，iPhone问世的时候，诺基亚依然对塞班系统恋恋不舍。它的超级机型不仅推出缓慢，其高层对于移动互联网带来的颠覆的判断更是失误。诺基亚选择了来自微软的史蒂芬·埃洛普出任首席执行官，在他的带领下，诺基亚并没有引进谷歌的安卓系统。塞班系统操作复杂，使用不够便利，糟糕的用户体验已经让用户开始逃离。其实用户对手机的选择并不只是系统，更是一种舒适和便捷，所以当更加安全且操作更简单的iPhone问世时，诺基亚的产品更让用户望而却步。一旦失去用户，陨落将是必然。

因为臃肿的组织结构、科层制的层级汇报方式，“船小好调头”般的灵活优势在大企业中消失殆尽，这也就导致了大企业转型变得日益艰难，并且容易错失最好的时机。诺基亚衰退以后，欧洲顶级商学院英士国际商学院曾邀请史蒂芬·埃洛普进行对话，史蒂芬·埃洛普坦言：高层其实一直知道问题的根源，关键是他们没有勇气颠覆自己；淘汰塞班系统，意味着淘汰多少工程师？我们几乎会成为国民公敌了。**这就是商业世界的残酷和有趣之处：有时候机会就摆在你面前，但转身却不是那么容易的。**

正如《为什么雪球滚不大》所指出的，任何企业一旦遭遇失速点，重新恢复增长引擎的可能性只有 4%。[1] **商机瞬间而逝，与小企业相比，大企业更要保证避免失速。**在巅峰时期，诺基亚占据着全球手机市场 40% 的份额，连续 15 年占据手机市场份额第一、市值位居全球上市公司之首。然而，即使曾经辉煌如诺基亚这样的巨头，一旦遭遇“失速点”，也无法挽回其一泻千里的颓势。

对于大企业而言，它不仅面临着大型组织之间的激烈竞争，更要提防小型公司的挑战，**因为企业间胜败的逻辑不是总体力量的较量，而是关键局部的强弱对比。**沃顿商学院最年轻的终身教授亚当·格兰特在《离经叛道》一书中指出，在边缘地带，大公司虽然绝对力量占优，但是因为体量庞大、调度资源的灵活性差，而且需要顾及的关键局部又太多，给创业公司留下了大量的空间，可以集中力量，撕开突破口。[2]

巨兽掉进亚马逊河流，尽管食人鱼单个力量弱小，但是集体的力量很快会吞噬巨兽。在急剧变化的时代，“巨大缓慢”无法与“小巧灵敏”相竞争，指数级增长的公司正颠覆一个个巨无霸型的线性增长公司。2014 年 2 月，社交网站脸书（Facebook）斥资 190 亿美元收购了一家 2009 年成立、只有 50 位员工的手机即时通信软件公司 WhatsAPP，这笔交易被彭博社（Bloomberg）称为继 2001 年时代华纳与 AOL 的合并之后互联网产业最大规模的并购交易。

Facebook 之所以高价收购 WhatsAPP，是因为它看中了智能手机的未来。根据数字显示，2014 年，全球已拥有 10 亿智能手机用户，而 WhatsAPP 被收购时，已拥有 4.5 亿月活跃用户。Facebook 创始人兼首席执行官马克·扎克伯格和 WhatsAPP 联合创始人、首席执行官简·库姆（Jan Koum）认为，未来 5 ～ 10 年中，全球智能手机用户将升至 50 亿人，而且收购 WhatsAPP 也是 Facebook 防止 WhatsAPP 被竞争对手收购的防御战。因为如果其竞争对手如谷歌收购了 WhatsAPP，对 Facebook 而言，那将是灾难性的。反之，Facebook 现在拥有了世界最流行的即时通信应用，化解了对其主导全球社交网络形成的最大威胁。诺基

---

1 马修·奥尔森，德里克·范·贝弗．为什么雪球滚不大 [M]. 粟志敏，译．北京：中国人民大学出版社，2010.

2 亚当·格兰特．离经叛道：不按常理出牌的人如何改变世界 [M]. 王璐，译．杭州：浙江大学出版社，2016.

亚和 WhatsAPP 的公司对比，如图 1-5 所示。

图 1-5 诺基亚与 WhatsAPP

昔日英豪如何步步走向迟暮？没落的原因无外乎缺乏创新、因循守旧而没有跟上技术的脚步。“恐龙”会耽误顺势而为的良机。正如气候能够让沧海和桑田相互转换一样，企业必须顺应商业气候的变迁，并保持对商业气候的敏感性才是存活的唯一出路。

不可思议的悖论：越领先越接近灭亡

越领先，越接近灭亡，这似乎是一个不可思议的悖论。然而无数倒下的商业巨头又在提醒人们这似乎是一个真理。

哈佛大学商学院商业管理教授克莱顿·克里斯坦森在《创新者的窘境》一书中指出，**创新发生在一个已成功的主体上是多么难得——大公司从一个创新点起步，当原来的创新被市场认可后，多数会产生路径依赖，被惯性带着走。**[1] 企业与生物是类似的，基因（企业心智模式）一旦形成，几乎难以改变。对于领先企业而言，资源—流程—利润标准的理性决策模式已经为其带来了充盈的回报，就很容易陷入路径依赖，按部就班地重复着以往引以为豪的经验，而惯性的力量会

1 克莱顿·克里斯坦森．创新者的窘境 [M]. 胡建桥，译．北京：中信出版集团，2013.

使这一选择不断强化，企业很难做出改变。对于过去成功路径的依赖，会让领先企业丧失对新商业机会的敏感度。

黑莓手机曾是智能手机市场的领先者，一直深受商务人士的喜爱，它甚至拥有最豪华的免费代言人——美国前总统巴拉克·奥巴马。但它从未舍弃其全键盘的设计和商务风，而忽视了智能手机的娱乐功能。尽管黑莓公司后期也推出了Blackberry10智能手机操作系统及具有触摸屏功能的手机，但为时已晚，苹果公司和三星电子已经在抢夺企业和政府手机市场。2016年，其忠实用户巴拉克·奥巴马也宣布自己换掉了用了七年的黑莓手机。黑莓没能及时找到方向，一步落后，步步落后。美国著名作家和文学评论家威廉·德莱塞维茨在2015年斯坦福大学开学典礼的新生演讲中有一句话振聋发聩：**“别在不断的优秀里，最终走向平庸。”**

领先者犹如孤独前行的探索者，作为行业发展的排头兵，前无古人，后有追兵，只能不断前行与闯关，成功则获得先发优势，失败则走向陨落或死亡。领先企业在探索成功的路上比追随者更为艰辛，**它们不仅需要不断试错与创新以持续保持领先性，并且所需承担成本和失败的风险也更高。**

领先企业犹如开疆拓土的勇士，不仅无法避免面对前方的陷阱、地雷、毒蛇甚至敌人的“黑枪”，还因缺乏可借鉴、可复制的成功经验，需要自己不断探索和试错，在这个过程中投入的时间、资源、金钱成本将是巨大的。作为最早进入市场的企业，领先企业很容易停留在早期产品上，使得创新速度无法提速。**追随者虽然进入市场较晚，但可以观察和总结领先企业的失败路径后，绕过失败的雷区，试错成本较低；复制成功路径也变得相对容易，极易弯道超车。**

追随者对领先企业的围追堵截，还体现在定价体系中。每个企业都在争夺客户价值体系金字塔顶尖的20%的客户，而价格是吸引客户的重要因素。领先者作为该领域最早定价的企业，一旦追随者下调价格，领先者在价格方面的优势将受到挑战。

更为重要的是，**时间窗口对于创新企业至关重要**。在绝大多数情况下，没有什么技术可以绝对领先，没有什么模式是别人不可模仿的。今天，领先的技术、先进的商业模式，至多不会超过12个月的时间窗口。企业必须在这个时间窗口形成饱和攻击，占据用户心智。一旦领先企业失去时间上的先发优势，再次追赶将付出更大的成本，而在指数级发展的商业环境中，一旦错失先机，想要再次翻身将变得异常艰难，甚至毫无机会。

作为整个行业的楷模，苹果公司的一举一动都备受瞩目，是很多手机厂商学习的对象。作为iPhone手机的十周年大礼（2017年），很多手机厂商都在等iPhone 8的出现，再确定下一步行动。从目前所暴露的iPhone 8细节来看，无边屏幕、OLED全面屏等新特色将受到不少苹果公司的粉丝的追随。但也不能否认，这些创新定不会像所预期的那样夺人眼球，因为它们已经被其他厂商抢先应用在其产品中，甚至更加低价。

随着苹果公司的快速成长，其战略盲点也不断增加。通常，只要某家企业步入了成功者的行列，其“否认风险”（denial of risk）的倾向也就会越加明显。对于苹果公司而言，手机市场中既有以三星等品牌公司为代表的“iPhone杀手”，更有无比凶险的类似谷歌公司这样的潜在猎食者。凭借安卓系统，谷歌公司掌握了如何战胜手机市场的大量技术。并且，谷歌公司的基因更易于维护客户的权益（如它的开源文化）。因此，谷歌公司的任何攻击，都可能促使苹果公司遭受来自其客户的压力。而由客户所形成的某些舆论，甚至可能使苹果公司那些本可到手的利润一朝之间化为乌有。[1]

巨型化组织如何应对创新者的窘境

创新的过程往往是新组合通过竞争消灭旧组合的过程，现代创新理论的提出者约瑟夫·熊彼特（Joseph Schumpeter）称为创造性破坏。但在可见的核心地带，大公司有着绝对的创新优势，任何敢正面进攻大公司的核心业务的小公司，几乎没有成功的机会。就算能获得生存，大公司也会调集所有优势资源进行压制。但是在边缘地带，创业公司可以发现大量的空间。[2]《连线》杂志创始主编凯文·凯

1 斯蒂芬·安吉瑟斯．鲨鱼经济学[M]．史星，译．北京：中信出版集团，2017.

2 亚当·格兰特．离经叛道：不按常理出牌的人如何改变世界[M]．王璐，译．杭州：浙江大学出版社，2016.

利认为**颠覆性的公司通常在不利于做生意的环境中创新，这种环境质量差、风险高、边际效益低、市场小，往往使前途未卜的小公司做出了颠覆式创新，因为它们别无选择。**

克莱顿·克里斯坦森也认为，颠覆式创新具有两大特征：一是不求提高原有的技术性能，二是进入新的技术曲线，通常更方便、更简单、更便宜。当产品性能过度时，领先的企业就很危险。市场的颠覆者就会推出精简功能产品，从低端市场发起进攻。[1]

人们都会把自己的时间分配到更有效的事情上，这是合理的、聪明的。百度创始人李彦宏曾说过，对于百度来讲，低于1%收入比例的市场不在其重点关注范围内。因为当你年收入3 000万元时，如果想增加20%的收入，你只需要进入收入为600万元的市场。但是当你的收入是30亿元的时候了，你可能不在乎600万元的市场了。然而，最后让你死亡的，恰恰都是最合理的决定。因为，小市场一旦启动指数级的爆发增长时，大公司就再难追上。例如，特斯拉创始人埃隆·马斯克在开始做特斯拉的业务时，电动车的销售额占据大型汽车厂商销量的还不到1%。于是，大型汽车厂商就这么眼睁睁地放任了特斯拉崛起。

在一个以速度为关键因素的竞技场上，迅速适应新规划并迅速进入状态尤为重要。**当大小公司身处同一起跑线时，颠覆与被颠覆的概率大增**。巨型化的组织应该如何应对这些创新者的颠覆？

可以让小企业不断试错，一旦验证方向是对的，就大规模复制。2010年7月9日，腾讯QQ团购网的上线，让时任美团首席执行官的王兴如坐针毡，彼时，创立仅四个月的美团刚刚实现盈亏平衡。而腾讯悄无声息的杀入，让处于创业期的数百家团购网站都很吃惊。事实上，在中国互联网盛宴中，腾讯都没有缺席，它的业务包括即时通信、门户、游戏、电子商务、搜索等。腾讯总是在一个领域的前景被看好时，默默地布局，在最恰当的时候出来搅局，伺机充当掠食者。而一旦时机成熟，它就会毫不留情地划走自己的那块蛋糕，有时它甚至会成为终结

1 克莱顿·克里斯坦森.创新者的窘境[M].胡建桥，译.北京：中信出版集团，2013.

者，霸占整个市场。[1]

收购与投资，这是商业世界最常用的快速获取资源与补充战斗力的方式，也是巨型组织最快速地发现某一领域中具有发展潜力的企业或潜在威胁对象的方式之一。**对于这些体量巨大、组织结构臃肿的企业而言，用资本进行收购或投资，快速获取的效率变得更加重要，而且也是防御竞争对手的方式。**据了解，在过去的五年间，BAT（百度、阿里巴巴、腾讯）共投资了30家已上市公司以及几百家未上市公司，估值前30名的未上市的互联网创业公司中，约80%的背后有BAT的身影。

裂变，就像市场破坏企业一样破坏自己。混沌大学创始人李善友认为，市场是双S曲线模型，企业是单S曲线模型。当A企业增长快时，市场会跟着A企业的市场速度走，一旦A企业慢下来，市场会无情地抛弃A企业，跟着更好的企业走。企业有时是赢家，但最后一定是输家，因为市场永远都是赢家。正是由于新旧企业之间的创造性破坏，才造就了整个市场的成功。市场的秘密在于破坏双S曲线模型，用创新企业去毁灭老企业。[2]

李善友认为，**创新的进程中最重要的就是要跨越非连续性创新**（见图1-6）。当互联网从PC时代过渡到移动时代时，互联网行业就出现了非连续性，能否跨越决定了企业最终的生死存亡。IBM从硬件到软件；谷歌从搜索引擎到移动端的安卓系统；华为从2B到2C；腾讯从QQ到微信；阿里巴巴从2B到淘宝、到天猫、到支付宝、到蚂蚁金服。这些企业一次一次地跨越了非连续性创新，并不断获得成功。[3]

1 计算机世界："狗日的"腾讯搅局者还是终结者[EB/OL]. 新浪网（2010-07-24）.http://tech.sina.com.cn/i/2010-07-24/20434467150.shtml.

2 李善友：想基业长青，要像市场破坏企业一样破坏自己[EB/OL]. 混沌大学（2016-09-26）. http://hdyxs.hundun.cn/Repo/h5_article_share/article_share.html?id=3c308ad37fb0684a493bd2c9c2d3d911&from=singlemessage&isappinstalled=1.

3 同上。

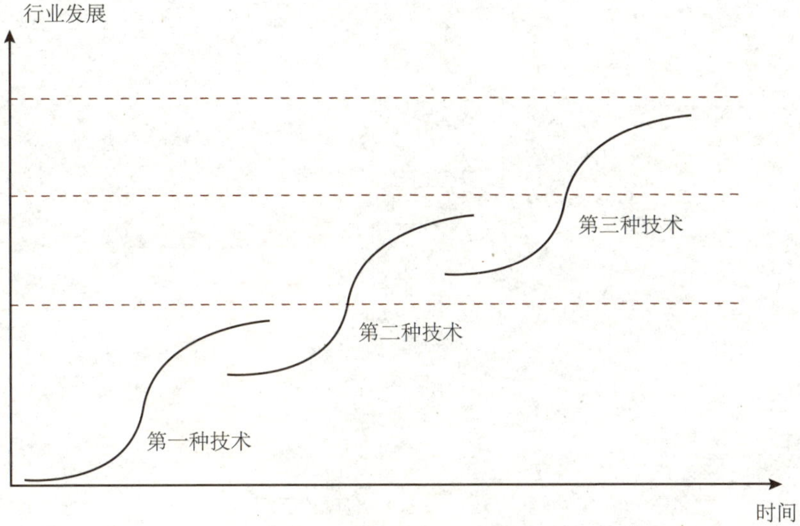

图 1-6 非连续性创新

资料来源：李善友：非连续性创新。

商业世界的达尔文主义：黑暗丛林的生存法则

中国科幻作家刘慈欣的科幻小说《三体》中描述，宇宙如同一片黑暗森林，每个文明都是带枪的猎人，像幽灵般潜行于林间，轻轻拨开挡路的树枝，竭力不让脚步发出一点声音，连呼吸都必须小心翼翼。他必须小心，因为林中到处都有与他一样潜行的猎人，如果他发现了别的生命，能做的只有一件事：开枪消灭之。在这片森林中，他人就是地狱，就是永恒的威胁，被发现即被毁灭。[1] 黑暗森林正如如今很多企业所生存的充满了前所未有的不确定的商业环境，每个企业只能不断摸索前行，不仅没有固定的发展目标，并且面临着不可预知的敌人、陷阱的威胁。

过去的企业犹如农耕民族，只要播种下种子，产量就可以预估；现在的组织如同游牧民族，目标犹如移动飞靶。身处这样的混沌中，商业模式和产品的创新有着极大的不确定性，谁也无法判断哪一种商业模式抑或哪一种产品会成为未来

1　刘慈欣 . 三体 [M]. 重庆：重庆出版社，2014.

2025年，
99%的企业要么创新，
要么灭亡！
HR的
未来简史

的主导。

对于企业而言，要想保持持续的竞争力，必须突破战略盲点。如图 1-7 所示，**企业需要发挥组织中最小单元的最大力量，向各个方向探索**。构建自主式组织模式，让组织中的成员能够如同蚂蚁一般，无需任何中央控制体系，用点对点的方式快速寻找最佳筑巢位置。[1]

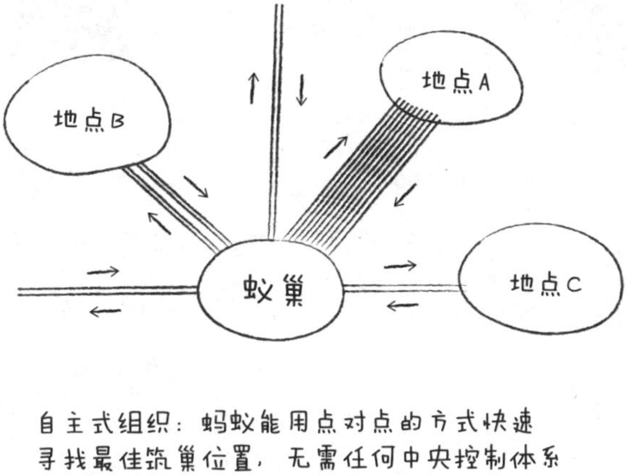

图 1-7　自主式组织

资料来源：《互联网思维的企业》。

正如任正非所言，**让一线呼唤炮火，通过意图指令的方式，让最小的工作单位可以自由解决和选择如何具体执行战略，并在边界内给予组织成员最大的自由去发挥能力，并进行各种可能性的探索。**

互联网经济带有强烈的指数经济特点，在过去短短的二三十年间，高速发展的商业环境让互联网行业的巨头标杆已经几易其手了。军事输赢要命，商业输赢要钱，必须用最先进的军事理论指导商战——精准打击、使用特种部队。美国前国防部部长拉姆斯 · 菲尔德在阿富汗战争中重新设计了美军的组织架构：**从 20% 的资源用于发现敌人、80% 的资源用于消灭敌人，到 80% 的资源用于发现敌人、20% 的资源用于消灭敌人**，如图 1-8 所示。

1　戴夫 · 格雷，托马斯 · 范德尔 · 沃尔 . 互联网思维的企业 [M]. 张玳，译 . 北京：人民邮电出版社，2014.

图 1-8 美军组织架构变化

解决阿富汗塔利班的特种部队，每三人一组，组内包括一名信息情报专家、一名火力炸弹专家、一名战斗专家，并且互相对彼此的专业领域有一些了解，还经过紧急救援、包扎等训练。这三人如何作战？当特种部队计划武装一个军团时，特种战士在电脑上输入并发出人员的身高、体重，配备的军装、皮鞋、军帽、枪支等信息，全球的供应链开始调动。第二天下午，所有这些装备被飞机直投下来。装备好后，三人行军出发，在塔利班军队栖身的山谷前，特种部队小组通过红外线扫描锁定目标，根据扫描出来的大致人数来匹配炸弹的数量。输入参数坐标后，开战。

每组特种部队小组的支持系统耗费 5 000 万美元，所需的军资费用会经过明确的计算，美国总部也会根据这些信息核算战争经费。这一举措更有利于核算并精简成本。在过去的战争中，70% 的成本被浪费，只有 30% 的钱用于正中目标。而如今，通过使用巡航导弹，70% 的成本被用来卫星定位、寻找目标，30% 则为炸药成本。这种模式，简而言之为“小前端，大后台”：前端组织变成全能的系统，后台变成系统的支持力量。

创新没有任何方向，也没有成功经验可以借鉴，只能不断尝试，并快速响应市场变化。其中，激发员工的激情至关重要。小团组作战模式逐渐被越来越多的企业所采用。企业需要更加自由化、民主、去中心化。企业内部通过“分散 + 合作”的形式，将自己变成一个平台，把员工变成平台上的自主经营体，即所谓的“小微公司”。这些小微公司和平台发生关系，形成内部创新氛围，如图 1-9 所示。

图 1-9 大平台 + 小前端 + 富生态 + 共治理

资料来源：波士顿咨询公司：《平台化组织：组织变革前沿的“前言”》。

第2章

工作的未来：雇佣时代会终结吗

2030年，**70%**的全职工作岗位将消失！

一场重新定义工作以及工作场所的革命即将到来。

在知识分享领域，“罗辑思维”旗下付费阅读产品“得到”APP 在 2017 年 2 月公布相关数据：“得到”APP 总用户数 529 万人，日活跃用户 42 万人，订阅总份数 130 万份，总人数超 79 万人。根据其发布的数据，“得到”APP 在上线三个月后总营收为 130 万～ 2.587 亿元，平均总营收 2.45 亿元。这些知识服务提供者并非全职工作者，也并非按照传统模式工作，他们可以随时随地进行知识分享。一种全新的工作方式正在出现，个体价值得到了前所未有的重视。

当移动互联网大潮席卷而来时，人与机器将通过虚拟网络实现互联，科技将让人类从冷冰冰的格子间、办公室里解放出来，人们将重新定义自己的工作。财经作家吴晓波曾说，在共享经济时代，人与科技互利共生，工作的本质将以人为中心；人们能在满足生存的同时将工作转变为自我实现之旅，而不仅是为企业打工。人才将有各种不同、前所未有的工作方式，职场人士的工作方式未来或将被颠覆。

传统的雇员社会正在逐渐被取代，个体价值迅速崛起，组织呈现出更高层次的平台性和开放性。这一趋势正挑战传统人力资源管理模式的基本假设——企业的大部分工作依赖于组织内部的全职雇员完成。[1]

未来的工作：分解、扩散、脱离

长期以来，全职工作制是组织采用的主要制度。这种工作制度并非完美无缺，而是出于企业在设置工作制度时的定势思维，它有一个重要前提是假定工作、工作者和企业都处于相对稳定的状态。**然而在一个集“不稳定”（Volatile）、“不确定”（Uncertain）、“复杂”（Complex）和“模糊”（Ambiguous）的 VUCA 世界里，外部环境已经发生深刻的变化，技术正在颠覆一切，全职工作制的一些弊端不断显现，员工的工作方式也在不断变化之中。**

1 约翰·布德罗，瑞文·杰苏萨森 . 未来的工作：传统雇用时代的终结 [M]. 毕崇毅，康至军，译 . 北京：机械工业出版社，2016.

自由职业、临时工作、兼职等多样化的工作方式纷纷崛起。这些新型工作方式令传统的全职工作者惊羡的同时，也让他们反思：个人是否应该尝试这些全新的工作方式？对企业而言，企业该如何加入到这场工作变革大潮中？企业可以不再遵循传统的全职工作制，因为工作的内涵已经不再局限于企业内部。技术、全球化市场、社会宽容度和企业创新都是推动工作方式变化的重要原因。[1]

外包就是一种典型的工作分解方式：企业将一些非核心的工作任务外包出去，从而取得成本和管理上的优势。协同工作平台的出现，使跨时空、跨地区工作具有实现的前提和基础，人才无须每天定点打卡上班，居住在印度的程序员完全可以为墨西哥的 IT 公司提供专业服务。

一些公司已经完全脱离传统全职工作方式，实现彻底颠覆。APPMakr 是一家开发智能手机应用程序的小型公司，其首席执行官杰伊·夏皮罗（Jay Shapiro）在组建这家公司时做了一个大胆的决定：建立一家没有办公地点，而是 100% 通过网络运营的公司。此外，这家公司一名全职员工也没有。杰伊·夏皮罗表示很多人来 APPMakr 工作是因为他们有特定的技能，服务于特定的项目，项目结束后大家各奔东西。这是一种全新的人力资源模式，是一种让岗位高效匹配外部人才的新型模式，这种模式未来可能会成为一种主流趋势。如今，工作出现了分解、扩散倾向，越来越脱离传统工作模式，创新的工作时代即将到来。

工作任务和企业组织正在分离

每天去公司上班已经演变成一种固定思维和习惯，让所有人误以为工作任务只能由公司内部的全职员工完成。这种情况正在发生天翻地覆的变化，技术改变了一切，很多工作已经翻越了企业的围墙，可以通过电话会议、在线协同办公、共享办公等方式完成。但是在大多数企业，尤其是在传统大型企业里，管理者难以改变将员工集中在一起工作的理念，而不选择管理一群分散在全球各地的工作者。

---

1 约翰·布德罗，瑞文·杰苏萨森. 未来的工作：传统雇用时代的终结 [M]. 毕崇毅，康至军，译. 北京：机械工业出版社，2016.

当企业开展全新业务或者建立新公司时，管理者的第一考虑是“我要招聘多少员工”，而不是“这些工作是否可以通过其他业务伙伴完成”，或者“这些工作是否可以借助外部资源得以完成”。一些领先公司已经认识到它们需要做出改变，专注于自己的核心竞争力和重要使命，因此开始将一些非核心任务分离出企业。以苹果公司为例，苹果公司将智能手机的制造环节外包给中国的制造企业，离一线生产越来越远，而将更多精力用在手机的设计与研发方面。

在 IT 外包领域，很多公司都依赖其合作伙伴来完成自己的 IT 职能。印度堪称“世界办公室”，长期在全球软件外包市场执牛耳，并造就印孚瑟斯技术有限公司（Infosys，以下简称“印孚瑟斯”）、威普罗公司（Wipro）和高知特信息技术公司（Cognizant Technology Solutions）等市值超过百亿美元的大型 IT 企业。一项数据显示，全球 40% 的银行用户受惠于印孚瑟斯的 Finacle 银行系统。正因为印孚瑟斯强大的研发能力，越来越多的企业将部分信息系统外包给印孚瑟斯。

传统的制造商在销售其产品时，不仅可以利用自己的销售团队，也可以通过与各种分销渠道达成战略合作来进行产品销售。在营销领域，面对电商的崛起，传统零售企业也在试水互联网，但是却因缺少相关经验导致战绩不佳。对于传统零售而言，在进军互联网之时应寻求电商伙伴，将一部分职能进行外包，从而进行顺利转型。因此，尽管大多数交易进行得更加迅速、便捷，但是那些涉及、促进或影响这些交易的组织所组成的网络却变得越来越庞大、越来越复杂了。[1]

在工业时代，企业将生产、信息技术、零售、营销、研发等功能部门视为企业的核心部门，并将这些部门的管理权力牢牢地控制在自己手中。但是变革大潮正在冲击原有的壁垒（见图 2-1），原本企业内部的职能开始发生转移，工作任务和企业组织正在分离，也就是说，许多企业的工作已经超越了原有的边界，走向外部，呈现出高度的渗透性。内部职员和外部员工不再泾渭分明，企业员工的界限变得日益模糊（见图 2-2）。

1　罗恩 · 阿什肯纳斯，戴维 · 尤里奇，托德 · 吉克，史蒂夫 · 克尔 . 无边界组织：移动互联时代企业如何运行 [M]. 姜文波，刘丽君，康至军，译 . 北京：机械工业出版社，2016.

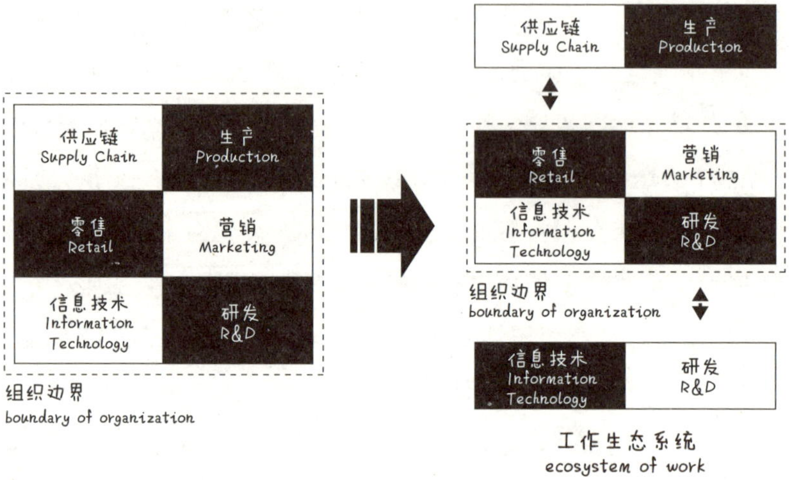

图 2-1 工作任务和企业组织正在分离

资料来源：《未来的工作：传统雇用时代的终结》。

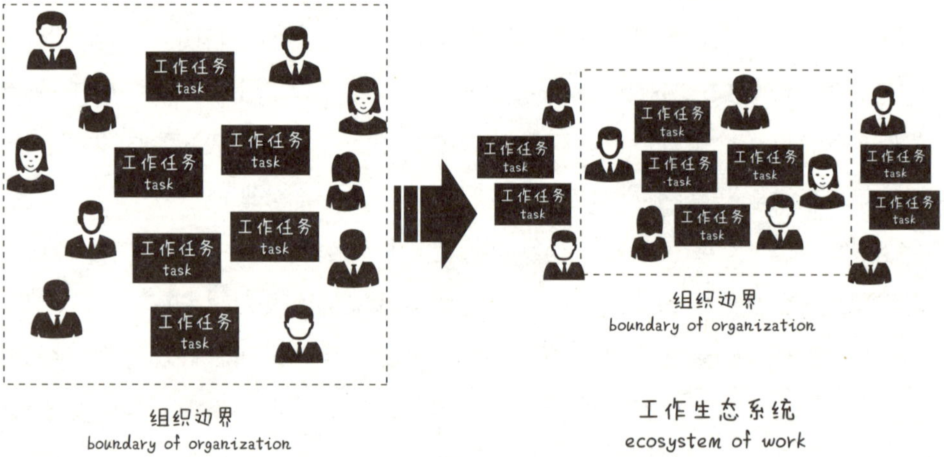

图 2-2 组织工作生态发生改变

资料来源：《未来的工作：传统雇用时代的终结》。

最后的边界：组织的边界正在被打破

如今的组织要想变得成功，就必须变得“无边界”。

——杰克·韦尔奇，通用电气公司前首席执行官

在杰克·韦尔奇刚刚掌舵通用电气公司之时，他发现边界随处可见——垂直的边界、水平的边界、外部的边界、地理上的边界，这些边界不仅会带来一定的成本和效率损耗，还成为阻碍通用电气公司前进的巨大障碍。因此，杰克·韦尔奇一直将拆除组织边界视为一项重要的事项，并提出了著名的"无边界"策略。**"无边界"不是完全消除边界，而是打破边界之间的隔阂，让信息和创意可以自由流动。这对于当今企业同样具有启示意义。**

过去，传统企业根据职能分工形成组织资源分配方式和价值增值体系，组织边界非常清晰，企业内部的职级体系十分严密，不同部门之间的协同合作不够快速和灵活。但是在互联网思维的冲击下，企业资源组织方式发生了根本性变化。一方面组织垂直边界在互联网企业中逐渐缩小，扁平化的组织架构让信息传达更加迅速，组织水平边界日渐模糊，部门之间的协同更加快速。另一方面虚拟组织、战略联盟、企业网络等新型组织形式不断出现，使得企业边界呈现出动态化、模糊化及多重边界分化的特点。

过去，企业最大的威胁往往来自那些拥有更加物美价廉产品的后起之秀，改变战略相对容易。但如今，老牌厂商所面临的威胁却是那些采用完全不同商业模式的新进入者，以及那些不受旧有基础架构制约的更小、更敏捷的企业。优步就是这样的"入侵者"，它瞄准价值链的关键环节，绕开传统的市场参与者，直接获取客户关系控制权，让其他供应商靠边站。行业之间的界线变得越来越模糊，有时还将重新定义行业的分类方式。[1]

优步敢于在高风险和高回报的新兴技术领域投资，大胆创新并乐于尝试全新事物。以往传统企业的经营业务都由企业员工进行运作和管理，而优步通过打车平台连接司机和乘客，这些司机并非优步的全职员工，而是一群外包合同工；优步自己没有一辆车，却通过调配系统和规则管理着全世界几百万名汽车司机。优步有其独特的组织架构（见图2-3），组织架构呈现全新圈层式架构，在此种圈层式架构里，内层是员工，中层是分布在世界各地的司机，外层则是具有打车需求的客户。如果按照传统的组织管理模式来看，优步的组织边界在哪里？同时，优

---

1 IBM商业价值研究院.重新诠释边界：来自全球最高管理层调研的洞察[R]. 2015.

步在总部之下还有很多分散的小团组，当地团队向总部汇报，但城市运营上则是由团队自主决定事务，组织的边界完全被打破。

图 2-3 全新圈层式架构

资料来源：《互联网思维的企业》。

产业之间的关系已经不再是简单的投入—产出关系和上中下游关系，产业之间的边界越来越模糊。在变化莫测的商业环境中，企业之间从绝对的竞争关系走向“竞合”关系。除了继续强化通过资本方式建立产业协同外，不同的企业之间、行业之间建立生态圈，互为生态圈的重要一员，打破企业外部边界，结交生态伙伴，互相分享经验，扩大合作范围。

杰克·韦尔奇在 1993 年致股东信中的一段话是：“人们似乎被迫在自己与他人之间铺上了隔层，垒起了墙壁……这些障碍束缚了我们，抑制了创造力，限制了想象力，浪费了时间，扼杀了梦想，而且最重要的是，它们让一切缓慢下来……我们面临的挑战就是突破并最终扫除这些壁垒和障碍。”

企业需要转变发展思路，扩大企业的边界，有利于获取、培育、整合企业资源、核心能力和企业知识，提升企业运营能力和企业实力。对传统企业来说，需要重构外部边界，向新型经济组织转型；在企业内部构建扁平化组织结构，打破部门壁垒，增强组织动态环境适应能力。

未来组织：全职员工与自由职业者混合体

2017年1月，世界领先的战略咨询机构波士顿咨询公司发布了《迈向2035：4亿数字经济就业的未来》的报告。报告指出，以互联网、云计算、大数据、物联网、人工智能为代表的数字经济已经被公认为第四次产业革命的重要驱动因素，数字技术不仅广泛融入各行各业，深入改变传统行业的商业逻辑和运行方式，同时，也对就业生态带来革命性改变。在云计算、LBS（Location Based Services）、移动支付等技术的支撑下，在共享文化盛行的推波助澜下，产生了基于平台的就业和创业——自由人相互联合，“按需聚散”，履行契约，拥有多份零工的斜杠青年。**稳定的“公司+雇员”的雇佣关系到灵活的“平台+履约”的转变，使个人不再需要通过被组织雇用而获得劳动资格，以及依赖职业身份获得社会认可，如滴滴平台已经接入超过1 500万名司机。**

人们的工作方式已经翻开了崭新的一页——自由职业者时代正在到来。这正如知名作家丹尼尔·平克在《自由工作者的国度》所描述的：“为自己工作的时代已经到来！以往那种一辈子工作的情况越来越罕见。现在的趋势是组织越加需要有才华的人，而有才华的人不再那么需要组织了。”一般而言，自由职业者可以分为五种类别。

- 独立合同工：他们是通常意义上的自由职业者，这些人没有单一的雇主，而是为不同的客户处理多个项目。
- 兼职族：他们拥有一份正式工作，但同时利用业余时间赚一些额外收入。
- 多元化员工：他们拥有多种收入来源，如在做高级工程师同时担任健身教练。
- 临时工：他们在特定时间段里拥有单一雇主。
- 自由企业主：他们拥有1～5名雇员。

为何自由职业者会崛起？首先，疲软的经济令雇主们不愿雇用全职员工，自由职业者能够“在合适的时间内用合适的技能完成合适的工作”。对于企业来说，拥有自由职业者和临时工，意味着他们能够以项目为单位规划预算。在薪酬以时薪计的情况下，企业能更好地对其预算进行把控。其次，当不断有大公司倒闭之后，职场中的“不安情绪”在蔓延。比起依赖于某一个固定企业，为自己打工反而令一部分人感觉更安全一点。对于自由职业者来说，如果同时接手几项工作，即使丢失了一项工作，还有其他项目继续维持生计。

同时，自由职业者还具有全职工作者无法比拟的优势。和全职工作者相比，自由职业者能够更快地对团队做出贡献。如图 2-4 所示，如果无法雇用一个自由职业者，84% 的企业将取消甚至搁置项目工作。因而在 2017 年，79% 的企业人力资源经理希望引入更多的自由职业者。

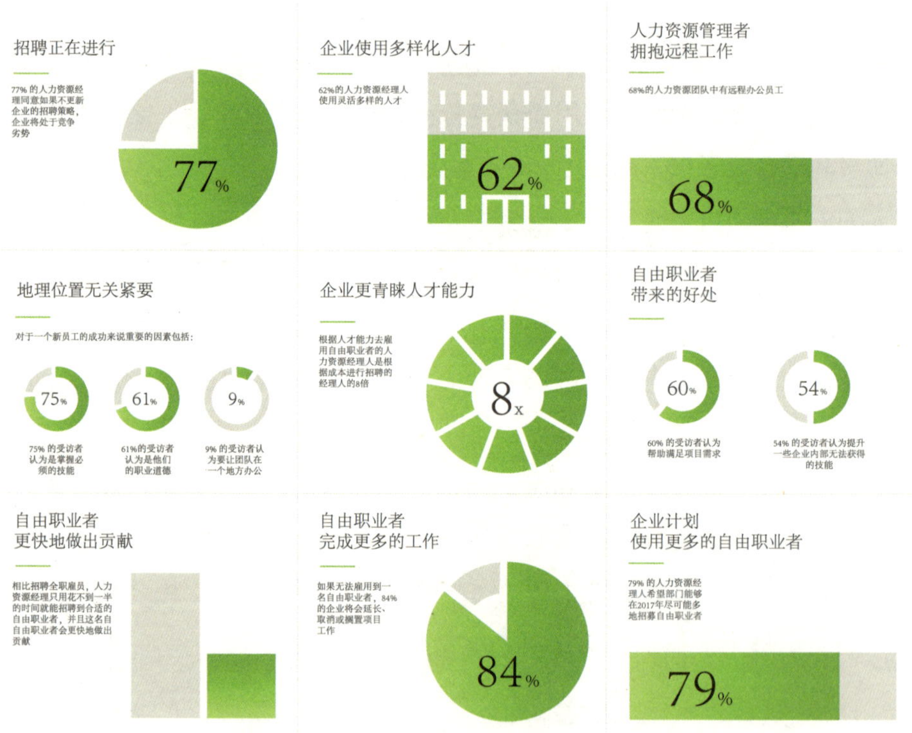

图 2-4 企业正在引入更多的自由职业者

资料来源：Upwork.com。

过去必须依赖组织才能完成的商业行为，现在个体完全有可能独立完成。大量的互联网初创企业是个体价值的体现，这些企业可以在特定的项目中雇用合适的自由职业者兼职完成，而不是耗费大量精力去雇用全职员工完成这些任务。

❑ 零工经济正在崛起

据麦肯锡全球研究院近期发布的报告，到 2025 年，各种在线人才平台有望贡献约 2% 的世界国内生产总值，并创造 7 200 万个就业岗位。普华永道会计师事务所预计，到 2020 年，“零工经济”互联网平台及相关服务的市场估值约达 630 亿美元。而在 2014 年，这一数字仅为 100 亿美元。

越来越多的自由职业者进入劳动大军一员。未来将有越来越多的人利用空闲时间提供产品与服务，从而获得一定的报酬；越来越多的人才将成为非合同制的“独立员工”，他们业务能力更强、更加专注，而且不需要缴纳各种保险，灵活又高效。

“零工经济”是指由工作量不多的自由职业者构成的经济领域，利用互联网和移动技术快速匹配供需方。“零工经济”主要包括群体工作和经应用程序接洽的按需工作两种形式。前者通常由一群能够接入互联网的个体在网络平台上完成，包括常规性任务和技术性较强的任务，工作者可能来自世界各地。后者是用户通过手机应用程序搜索寻找提供运输、家政、维修等服务的人员，工作者多是本地居民。

在我国国内，滴滴出行 2016 年发布的《移动出行与司机就业报告》显示，截至 2016 年 6 月 22 日，滴滴平台已经有超过 1 500 万名司机，覆盖了专快车、出租车、顺风车、代驾等多条业务线。滴滴司机的职业性质就可以概括为：他们是在“打零工”。

滴滴出行聚集了大量的自由职业者，正在打造一个全新的蓝领劳动力市场。《移动出行与司机就业报告》显示这些司机可以利用闲暇时间“顺路接单、闲时接单”。赚外快补贴家用成为司机就业的最主要目的，超过三成的司机因此加入了网约车行业；有超过两成的司机认为“专职做司机更轻松”；9% 的司机认为在滴滴平台上接单能够“多认识朋友”，出于移动出行的社交属性加入了这个行业。

❑ 飞速发展的自由职业者平台

白领的工作也在发生着重要变革。如图 2-5 所示，美国最大的自由职业者平台 Upwork 在《2016 年美国自由职业者雇佣研究报告》中指出，2016 年美国的自由工作者数量已经达到 5 500 万人，占美国劳动力总数的 35%。从 2014 年到 2016 年，短短两年间即增加了 200 万人。2016 年，他们创造的财富已达 1 兆美元，是美国经济的重要组成部分。

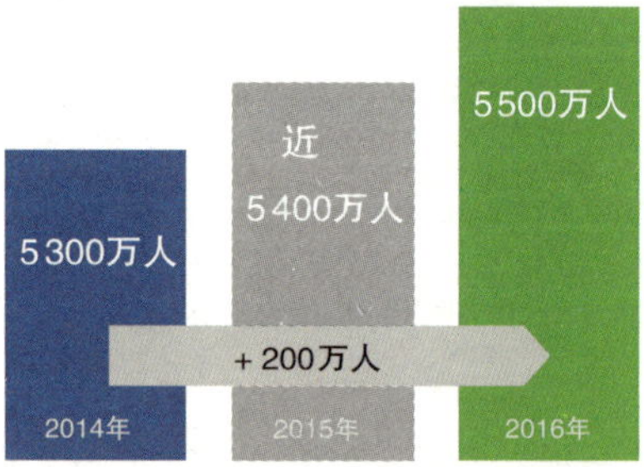

图 2-5 自由职业者数量迅速增加

资料来源：Upwork：《2016 年美国自由职业者雇佣研究报告》。

Upwork 公司首席执行官史蒂芬 · 卡斯里尔（Stephane Kasriel）认为，如今的自由职业者想要找到可做的项目并不费力，有不少公司经常在类似 Upwork 这样的网站上发布兼职职位。如图 2-6 所示，企业可以在 Upwork 上发布一项工作，平台会通过搜索技术，帮助企业匹配最合适、质量最高的人才；获得工作的自由职业者可以在平台上进行协同工作；当自由职业者按时、高质量地完成既定的工作后，才会被支付薪酬。自由职业者的工作时间与工作地点完全可以随心而定，他们自己给自己标价，他们能够同时服务多个企业，而不是被一个雇主给束缚住。

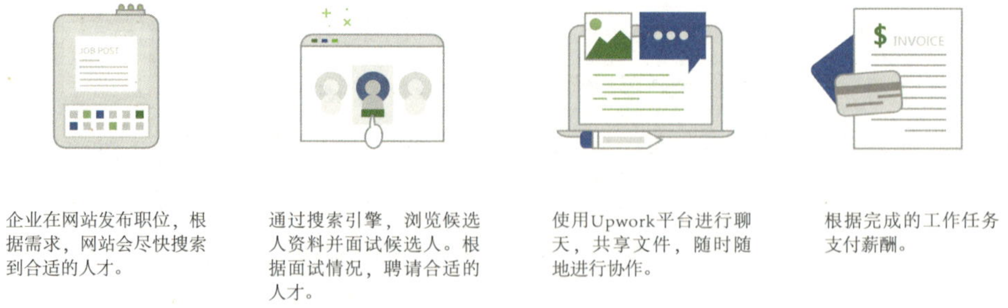

图 2-6 Upwork 平台运营模式

资料来源：Upwork.com。

2013 年在澳大利亚上市的 Freelancer.com 是全球最大的自由工作者平台。如图 2-7、图 2-8 所示，截至 2016 年 12 月 31 日，在 Freelancer.com 上发布的职位数量超过 1 090 万个，其注册用户数量已超过 2 270 万人。该数据还在不断上升。

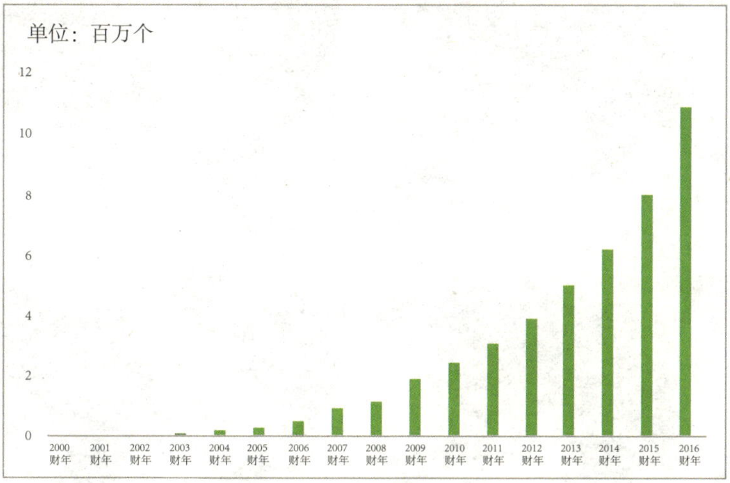

图 2-7　2000—2016 财年在 Freelancer.com 上发布的职位数量

资料来源：Freelancer.com。

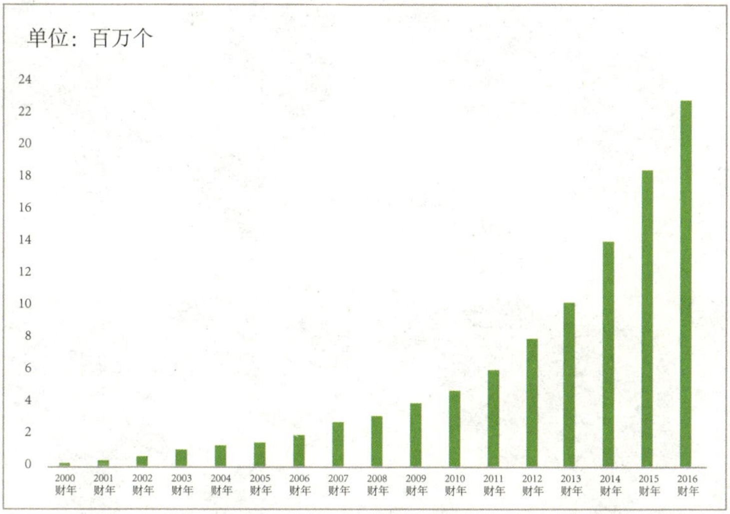

图 2-8　2000—2016 财年 Freelancer.com 的注册用户数量

资料来源：Freelancer.com。

在线劳动力市场在过去的十多年间获得了飞速的发展，从 Freelancer.com 的在线经济版图（见图 2-9）中的“星光”亦可一窥究竟。

图 2-9 Freelancer.com 的在线经济版图

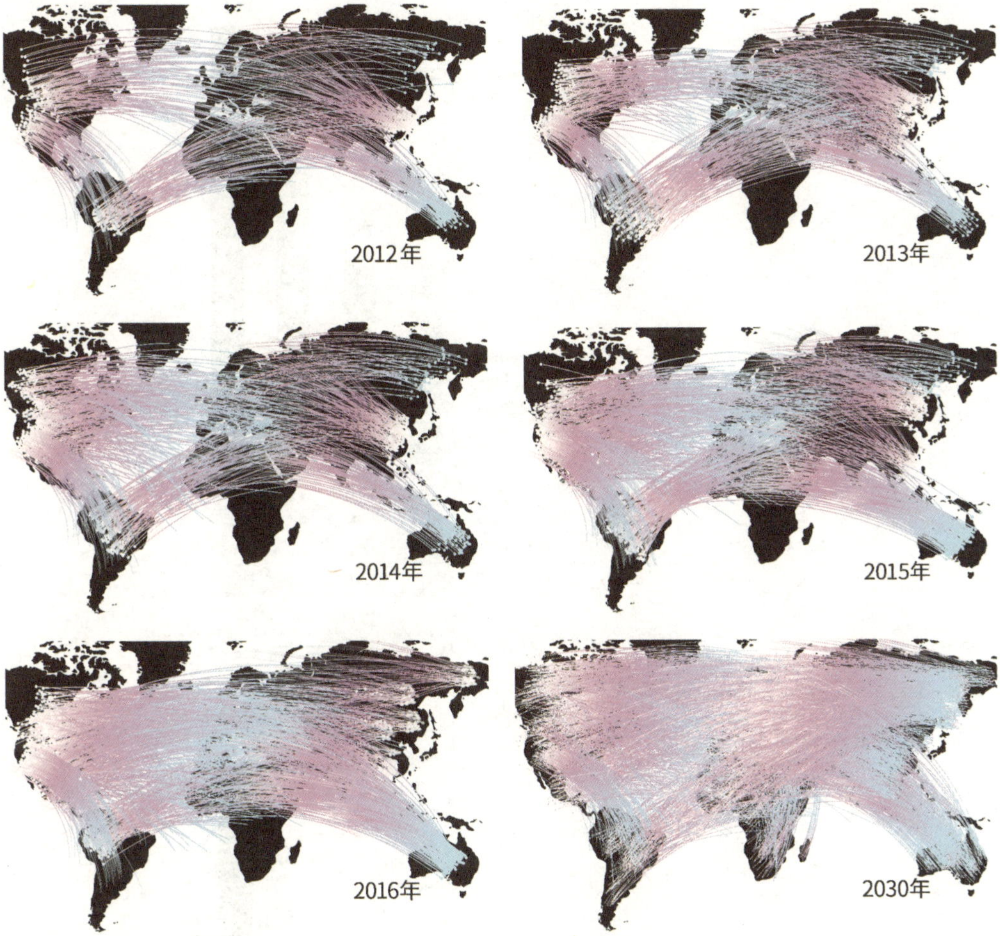

图 2-9 Freelancer.com 的在线经济版图（续）

资料来源：Freelancer.com。

据 Freelancer.com 发布的 2016 财年财报显示，2016 财年其营业收入达 5 270 万澳大利亚元，同比增长 36.6%，可以看出，其历年营收均实现快速上增长，如图 2-10 所示。

如图 2-11 所示，2016 年，Freelancer.com 总付款额达 6.66 亿澳大利亚元，较上年大幅增长 191%，为其业务增长提供了充足的现金流保证。总付款额为 Freelancer.com 或在线托管交易平台 Escrow 用户通过 Freelancer.com 的网站或 Escrow.com 网站交易的产品和服务的总付款额加上总收入构成的。

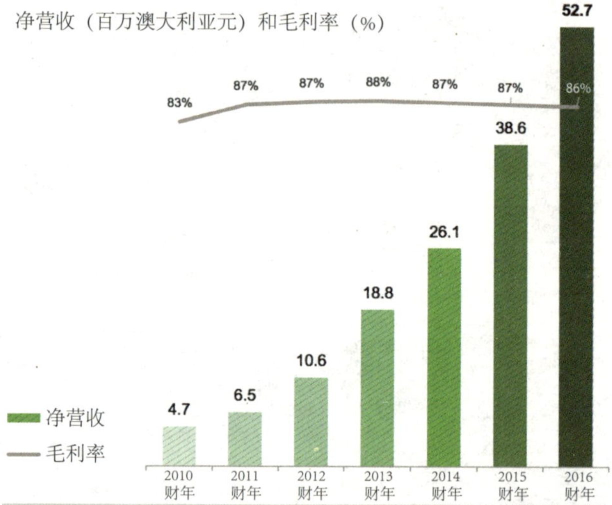

营收	4.7	6.5	10.6	18.8	26.1	38.6	52.7
同比增长	-	37%	64%	77%	39%	48%	37%
毛利率	82.6%	86.7%	87.4%	87.6%	87.1%	86.7%	86.4%

图 2-10 Freelancer.com2016 财年营业收入与毛利率

资料来源：Freelancer.com 2016 财年财报。

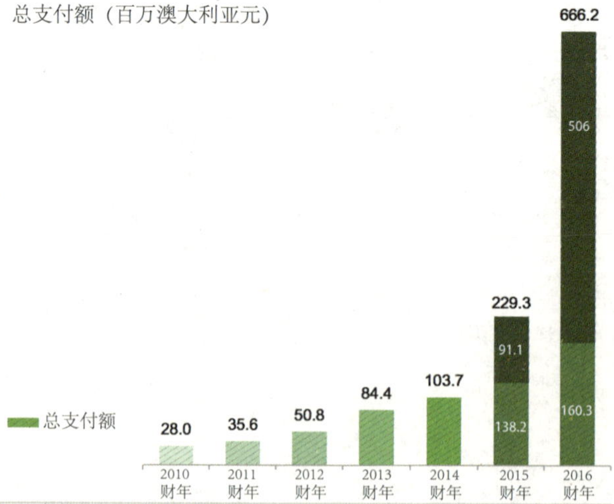

总支付额	28.0	35.6	50.8	84.4	103.7	229.3	666.2
同比增长	-	27%	43%	66%	23%	120%	190%

图 2-11 Freelancer.com 2016 财年总支付额

资料来源：Freelancer.com 2016 财年财报。

HR的
未来简史
2030年，
全球主要的知识自由工作者
平台网站的年度工资
支付总额(GPV,Gross Payment Volume)
达到1万亿美元！

做一名自由职业者也并非一件容易的事，只有掌握市场所需的最新技能，才能获得一份工作。根据 Upwork 的报告显示，2016 年第三季度，美国需求最高的前 20 种自由工作者技能如图 2-12 所示。

图 2-12 2016 年第三季度美国需求最高的前 20 种自由工作者技能

资料来源：Upwork.com。

目前在美国最受欢迎的工作大部分都与科技相关，计算机语言编程、网站开发、应用开发所占比重较大，与 Facebook、Instagram 等社交媒体平台相关的营销、社交媒体管理以及项目管理也比较受欢迎。

❑ 迎接一支全新的员工队伍

自由职业者的崛起对企业劳动力主体产生了深远的影响。据美国哈佛大学和普林斯顿大学预测，未来企业的劳动力不会完全由全职员工组成。**相反，未来的劳动力将由全职员工、顾问、合同工、自由职业者、兼职员工和其他临时员工混合而成，统称“零工经济劳动力”。**这样的“混合员工”占劳动力的比重将达到15.8%～34%。

在未来很长一段时间，数字经济生态与传统就业生态将保持并存发展、融合促进的良性互动关系。如图 2-13 所示，劳动力市场中将拥有更广泛的高技能与高素质的劳动者、数字化人才，以及由机器智能组成新的就业骨干；既有依托于传统组织雇佣关系的传统青年，也有寻求多元化“零工”的人才，还有自主创业者。

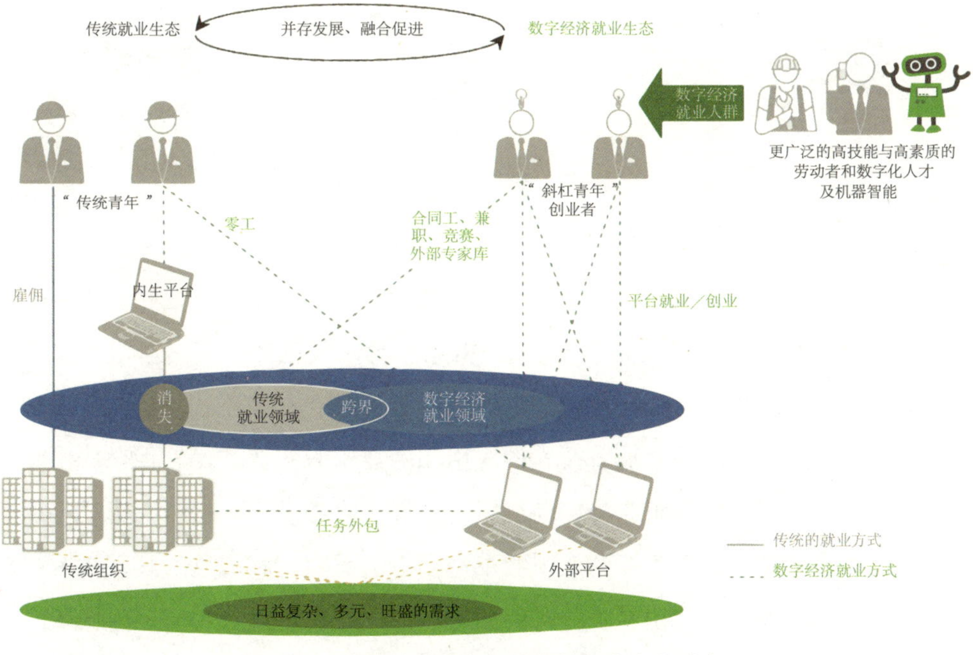

图 2-13 传统就业生态与数字就业生态的融合

资料来源：波士顿咨询：《迈向 2035：4 亿数字经济就业的未来》。

当组织边界被打破时，工作不再仅由企业内部员工来胜任，而是通过多元化的工作主体和方式来完成。管理者必须意识到领导者的任务不仅是管理内部人才，还要管理外部员工，并保证他们能够按时完成任务；需要引导外部员工以最优化、最高效的方式达成目标；必须提供必要的资源支持和工作协调，善于运用内外部资源。如图2-14所示，企业的工作任务未来可以交由内部员工、外包公司、人力资源平台、自由工作者、合作伙伴共同完成。

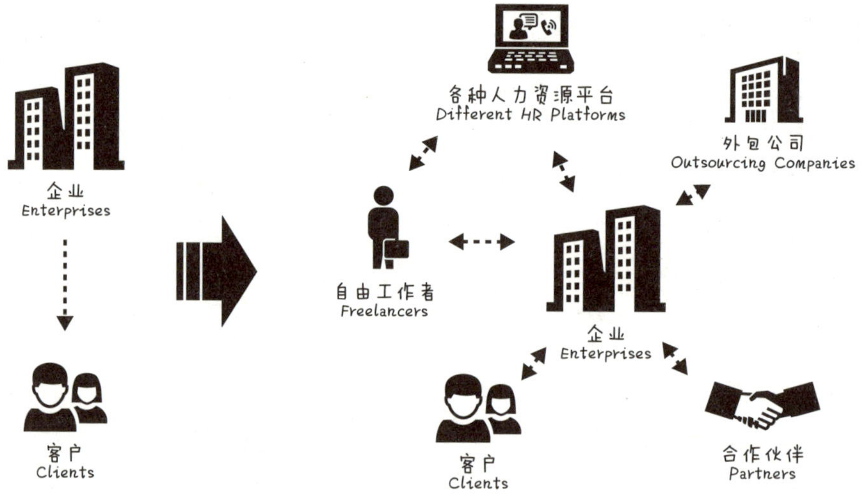

图2-14 多样化的员工生态

资料来源：《未来的工作：传统雇用时代的终结》。

在各种趋势下，未来的工作世界将是怎样的？对于这个问题，海德思哲中国区董事长郭皓早已进行了前瞻思考："自由工作者时代已经来临，自由工作方式成为未来职场大趋势。阻拦自由工作方式的障碍早晚会土崩瓦解，正如昔日的全职工作优势正在逐渐凋零。随着技术的应用和商业组织的变革，一种全新的社会化的、虚拟化的商业协作组织将逐渐形成，封闭于物理空间内的组织形式将逐渐消亡，以知识为中心的服务业的变革会表现得更加强烈。利用移动互联技术，拥有不确定的工作场所、自由的工作时间的工作形式完全可以代替庞杂而低效的传统商业组织，打工的时代将逐渐终结。"

未来已来，就像个人知识型脱口秀节目《罗辑思维》主讲人罗振宇所说："既不能全盘否定未来趋势，也不能完全赞同趋势，我们生活在趋势之中。"在新的时代，怎样才能更好地引领工作？管理者要做出正确决策，必须理解未来工作变化趋势及其原因，并不断提升管理水平，未雨绸缪才能应对未来。

全球性人才库

在如今的自由职业经济浪潮中，有才华的人并不需要依靠提供固定岗位的公司，其工作范围超越了地域和国界的限制。而用人方或者雇主却始终需要有才华的人，现在他们的人才来自全球，可选择面更为广泛。位于澳大利亚和美国的 Freelancer.com、Upwork 等自由职业者平台，将俄罗斯、乌克兰等东欧国家以及自由职业者人数众多的印度、中国等亚洲国家设定为目标市场。2016 年 6 月，Freelancer.com 宣布将在中国增加支付宝、银联等本土支付方式，以连接中国这一全球第二大经济体的零工经济。

如图 2-15、图 2-16 所示，2014 年在线工作招聘数量增长最快的十大国家分别是美国、英国、法国、德国、以色列、荷兰、新加坡、瑞士、澳大利亚、加拿大；而在线工作接单增长速度最快的十大国家分别是美国、菲律宾、俄罗斯、孟加拉国、英国、罗马尼亚、印度、乌克兰、巴基斯坦、加拿大。工作任务的流动早已跨越地域，人才实现了全球范围内的流通。

图 2-15　十大在线工作招聘国家

资料来源：Upwork.com：2014 全球在线工作数据报告。

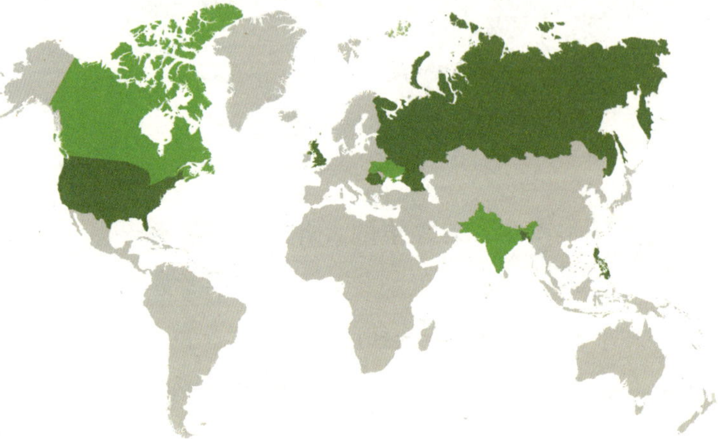

图 2-16 十大在线工作接单国家

资料来源：Upwork.com：2014 全球在线工作数据报告。

除 Freelancer.com、Upwork 之外，自由职业者网站 PeoplePerhour、数字服务人才市场 Fiverr 和 Themeforest 等也是全球几大活跃度非常高的自由工作者平台。如图 2-17 所示，除美国、英国之外，各平台的访问者来自印度、巴基斯坦、中国等国家。

分布于全球的各人才平台使就业者的身体素质、所处地域不再成为制约，全球化的广泛协同和对劳动者的一视同仁，使自由就业工作成为可能，并帮助发展中国家获得来自发达国家的工作任务。据统计，在 Upwork 上，印度、菲律宾为仅次于美国的第二、三大就业群体来源国。[1]

求职者可以凭借自身能力在全球人才平台上获取一份工作。只需要拥有一部电脑，你就可以为全世界任何一家公司工作，你可以选择在家，或者在一家咖啡馆，或者在一个图书馆工作，工作任务已经打破空间、时间的边界。在美国的硅谷，在印度的班加罗尔，在中国的中关村，汇聚了世界顶尖 IT 人才，他们可以为全球雇主提供 IT 服务，却不必要走出国门。

1 波士顿咨询（BCG）. 迈向 2 035.4 亿数字经济就业的未来 [R]. 2017.

自由工作者平台	访问者地域分布		
	国家	访问者占比	国家排名
Freelancer.com	印度	19.5%	471
	美国	13.6%	2 205
	巴基斯坦	5.5%	184
	孟加拉国	4.6%	112
	中国	3.8%	4 195
	国家	访问者占比	国家排名
Upwork.com	美国	26.3%	367
	印度	18.2%	175
	巴基斯坦	4.9%	79
	英国	4.2%	392
	孟加拉国	3.0%	60
	国家	访问者占比	国家排名
Peopleperhour.com	英国	25.3%	651
	印度	20.7%	1 781
	巴基斯坦	7.9%	532
	美国	7.8%	11 903
	孟加拉国	4.0%	466
	国家	访问者占比	国家排名
Fiverr.com	美国	28.9%	321
	印度	10.9%	330
	巴基斯坦	8.2%	37
	英国	5.9%	266
	尼日利亚	3.5%	84

图 2-17 各大自由工作者平台访问者地域分布

资料来源：各网站 2017 年 6 月 Alexa 访问监测数据。

如图 2-18 所示，对于企业而言，过去只是从本地区即在某一个地理范围内寻找人才，而未来将在全球范围内寻找人才。任何企业都需要拥有一个全球人才

2030年，
80%的办公室工作
将在全球范围内
流动和重新分配！
HR的未来简史

储备库。**同时，另一个巨大变革则是人才流动转变为工作任务的流动，创新性人才平台通过互联网技术连接全球人才，人才在自己的地区或国家去完成工作，通过数字化技术交付任务。**

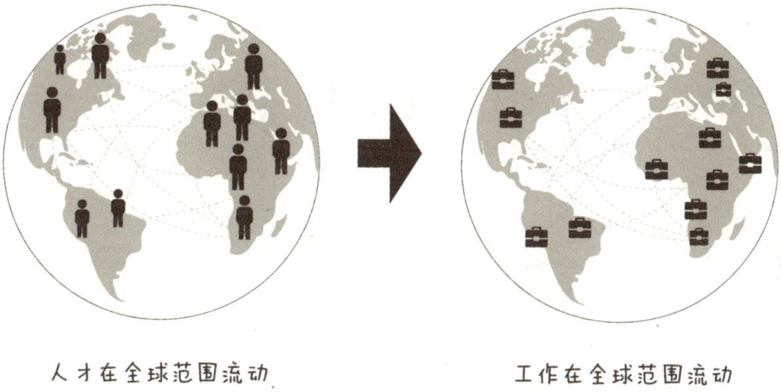

图 2-18　全球人才流动和全球工作任务的流动

如果野心勃勃的企业准备扬帆起航，就需要做出深刻的改变，需要直面一系列挑战，其中包括如何在全球范围内找到顶级人才。同时，企业也要建立一支具有高流动性、高适应性的员工队伍。在一个全球化市场中，企业需要把具有多种灵活能力的员工从一个组织或一个任务调动到另一个组织或任务，以应对多元化需求。如何获得全球人才？这需要企业领导者将眼光放之四海，基于全球性人才库去搜寻人才，为企业发掘最优秀的人才。企业将迎来一支多元化的员工队伍，这些员工来自全球不同的国家，而这正是全球化企业想要取得成功所必备的要素之一：来自全球的不同人才能够带来多维的视角，能够帮助企业在全球化的进程中应对各种各样的复杂挑战。

未来的工作场所

在世界范围内，技术的颠覆性影响无处不在，工作的形态迅速变化，劳动力也变得更加多元，新的社会契约正在改变传统的雇主与员工之间的关系；技术也正在重塑工作场所，随着网络和生态系统开始取代组织的层级架构，“为谁工作”

的传统问题不复存在，取而代之的是“与谁一起工作”、“在什么样的工作场所工作”、“如何工作”等一系列问题。

❑ 未来的工作场所的“进化”

办公室、家里的沙发、联合办公场所——你会选择在哪里工作？云平台、移动设备、电子邮件——你会选择哪种沟通协作方式？工作场所与人的生活质量息息相关——大部分人每天1/3的时间在工作场所度过，没有人会对全新的工作方式和工作场所不感兴趣。如图2-19所示，《任仕达2025职场趋势》报告中指出，如今办公场所与时俱进，人们可以灵活选择办公地点、工作时间、工作方式。

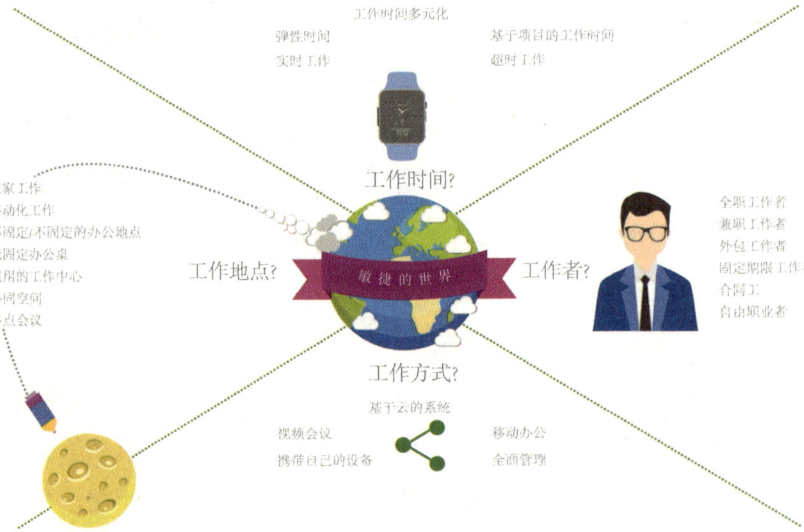

图2-19 未来敏捷、灵活的组织

《任仕达2025职场趋势》报告中指出，过去，在传统的办公室或格子间中办公占了员工大多数的时间。而现在，如图2-20所示，员工办公地点发生了转换，28%的工作者目前都是远程工作或虚拟办公，市场、销售、IT人员尤为青睐这种创新的工作方式。

图 2-20　远程工作及虚拟办公正在兴起

《任仕达 2025 职场趋势》报告中指出，工作者对于办公地点的灵活性的重视程度也逐渐提升（见图 2-21）。在考虑一项潜在的工作机会时，75% 的工作者认为雇主提供的办公地点是一个极其重要的考虑因素，且 97% 的工作者认为雇主应该提供极具吸引力的工作地点和工作时间。一项数据显示，当对一家公司的保持员工快乐工作和高效的重要举措进行排名时，工作时间的灵活性在八个选项中排第一。

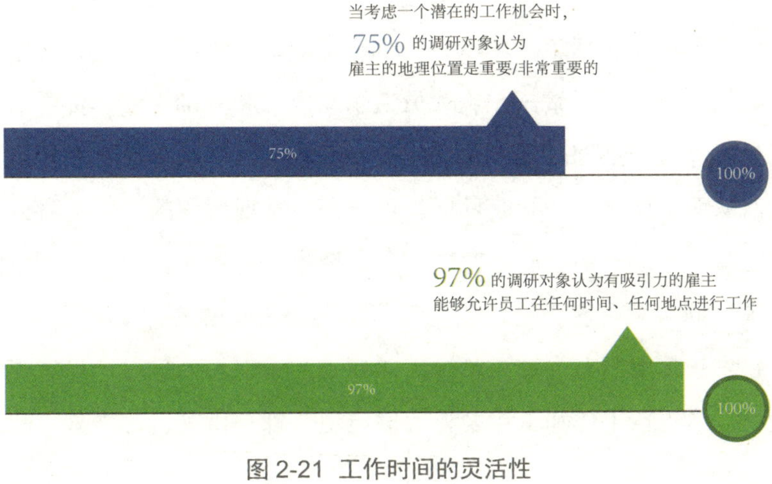

图 2-21　工作时间的灵活性

各个企业正在迎来一支更加灵活、敏捷的员工队伍，他们是全职工作者、兼职工作者的混合体，他们可能来自全世界各个地区，他们可以跨越地理、时间空间进行合作，这种情况在未来将会变得更加普遍。

美国的一项调查预计到2020年，员工可以通过不同设备远程连接公司网络办公，可以通过各种科技工具进行线上协作，一张办公桌可以由多人共用，在需要的时候被使用，未来办公场所面积也将缩小17%。**“公司办公室”的概念——一个单一的地理位置，所有的员工都在固定时间来到固定位置上班——正在消亡。共享办公空间、联合办公地点将成为趋势，共享工作空间将把协同工作带往一个新层面。**

技术的发展使员工能够更轻松地在任何时间、任何地点、任何设备上工作。如今的员工都期待他们的雇主能将最新的技术无缝且安全地融合到他们的工作中。大多数人认为，只有千禧一代在乎灵活的、弹性的工作环境，其实不然。过去，工作场所的灵活性通常被视为一项额外福利，但对未来的员工来说，这是一个必须具备的条件。

❑ 重新定义未来的工作场所

索迪斯发布的《2017年全球工作场所趋势报告》指出，连通性、创新性和不确定性将改写工作场所的规则；下一代职场人的工作风格将取决于自身个性、包容性及技术素养；此外，预计越来越多的机器人将与人类共同工作。**未来，综合性的工作场所不仅包括工作环境——物理环境、组织结构、文化环境、工作任务，更看重软性层面的要素——兼顾员工职场内部和外部生活，促进员工身心健康，改善员工体验。**不同时代人群之间的相互教导和学习，充分发挥个人优势和协作力量，从而实现个人和商业目标，正在塑造着现代化的工作场所。

重新定义工作场所体验则是其中一项重要事项，组织需要从物理空间和技术运用，到虚拟职场和配套设施，为员工提供良好的工作环境并实现身心的愉悦。员工目前越来越希望拥有更加简单的工作环境，企业可借助设计思维提升和简化员工体验，对员工在工作和工作之外的健康生活都提供支持。未来，企业更要创建以人为本且充满无限热情、想象力和主动性的工作环境，保持工作场所的竞争力，让员工拥有客制化的体验。[1]

组织同时需要将健康融合于工作场所，这不仅影响个人的整体健康状况，还会对组织绩效产生积极影响。很多组织已经注重在工作场所融入更多的健康要素，如健康的饮食搭配、丰富的室内运动器材、定期举行户外体育活动等。

与机器赛跑

2016 年，AlphaGo 击败了韩国的李世石，为人工智能取得了里程碑式的成就，那次胜利是电脑首次击败围棋世界冠军。2017 年，AlphaGo 再次获胜，与围棋世界冠军、19 岁的柯洁进行的比赛中以柯洁的三负告终。

围棋一般被认为是机器无法打败人类智慧的一块阵地。然而人类选手惜败机器人，这意味着机器人在围棋领域不能打败人类的神话破灭。AlphaGo 之所以能够战胜两大围棋选手，背后就是人工智能技术大显神威。随着人工智能技术愈加发展，职场中的人类又该如何自处？

□ 人工智能背后的真相

AlphaGo 是一种重复独立人类智能且常见的人工智能，它的主要工作原理是深度学习，且其已经具备"快速处理"和"自主学习"两种能力。此次 AlphaGo 战胜人类是人工智能发展长河中的一个重要拐点。

根据波士顿咨询公司发布的《人工智能：未来制造之道》的报告，人工智能是研究、开发用于模拟、延伸和扩展人类智能的理论、方法、技术及应用系统的一门新的技术科学。根据人工智能的内涵，人工智能可以分为类人行为（模拟行为结果）、类人思维（模拟大脑运作）、泛（不再局限于模拟人）智能。

波士顿咨询公司从人工智能的技术突破和应用价值两个维度，分析未来人工智能将出现三个阶段（见图 2-22）。第一阶段，人工智能将从现在的完成一些具

1　吉姆·怀特赫斯特．开放式组织——面向未来的组织管理新范式 [M]. 王洋，译．北京：机械工程出版社，2016.

体的任务转向完成复杂任务、判断并满足用户需求发展。第二阶段，在中长期实现技术方面的大突破，可以理解用户情感，从而改变用户行为。第三阶段，未来将演变为超级人工智能，全面超越人类。

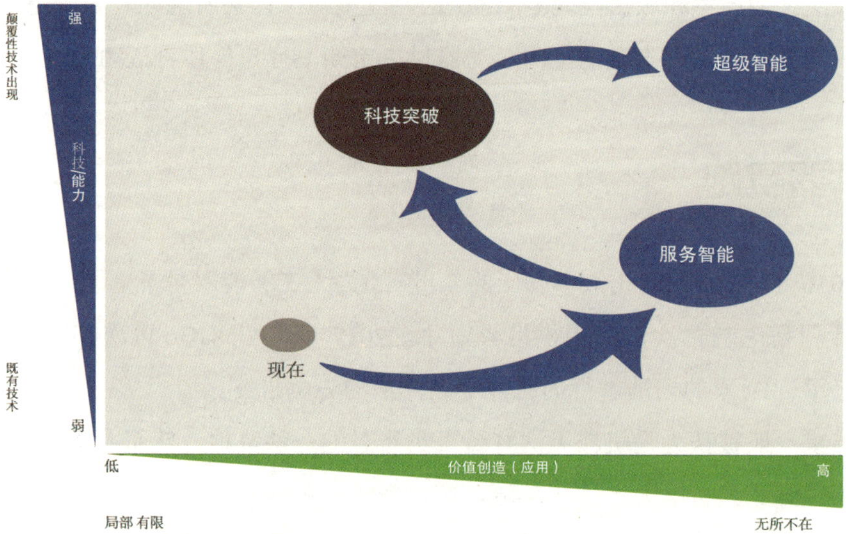

图 2-22 人工智能的发展趋势

资料来源：波士顿咨询公司：《人工智能：未来制造之道》。

第一阶段：未来 3 ～ 5 年，人工智能仍以服务智能为主，在既有技术的基础上，取得技术上边际进步，机器始终作为人的辅助。以智能制造为例，机器将取代重复度高、低技能的工作（见图 2-23），在汽车制造中，机器人设备将大幅降低汽车装配流水线工作对工人身体素质的限制，工人不再需要提重物或保持难受的姿势，而是借助机器人举起内顶板，并自动对齐固定在车架上。

第二阶段：中长期将出现较大的科技突破，如语言识别系统可以完全理解类人对话，甚至预测出潜台词。未来将有一种情感机器人，可以成为人类的情感伙伴，如电影《超能陆战队》中的虚拟人物大白。

第三阶段：人工智能取得显著突破，应用范围显著拓宽，可能出现超级智能。在此阶段，人工智能能完成人类无法完成的事情，根据海量数据预测新的趋势，并且深入应用于各行业中，催生新的商业、社会和个人生活模式，创造巨大的商业价值。

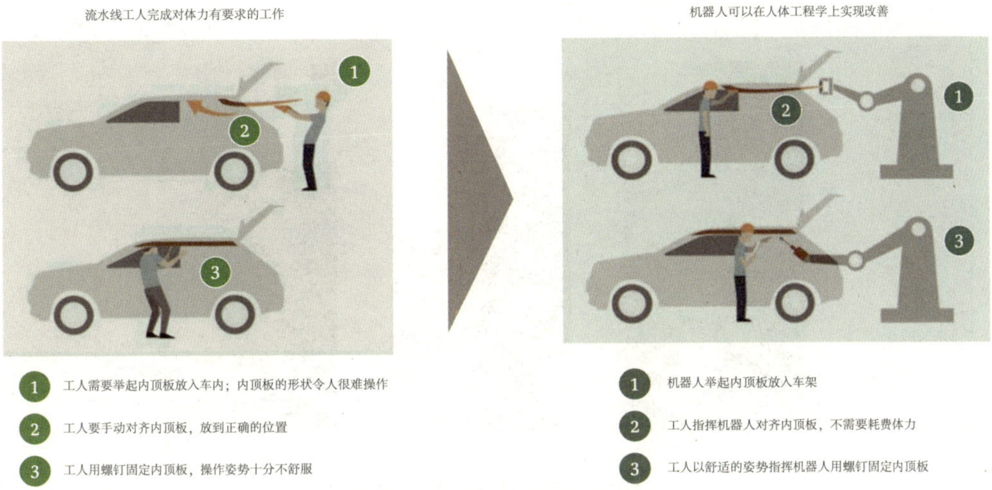

图 2-23　机器人与人类共同协作

资料来源：波士顿咨询公司：《工业 4.0 时代的人机关系》。

高盛集团发布的《人工智能》报告亦指出，人工智能作为信息时代的尖端科技，其应用的数量和复杂性在快速增长。人工智能的蓬勃发展可以将生产力典范作用推广至全球各产业领域。人工智能和机器学习带来的自动化及效率提升在各领域都缩减了 0.5% ～ 1.5% 的劳动工时，预计 2025 年将带来 51 ～ 154 比特 / 秒的生产力提升，同时，在低薪工作的自动化层面，将用更少的工时驱动同比产出增长。

人工智能取代人工的效应现在已经初见端倪。人工智能未来将深入医疗、金融、教育、公共安全、零售、商业服务、制造等行业中，将会涌现出大量的人工智能场景应用。未来，机器是否取代人类工人？人类又该如何自处？

❑ 人工智能时代下的智能制造

富士康几年前就宣布要大量引进机器人来代替流水线上进行重复工作的工人。2016 年，富士康的江苏昆山工厂已经使用机器人替代了 6 万个工人，员工从 11 万人减少到 5 万人。机器人将深入工厂的腹地，与工人抢夺工作。因为一台机器人的工作效率往往是工人的数倍。世界银行发布的《2016 年世界发展报告：数字红利》数据也表明（见图 2-24），中国目前 55% ～ 57% 的职业可能在未来因为技能含量低而被技术取代。

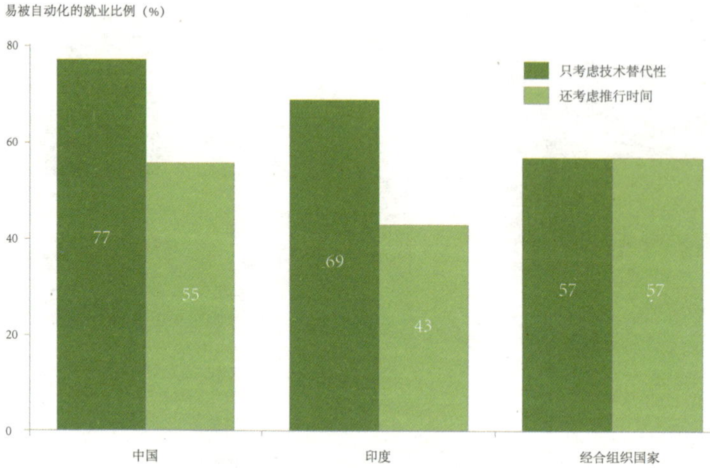

图 2-24 容易被自动化取代的职业

富士康的这一现象背后也反映了另一个无法回避的现实：随着人口红利拐点渐显，制造业成本不断上升。波士顿咨询公司发布的《全球制造业的经济大挪移》的报告中显示，2004—2014 年（见图 2-25），中国的制造成本已经与美国相差无几，中国的制造业面临很大的压力。这一报告分析了全球出口量排名前 25 位的经济体，以美国为基准（100），中国制造成本指数是 96，也就是说，同样一件产品，在美国制造成本是 1 美元，那么在中国则需要 0.96 美元，双方的差距已经极大地缩小了。

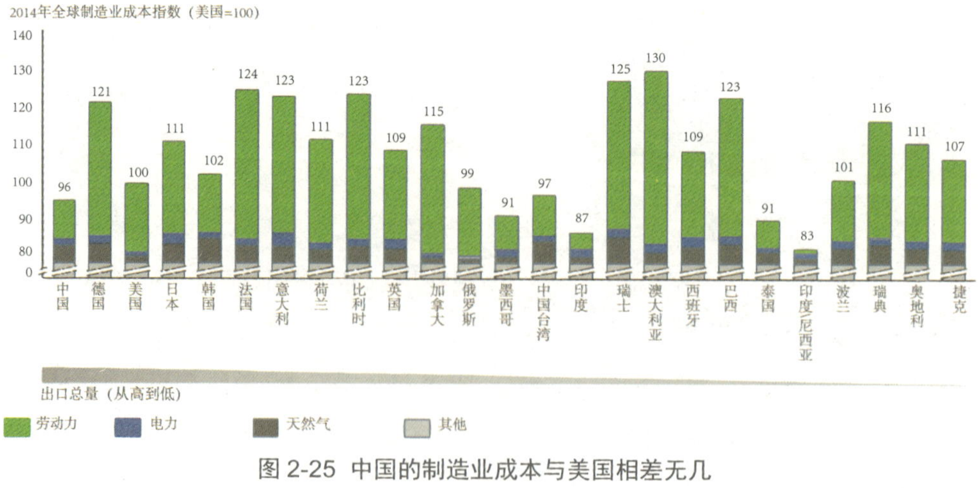

图 2-25 中国的制造业成本与美国相差无几

2035年，
制造业的所有细分领域
将迎来X交叉，
90%的工厂实现无人化，
工业机器人进行制造的单位成本
将永久性低于人工制造成本！
HR的
未来简史

伴随着中国工业化进程步入后期、人口红利逐步消失以及人口老龄化，劳动力低成本优势正在逐步消失。2010 年，中国制造业人员平均工资为 30 916 元，2015 年上升到 55 324 元。研究显示，中国的劳动力成本虽然与发达国家相差很远，但已经明显地超过了东盟等新兴经济体。

在制造业人工成本不断上涨的情况下，用机器代替部分低技能的人工将成为大势所趋。如图 2-26 所示，人力成本基本呈现越来越高的态势；虽然机器人的成本一开始比较高，但是随着工业制造水平越来越高，机器人制造的成本会逐渐降低。因此，在一段时间后，这两条线会形成一个交叉，这个交叉点被称为 X 交叉点。从这个 X 交叉点开始，机器制造的成本将一直低于人工成本，机器也将会开始大范围地代替人。

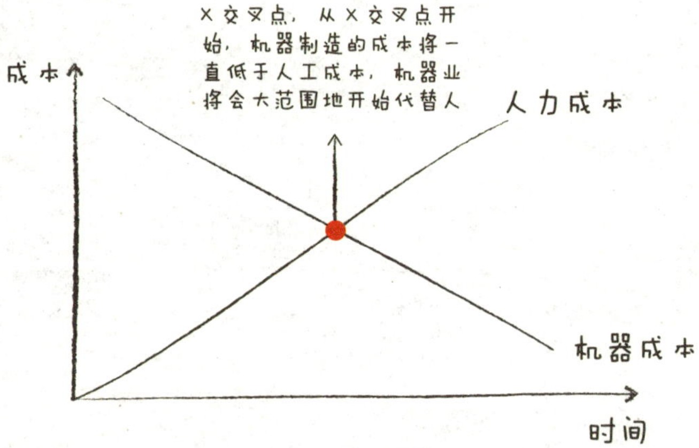

图 2-26 即将到来的 X 交叉点

制造领域里也已经掀起了一次新工业革命，这次工业革命是以新一代信息技术为基础、以数据为核心投入要素、以智能制造为主要方向、以范围经济为主要效率源泉的产业融合发展和社会经济变革。机器在这次工业革命中扮演着重要角色。数据显示，2015 年亚太地区工业机器人销售超过 14 万台。2014 年中国、日本、韩国和泰国的工业机器人新装机量占亚洲地区总量的 75%，分别在全球排名第一、第二、第四和第八位，四个国家工业机器人的市场规模占全球工业机器人销量的 52.4%。

同样数据表明（见图 2-27），在 2013 年，中国工业机器人销量达 36 560 台，在 2014 年，中国工业机器人销量达 56 000 台，实现了快速增长，而农民工的增长率却越来越低。未来，低技能的一些工作将全部被机器取代。

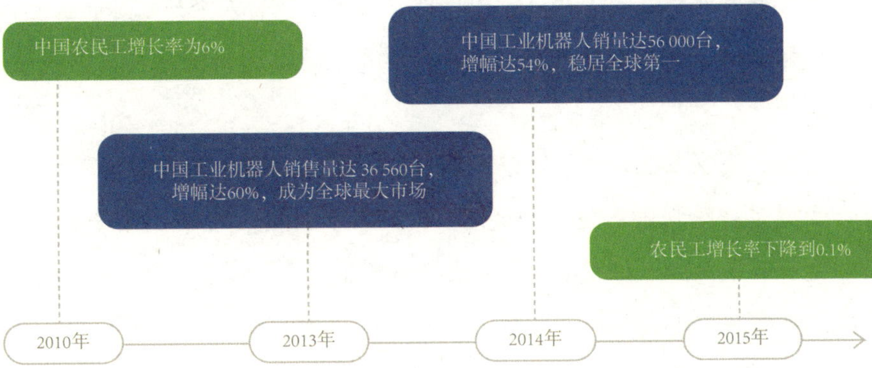

图 2-27　中国工业机器人 2010—2015 年发展趋势

资料来源：一财网。

□ 与机器赛跑，人类将如何自处

> 在 21 世纪人类和计算机争夺工作岗位的战斗中，计算机正在走向胜利，人类转败为胜的机会并不大。随着技术进步，那些原本人们觉得不太容易自动化的工作，失守的可能性也在增加。
>
> ——埃里克 · 布林约尔松和安德鲁 · 麦卡菲，《与机器赛跑》作者

随着技术的不断发展，机器能比人完成越来越多的工作且更廉价。未来有一天，技术会取代从前专属于人类的就业岗位和任务。数据显示，至少在美国，非技术工人的工资已经连续 30 多年走低。《未来之光》一书中也说过：“到了未来的某个时候，机器能完成相当比例的普通人的工作，而这些人，则再也无法找到新的工作。”[1]

我们不必对这太过于惊讶，在波士顿咨询公司所定义的人工智能发展趋势中，当人工智能技术还未出现突破性、颠覆性技术、处于初步发展阶段时，机器人将会取代低技能、低工资、重复度高的工作；当人工智能取得重大科技突破时，人

1　埃里克·布林约尔松，安德鲁·麦卡菲 . 与机器赛跑 [M]. 闾佳，译 . 北京：电子工业出版社，2014.

工智能将实现超级智能，超级智能将能承载人类无法想象的功能，接管人类世界的一切工作。但是就目前而言，创意类、设计类、需要高度协调与交流的白领工作仍然需要人类员工去完成。在还未出现颠覆性技术前，人类在想象、创造领域，仍处于优势地位，毕竟，机器人暂时还不能触景生情，感慨满怀，写出流传千古的诗词。

对于机器的快速发展，人类无法不产生担忧情绪与对于未来的思考，毕竟计算机只会变得越来越强劲，越来越能干，对就业、技能和经济的影响越来越大。但是，人类未来要拿出应对战略，让人类驾驭机器，而不是让人类与机器赛跑。[1]

机器人其实并非单向地抢走工作，未来会出现更有价值含量的工作，未来将是机器与人共同合作的时代。当人类在家里一边用手机收发邮件，一边进行跨地区沟通时，人类享受着这些技术带来的便利，这些“隐形人”可以令人类更加高效。趋利避害是整个生物界、自然界和人类社会的本性，技术的快速发展也会引发机器是否取代人类员工，机器是否会失控的问题。然而，只有真正地理解技术、拥抱技术后，才能更好地掌控技术。

正如摩尔定律提出的每隔 18 个月的 24 个月电脑的运算能力会增加一倍，移动设备、传感器、人工智能以及机器人正以空前的速度影响着生活与工作的方方面面，企业身处数字大变革的前夜，需要重新审视未来工作，思考劳动力管理、技术和数字化人力资源管理。

1 埃里克·布林约尔松，安德鲁·麦卡菲．与机器赛跑 [M]. 闾佳，译．北京：电子工业出版社，2014.

第 3 章

未来的组织趋势：混序与开放

2025年，

1 000个企业会有1 000种截然不同的组织结构形态！

在互联网时代，技术创新层出不穷，市场、技术和人才领域呈现一系列新的变化。在市场领域，组织外部的用户需求正在快速变化，用户的个性化、多样化需求逐渐兴起，市场的不确定性与日俱增；在技术领域，新技术的出现以及其应用引发各个行业对于共享与协作的无限想象空间；在组织人才方面，越来越多的新生代员工进入职场，他们希望有更多的赋能，被组织赋予更多灵活性，越来越多的企业开始对一线进行放权，让“听得到炮火的人来决策”。这些新趋势显著地改变了企业的经营方式，**企业正在开始拆除内外部“两堵墙”：一堵是公司与客户、供应商、合作伙伴之间的墙；一堵是企业内部各个部门之间的墙。**

对于传统企业而言，组织和客户之间仍存在“一堵墙”，企业仍然以每季度或者每半年的速度推出一款产品，如何保证推出的这款产品一定能得到外部客户的青睐。即使企业在推出、推广产品前做了详细的市场调研，就能保证了解到客户真正的痛点吗？事实真相是客户往往不知道自己需要什么！

对于服务型企业来说，接纳变化非常必要，企业必须学习必要变数定律。必要变数定律指的是要想解决一个变数为N的问题，必须用一个N以上的控制体系。换句话说，如果环境中有变数，你的企业也要有足够的变数才能应对，这就需要企业以更多的策略来应对时刻变化的客户需求，这一点对于产品设计来说非常重要。

通过一种最小可行化产品（Minimum Viable Product，MVP）的产品方式，产品设计者可以了解到外部客户的真正需求。最小可行化产品是新产品开发中的名词，是指有部分机能恰好可以让设计者表达其核心设计概念的产品。设计者可以进行验证式学习，根据使用者的回馈，进一步了解使用情形，并且继续开发此产品。由最小可行化产品的方式来收集客户反馈常常会比开发有更多机能的产品更快速，并可以降低因为策略失误造成的损失。

同时，通过一款不太成熟的产品了解客户的反馈，往往比通过打造一款面面俱到、非常成熟的产品，更能为企业取得更多竞争优势、时间优势。**未来，企业需要以客户为中心，通过各种试错性举措充分了解客户需求，打破企业与外部市场的边界。**

组织内部的协作合同越来越多，要打破内部部门之间的边界，打破官僚制度、层级制度的束缚。组织不再是一个个封闭的机器，成了开放的体系。未来的组织将呈现高度的开放性，如表 3-1 所示，开放式组织具备了传统组织无法具备的优势。[1]

表 3-1 传统组织与开放式组织对比

传统组织	开放式组织
指挥和控制、中央规划	催生包容性决策制定
头衔和级别层级架构	因才而治、任思想火花闪烁
升职和薪水	激发激情、培育参与度

资料来源：《开放式组织：面向未来的组织管理新范式》。

❑ 创新从混序中产生

无序的环境起初看起来很可怕，但是一段时间后，你就会发现这种充满活力的环境真是令人雀跃。

——乔恩·马斯特（Jon Masters），红帽公司技术架构师

当组织走向开放，和外部组织有了更多沟通、交流时，两个组织之间将产生更多复杂的联系；当组织内部走向开放，内部将产生多样化的组织形式，这些复杂性和多样性就会产生混沌。开放式组织是一种类似生态系统，能自完善、自进化的去中心化组织，在其最接近混乱状态的边缘具有最高的灵活度和创造力，使创新持续发生。[2]

腾讯董事局主席马化腾曾说，柯达是胶片影像业的巨头，但鲜为人知的是，它也是数码相机的发明者。但为何柯达会失败，正是因为其组织的僵化。在传统组织里，一个“异端”的创新，很难获得足够的资源和支持，甚至会因为与组织过去的战略、优势相冲突而被排斥。因为企业追求精准、控制和可预期，很多创新难以获得生存空间。一个企业的组织模式决定了它能容忍什么样的创新灰度。

1 吉姆·怀特赫斯特 . 开放式组织：面向未来的组织管理新范式 [M]. 王洋，译 . 北京：机械工业出版社，2016.

2 同上。

碳原素
不同的组织方式，
决定了是钻石还是石墨，
公司亦然！

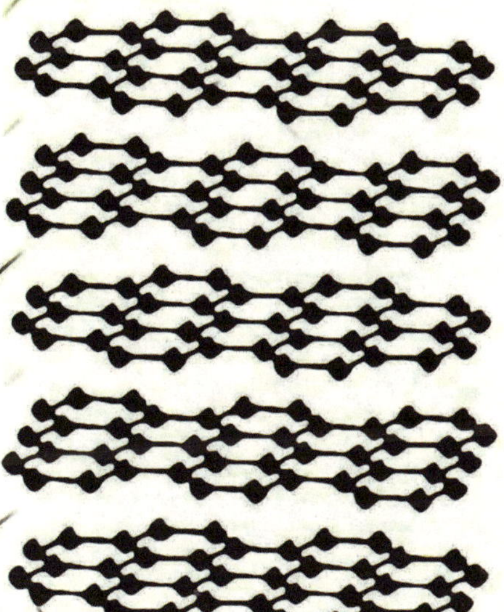

graphite
石墨

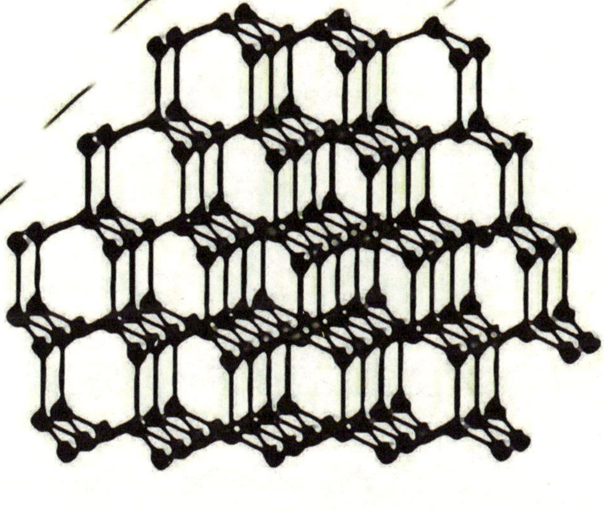

diamond
钻石

HR的未来简史

内部僵化、科层制的组织扼杀柯达原有的创新。马化腾认为真正有活力的组织形式，虽然外界看起来其处于混乱和失控状态，其实那是组织在自然生长进化，在寻找创新。在这个过程中，企业要做的是创造生物型组织，让现实和未来的土壤、生态充满可能性和多样性，而这些正是让创新源源不断涌出的有力保证。[1] 同时，混乱也并非完全无序，而是一种混序，通过混沌的方式提出好的创意，通过秩序和执行得到结果。正如混序部落创始人李文所说，开放式组织和混序管理是互联网时代最具代表性的组织方式和管理方式。

碳原子排列不同的组织方式，决定了物质是钻石还是石墨，两者元素相同然而价值云泥之别。同样，相同的员工在不同的排列组合下，或焕发生机或消沉低迷，企业若想成为价值斐然的钻石，拥有强大的竞争力和战斗力，组织的陈旧和落伍是掣肘的关键。不破不立，不止不行。

在全新的商业时代，企业不能仅凭效率取胜，要更多地以创新取胜。一成不变、故步自封的流程和落后的传统组织架构会扼杀创新。适应于工业时代的科层式架构已经不能适应日益变化的商业环境，正如通用电气前首席执行官杰克·韦尔奇所说，一旦当企业组织不再敏捷、灵活，企业外部的变化超过组织内部变化，组织距离灭亡也就不远了。

大型企业创新的必然趋势：科层式组织架构的崩溃

在旧经济时代，传统组织中最常见的组织架构形式是直线职能型，即在组织内部以核心决策者为顶端，以直线为基础，在各级行政职位主管之下设置相应的职能部门从事专业管理工作，其中下级机构既受上级部门管理，又受同级职能管理部门的业务指导和监督。各级行政管理者逐级负责，高度集权。这是一种按经营管理职能划分的部门，由最高经营者指挥各职能部门的体制，采取的是一种“金字塔科层式”的管理架构，通过完善的制度与流程完成组织内指令的上传下达，

1 马化腾致信合作伙伴：灰度法则的七个维度 [EB/OL]. 腾讯科技（2012-07-09）. http://tech.qq.com/a/20120709/000099.htm.

其管理是自上而下的。“科层式”是由德国社会学家马克斯·韦伯（Marx Webb）提出的，建立在其组织社会学的基础之上，体现了德国式的社会科学与美国式的工业主义的结合。

在工业时代，大型企业的组织架构都是千篇一律的，基本上采用的都是科层式组织，正所谓体系越傻瓜化，人们工作起来就越像傻瓜。在这样的组织架构中，强调以效率驱动组织发展，人的创造性和灵活性被扼杀（见图 3-1）。不过现在的市场情况是，效率已经不是第一目标，价值越来越多地由创新来驱动。

图 3-1　传统工业时代的办公方式

资料来源：《互联网思维的企业》。

科层式组织形式作为一项传统的管理制度，普遍应用于管理实践中。其在发挥精确、稳定、有纪律、可靠的管理价值的同时，也存在管理成本过高、组织效率低下、创造力缺乏、难以适应快速和不确定的市场变化等弊端。

如图 3-2 所示，在典型的科层式组织中，如果最高领导层出现问题（如空缺或不行使职能），将出现“群龙无首”的状况，旗下的各个职能部门将无法沟通协调，陷入各自为政或低效状态，变成一盘散沙，组织也将走向崩溃。这也是美军在伊拉克战争中第一个行动计划是“斩首行动”的原因。

在科层式组织中，最高领导层发出指令，通过上传下达来完成信息的传递与反馈，但当上传下达通路中的任何一个节点（如部门总监、经理）出现“**断路**”

问题（如空缺或不行使职能），如图3-3所示，信息流动将被阻断，工作将无法开展，协作也将无法发生。

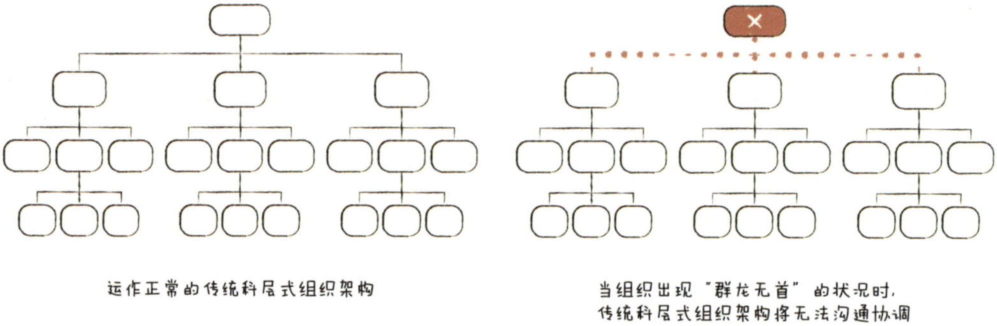

图3-2 运作正常的科层式组织与“群龙无首”的科层式组织

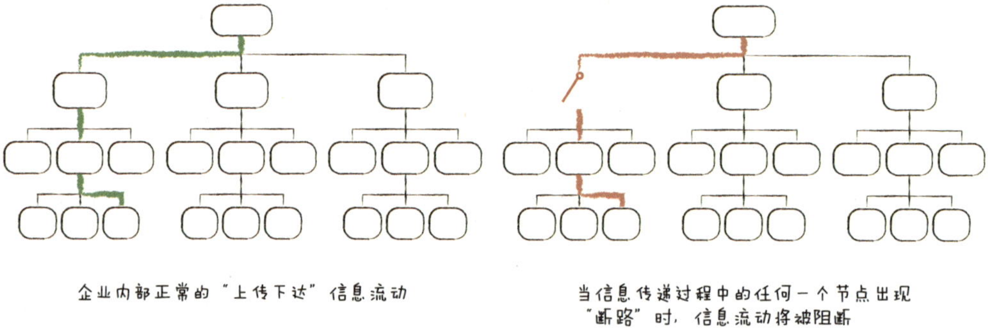

图3-3 正常的信息流动与信息传递中的节点出现“断路”

同样地，组织中的最高领导层发出指令，但当上传下达通路中的任何一个节点（如部门总监、经理）出现“**电阻**”问题（如迟缓、消极、不敬业等），如图3-4所示，信息流动与协作将被延缓及降低，工作将被迟滞。

在传统军队中，步兵往往不能直接呼叫炮火支援，需要步兵请求上级才能进行火力支援，一次火力支援的行动需要经过多个层级。如果在上传下达沟通的任何一个节点（如排长）出现“电阻”问题（如没有快速传达信息），开展军事行动的效率将被降低，也会贻误战机。

在传统大企业中，组织中会设置法务、财务等“**红灯**”部门，以控制风险，这些部门在很多对外合作和组织流程中主要发挥“Say No”（说不）的作用，如图3-5所示，很多时候对于业务开展和协作构成了**善意的“效率减速机”**。

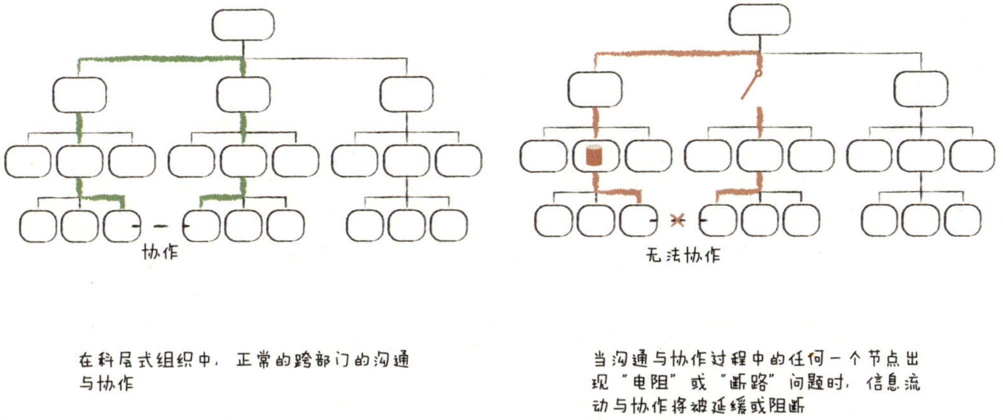

图 3-4　跨部门沟通与协作与沟通与协作过程的节点出现“电阻”或“断路”

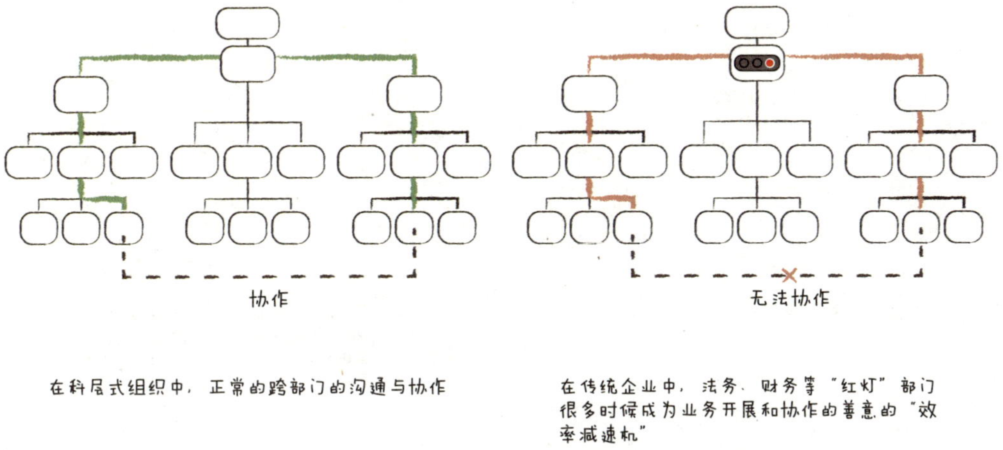

图 3-5　跨部门沟通与协作与“红灯部门”成为善意的“效率减速机”

如图 3-6 所示，随着传统科层式组织不断膨胀，组织架构变得越来越庞杂臃肿，组织也越容易走向失控。因此，组织需要不断增加新的规章、制度，流程来维持庞大机器的运转，这会导致组织日益迟钝、行动僵化、反应缓慢，进而导致组织效率低下，组织竞争力变弱。

随着传统科层式组织的层级不断增加，如图 3-7 所示，这会大大增加组织在领导力发展、人才继任方面的管理难度。优秀人才若要在层层组织架构之中脱颖而出，并得到不断的发展，可谓异常艰难，这会导致优秀人才在基于领导力发展通道构建的漫长继任路径中丧失耐心，人才会选择离开企业，这也会导致组织优秀人才的流失。

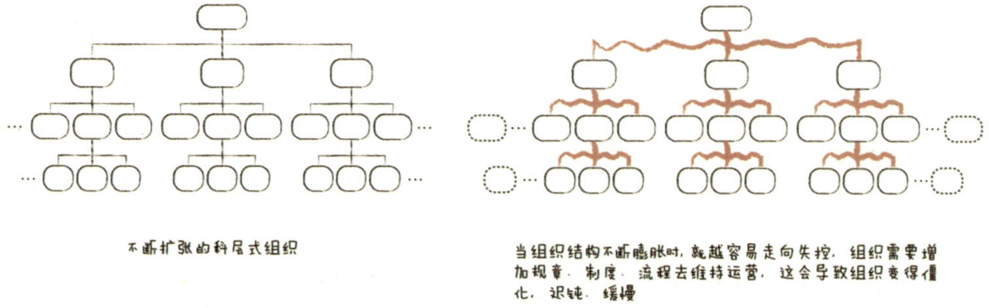

图 3-6 不断扩张的科层式组织和迟钝、僵化、缓慢的科层式组织

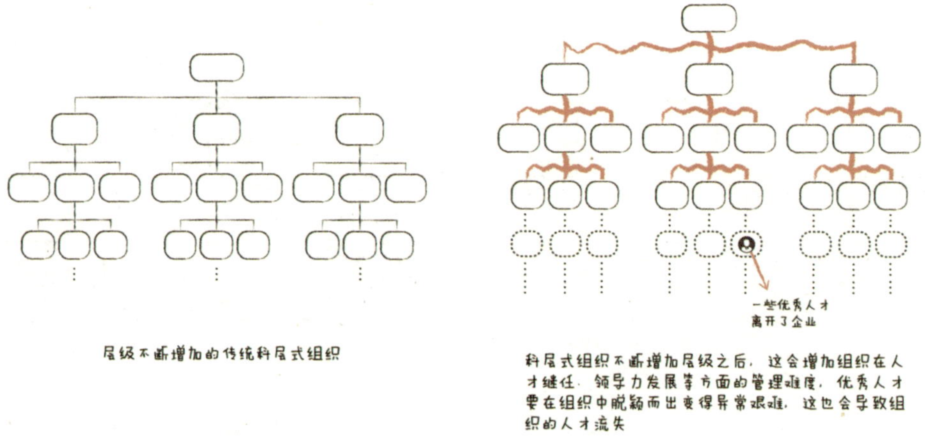

图 3-7 层级不断增加的传统科层式组织和优秀人才不断流失的科层式组织

传统的科层式组织已经无法适应现在快速发展的商业环境，这种组织形式不够敏捷，且对环境的反应较为迟钝，僵化的组织结构、以权威为中心的时代一去不复返。就如同在侏罗纪时代，恐龙曾是“一代霸主”，但是当外部大环境发生剧变，恐龙却没能适应时代的变化，逐渐走向了灭亡。如果传统大企业也不能进行组织变革，也会走向灭亡。未来，传统的科层式组织将走向崩溃，一种新型的网络组织将会崛起，**在网络组织架构中，组织中的某个节点出现问题，并不会影响整个网络组织的正常运作**。网络组织的运行不依靠传统的层级控制，而是在定义成员角色和各自任务的基础上通过密集的多边联系、互利和交互式的合作来达成共同目标。

中国人民大学教授彭剑锋曾说，变革组织架构实质上解决的是如何创新组织模式与组织机制的问题，通过组织变革与改变组织与人之间的关系激励企业创新活力。未来的组织首先要呈现更高的互联性，举一个例子，如图 3-8 所示，在传统企业中，当客户发现产品有问题，他们会拨打客服热线，然而客服热线往往是由冷冰冰的机器接听的。例如，当打通银行系统的客服电话时，电话会有语音提示，不同的按键会处理不同的问题。大多数情况下，当按下某一个按键时，往往无法找到正确的人；或者即便找到了正确的人，问题依然无法得到解决，客户体验因此非常糟糕。**组织采用这种方式，并不是以客户满意来设计组织结构，而是以企业为中心，以降低客户服务成本为基础，以自我为中心来设计组织架构，这些组织不把客服人员视为企业中重要的部分，而是将其视作底层的人。组织架构要越来越要向以客户为中心的组织转型。**

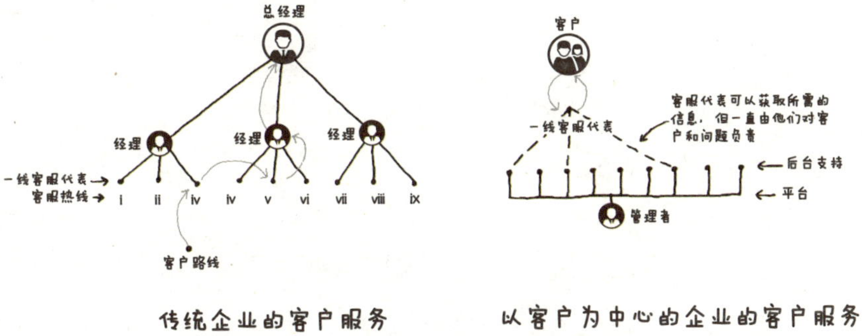

图 3-8 以客户为中心的企业的客户服务

资料来源：John Seddon；领航投资集团。

当客户拨入电话，应该由一位客服解决客户的一切问题，即通过一个平台，将客户需要解决的问题反馈给组织内部的各个相关方，相关方来商议问题并给出解决方案，客服再将解决方案反馈给客户。自始至终，客户的问题都是一个客服来解决。这种以客户为中心、互联互通的组织将大大提升客户的满意度。

传统组织层级森严的官僚体制经常模糊了本来应有的客户的关注，经营管理完全与客户脱节。这不是以客户为中心的组织和传统组织之间的差距，而是好组织和差组织的差距，好组织一定会和客户在一起，差组织一定会离开客户，只站在自己的立场，深陷传统官僚企业之中。[1]

未来，科层式组织将走向崩溃，组织将变得更加敏捷，以客户为中心，实现更好的互联、协作、协同。如图 3-9 所示，未来的组织也是“千企千面”的，将会呈现千姿百态的组织结构，只有最适合企业、最能够适应内部业务发展和外部环境的组织模式才能带领组织走向创新和发展。

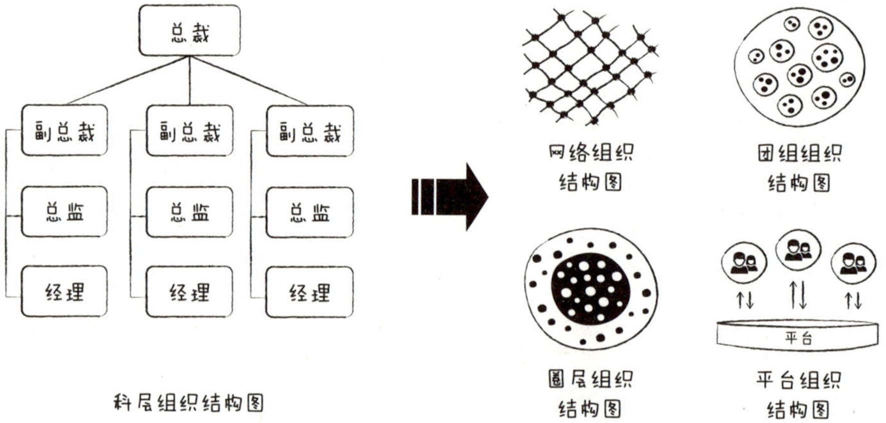

图 3-9 组织结构的转型

资料来源：《互联网思维的企业》。

❑ 开放式组织：网络组织、平台组织、圈层组织、团组组织

《变革的基因》一书中写道：“战略容易模仿，只有组织能力才是真正的竞争壁垒。”一种新的世界秩序正在取代旧有的权力和模式，21 世纪的商业处在社会和经济的大变革中，组织正在从僵化的科层式架构向灵活的结构和流程进行转变，网络组织、平台组织、圈层组织、团组组织正在兴起。这几种组织形式都属于开放式组织，且都具备混沌兼容秩序的组织创新特征。

未来组织结构的特性：渗透性、互连性、合作性、灵活性

《颠覆式创新：移动互联网时代的生存法则》一书中写道：“在短短三年间，诺基亚陨落，摩托罗拉手机业务以区区 29 亿美元出售给联想，芯片业霸主英特

1 陈春花 . 激活组织：从个人价值到集合智慧 [M]. 北京：机械工业出版社，2017.

2025年，
组织的寒武纪到来，
组织结构图谱
开始大爆发。

尔在移动芯片领域的市场份额几乎为零，风光无限的巨头转眼成为被颠覆的恐龙，默默无闻的小公司一战成名迅速崛起，令人瞠目结舌的现象几乎都以'颠覆式创新法则'来解释。”在新的商业竞争中，企业需要“换操作系统”获得生存而不是简单地“打补丁”。对于企业来说，组织架构方面的创新也是传统组织焕发生机、创新企业不断攻城略地的重要法宝。[1]

在中国人民大学教授彭剑锋看来，**未来的组织将围绕客户价值，组织内部以价值驱动，而不是由权力驱动，会形成各种“变形金刚”，呈现为更加灵活的组织架构，呈现出更强的合作性，没有一家企业能够独自存活，互联互通成为必需；同时，未来组织能够快速地实现团队之间、项目小组之间多种多样的灵活合作，这是互联网时代带来的优势。**

在互联网经济时代，组织的边界得到扩展，企业资源可以参与到外部组织的发展，外部资源可以进入组织，客户变成参与者，组织边界要越来越走向模糊，组织要有更强的互联性；不同的企业可以基于共享目标形成共生共融的生态系统，改变传统组织环境互动机制。企业必须参与大生态与周围环境的互动，才有持续的生命力，这就需要企业打开心胸，与其他企业建立更多的合作。

灵活组织的边界需要有适当的渗透性，以便创意、信息和资源能够自由流动，穿越组织，但是这并不意味企业边界应该完全可渗透，或者企业边界没有存在的意义，那会导致组织的瓦解。准确地说，组织边界需要足够的渗透性，以便组织能够迅速、富有创造性地适应环境的变化，未来企业能够生存下来的前提是敏捷，是需要有像变色龙一样对于环境的迅速适应和应变能力。

网络组织

随着知识经济的崛起，企业内知识型员工不再满足于重复性工作，森严的层级弱化了员工之间的协作和信息共享，网络化组织成为企业组织革新的趋势。网络组织实质上是由若干相互独立的组织构成的一个成员不断变动的组织系统。这种动态变化的立体网络中最大的优点在于核心组织把重点放在个人最擅长的职能

1 李善友 . 颠覆式创新 ：移动互联网时代的生存法则 [M]. 北京 ：机械工业出版社，2016.

上，把其他职能外包给其他组织。**这一方面可以使核心组织在人员、结构、功能、成本等方面最大限度地实现精简、灵活，创造出更大的竞争优势；另一方面极大地发挥分工协作的优势，提高组织网络的经济优势。**

网络组织的核心思想是以工作任务为中心，只要有利于工作任务的完成，可以越过组织层级。运作上，强调业务流程更短、更快捷，关注最终结果，关注客户的需求。在网络组织中，工作职责并不要求十分明确，而是具备一定的弹性，网络组织中的职责是动态的，随时会根据任务形成各种规模、各种形式的团队来完成工作。更为重要的是，在网络组织中，**组织中的节点都是相互独立的，某一个节点出现问题，并不会影响整体组织的正常工作。**

奈飞公司（Netflix）是由马克·兰多夫（Marc Randolph）和里德·哈斯廷斯（Reed Hastings）在1997年创建的。Netflix公司位于加利福尼亚州的斯科茨谷，创业阶段拥有30个固定员工和925个临时工。目前，作为世界上领先的互联网电视网络（见图3-10），Netflix公司的组织架构非常透明，经理会分享很多相关信息，员工会被给予很大的授权。它的组织架构上也极具特色，其并不是明确的组织模式，而是一种互联互通、复杂多变的网络模式，并且Netflix不再想着怎么把整个架构用大家都看得懂的方式展现出来。

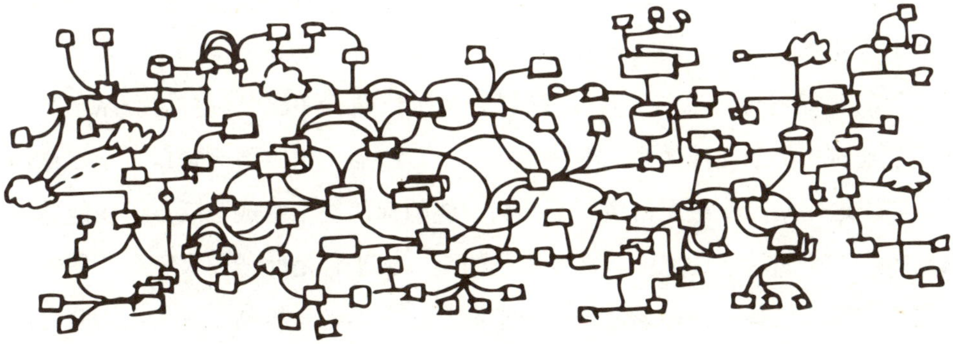

Netflix的组织架构是一种复杂多变的网络模式，不再以大家看得懂的方式展现出来

图3-10 Netflix公司组织架构

资料来源：《互联网思维的企业》。

平台组织

波士顿咨询公司发布的报告《平台化组织：组织变革前沿的“前言”》显示，市值TOP15的互联网上市公司市值总和，在1995年12月尚不足170亿美元，到2016年6月，已高达2.7万亿美元。互联网产业自身已经成了一种显著的经济现象，也正在带来一种全新的组织现象：平台模式的历史性崛起，从阿里巴巴旗下淘宝的崛起可见一斑。互联网平台的发展，让人们高度关注微观企业层面上的平台模式。在中观产业和宏观经济层面上，基于互联网的平台模式（大平台+小前端+富生态+共治理），实际上是一种对多个产业甚至是全社会资源进行开放重组和融合再造的组织方式。阿里巴巴、海尔、滴滴出行、韩都衣舍等众多企业也在积极走向平台化。

基于对于平台化组织的研究，波士顿咨询公司发现并提炼了平台化企业组织的四大特征：

- 大量自主小前端
- 大规模支撑平台
- 多元的生态体系
- 自下而上的创业精神

以韩都衣舍为例，消费者需求的高度不确定性及快速变化性都在促使韩都衣舍制定全新组织架构。波士顿咨询公司在研究中表明，韩都衣舍是“大平台+小前端”的典型组合（见图3-11）。韩都衣舍在前端有300个左右的产品小组，在中后台则建立七个支撑体系。在日常运作中，产品小组将得到来自七个支撑体系的赋能。**这些产品小组通常由三个不同职能的部门员工组成，后方的职能体系为前端的三人小团队输送炮弹。需要指出的是，大平台是赋能的大平台，前端是敏捷的小前端。这些支撑体系内部有非常激烈的市场竞争机制，三人小团队可以根据排名选择最优的后台赋能体系：三人小组中也有着激烈的竞争，这令韩都衣舍在市场中常常推出爆品，而推出这些爆品的团队往往会得到更多资源的倾斜。**在全新的组织架构和形态下，传统薪酬管理理论的“外部竞争性、内部公平性”这一金科玉律被彻底打破，从而激发了组织内部创新精神，组织内部才不会一潭死水，形成完美的自驱动型的组织。

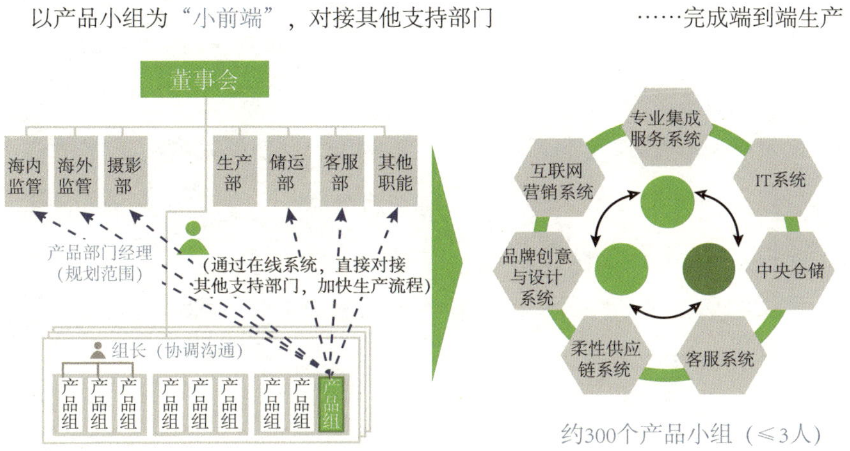

图 3-11　韩都衣舍以“产品小组”为核心的运营模式

资料来源：波士顿咨询公司：《平台化组织：组织变革前沿的“前言”》。

平台组织并非传统组织的对立面，而是在既有组织的基础上，通过自我激活、内部挖潜、持续提升来建设基于个体潜能、群体动力和组织文化，力求更有效、长效地实现组织愿景。**但是随着企业实践的深入，越来越多的新问题可能会涌现出来，这需要对平台组织持续的研究与关注。**

圈层组织

以优步、爱彼迎为代表的共享经济模式在带来巨大经济和社会价值的同时，也对传统行业的运行方式带来极大冲击。例如，优步之于出租车行业，爱彼迎之于酒店行业。另一方面，它们对于企业内部的运作模式、组织的管理模式、人员的工作模式也带来了新的挑战。例如，优步是一种典型的圈层组织，它颠覆了传统组织架构。

如图 3-12 所示，优步的**整个圈层从内向外呈现如下。**

内层是核心，即优步的全职雇佣员工。在这个圈层中，优步采用的是分散的小团组模式，即每个城市采用“三人小组”方式进行独立运作。这一小组向总部汇报，但在城市运营当中则完全自主决定其事务。

中间层是通过优步平台接单的非全职雇佣司机。优步对接单司机进行松散管理，通过其大数据平台对司机进行调度和协调，并抽取一定比例的服务费用。而司机的收入则来自其工作的表现（其接单次数、路程费用等），以及他们所服务的客户对他的评分。

外层是具有打车需求的乘客。这些乘客通过优步享受共享用车的便利。同时，因为乘客可以点评优步司机的服务并影响司机的收入，因此在某种程度上，将迫使司机不断提升其服务质量。

在这种组织形式中，每种资源都得到高效和最大化的利用，司机、乘客、优步最终都能从中获得收益。

图 3-12 圈层组织结构图

资料来源：《互联网思维的企业》。

团组组织

> 大企业总是不可避免地迟缓而且低效，小企业则是灵敏而快速，所以，你应该把大企业拆成一个个的小块。
>
> ——卢·郭士纳（Lew Gerstner），IBM前首席执行官

不同于科层式组织按照职能和专业来划分员工，在团组化的组织中，员工被划分为“企业中的小企业”，称为团组，如图 3-13 所示。每个团组都像一个小型

企业一样运作，每个团组是一个自我管理的单位，团组具有极高的自治权。自然界中的蚁群就是一个团组化的作业方式来生存。[1]

图 3-13　团组组织结构图

资料来源：《互联网思维的企业》。

生物学家在研究蚂蚁时发现，蚂蚁是动物世界赫赫有名的建筑师。但是，蚂蚁怎么从宏观上把握从而建立复杂的蚁巢体系的？**即使蚂蚁当中体形最大的，也许最聪明的蚁后，它的大脑也不比一个盐粒更大。整个蚁巢实际上由一个一个的单元构成——水平的巢室和垂直的通道。**当蚂蚁觉得它需要一个新的“房间”的时候，它只需要再去建造一个这样的模块。它并不知道这个巢穴现在是什么样子，蚂蚁通过个体的行为形成了一个复杂的洞穴体系。[2]

蚂蚁在筑巢时，并不依靠蚁群的核心者进行监督，他们形成一个团队，能够根据环境变动，迅速地自行调整战略，通过特殊的点对点的方式传达消息，从而快速完成任务，这样可以把个体的能力提升到一个新水平，可以让群体具备群体智慧。

自组织的公司——巴西塞氏企业

巴西塞氏企业是一家多元业务大型企业，它可能是这个地球上最酷、最有趣

1　戴夫·格雷，托马斯·范德尔·沃尔．互联网思维的企业 [M]. 张玳，译．北京：人民邮电出版社，2014.

2　冉浩：超个体　自组织下的蚂蚁群体行为 [EB/OL]. 新浪财经（2016-04-18）. http://finance.sina.com.cn/hy/hyjz/2016-04-18/doc-ifxriqqv6189781.shtml.

的公司之一。这是一家自我管理型组织，巴西塞氏企业内没有人力资源部门，员工没有头衔，经理们没有助理。员工自己决定做什么，什么时候做，在哪儿做，他们甚至决定自己的薪水。管理人员由一线员工投票选出，而不是由公司高层任命。公司要新开什么业务，或者放弃哪些旧业务也由员工决定。公司把利润与全体员工共同分享。

巴西塞氏企业的首席执行官里卡多·塞姆勒（Ricardo Semler）说："常有人问我，该怎么控制这样的体系，答案是我不控制，我让系统自动运转。"巴西塞氏企业取得成功的主要原因是他们认为企业都应该足够小，这样员工才能把它视作完整的体系，并让员工自我管理、自我决策，做到透明和信任。然而，这样的组织形式往往不以效率为先，而是追求灵活性和容错性。[1]

《互联网思维的企业》一书中写道："团组化也是一种特许经营（加盟）模式。特许经营模式是商业世界中常见的规模化业务模式，它提供一套核心架构、支持体系，以及一系列服务，帮助众多的特许经营商成功。"全球最大的连锁咖啡店星巴克是一种典型的团组组织。分布在全球的每家星巴克连锁店相当于一个团组，他们被赋予了极大的权力，他们根据自己所在地区的实际经营情况来设计营销、服务等活动。例如，根据当地的风俗文化进行营销活动，在中国的端午节，他们会推出粽子甜点，也会推出相应的茶品饮料。并且不同的团组之间会分享经验，既可以保证本组织经营目标的达成，也会促进组织的整体发展。

重构组织：用设计思维驱动组织战略与发展

不难发现，当代社会制度的失败已经席卷而来。制度失败带来的危险并非地震、海啸般突如其来的灾难，但是在长久的视而不见中更为致命。组织失败的不断加速说明人们还未充分注意到这一潜在危险，大概率且影响巨大的潜在危机的"灰犀牛"动起来了，企业在抱残守缺和自鸣得意中，组织的缺陷被忽视了。如

1　戴夫·格雷，托马斯·范德尔·沃尔．互联网思维的企业 [M]. 张玳，译．北京：人民邮电出版社，2014.

果企业不能找到弥补缺陷且解决问题的方法，组织必将跌入混乱的深渊。

商业环境的急速变化，让企业必须快速应对。然而，桎梏企业快速行动的关键是它们现有的组织形式。如图 3-14 所示，在《2017 年德勤全球人力资本趋势报告》中，组织设计成为最重要的趋势。**业绩表现不俗的企业运作模式发生了巨大的改变，向灵活、以团队为中心的模式转变。**

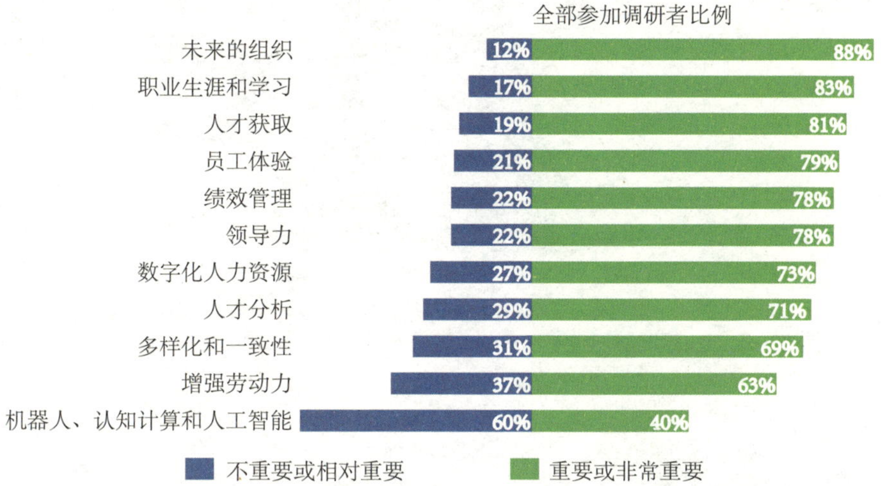

图 3-14 按重要性排序的 2017 年人力资本趋势

波士顿咨询公司的《转型求变，智胜未来：新常态、全球化、互联网 + 之中国企业变革之道》报告指出，组织可以借助“精益组织”及“模块化”快速响应客户的方式，解决反应迟缓、合作不畅的问题。如图 3-15 所示，**精益组织是指缩短纵向决策链条；模块化是指打通横向部门墙，实现以客户为中心的组织转型。**组织“塑身”之后，拥有了更多“决策者”而非“分析师”，各级决策者的承担意识和能力也更强。

但是，仍有不少企业在采用工业时代的模式进行运作，他们的决策链条臃长，纵向层级过多，这些陈旧的体系让组织很难负重前行。传统的组织设计针对的是工作效率和效能，并演变为复杂且孤立的组织。这种组织在 VUCA 时代已经不再适用，未来的组织设计应该提升速度、增强灵活性并提高适应力。如图 3-16 所示，中国近九成的高管认为未来组织趋势十分重要。《2017 年德勤全球人力资本趋势报告》显示，仅有 14% 的高管认为传统的组织模式能够让企业高效运作，而32%则表示他们正在致力于将他们的企业设计得更具适应性和以团队为中心。

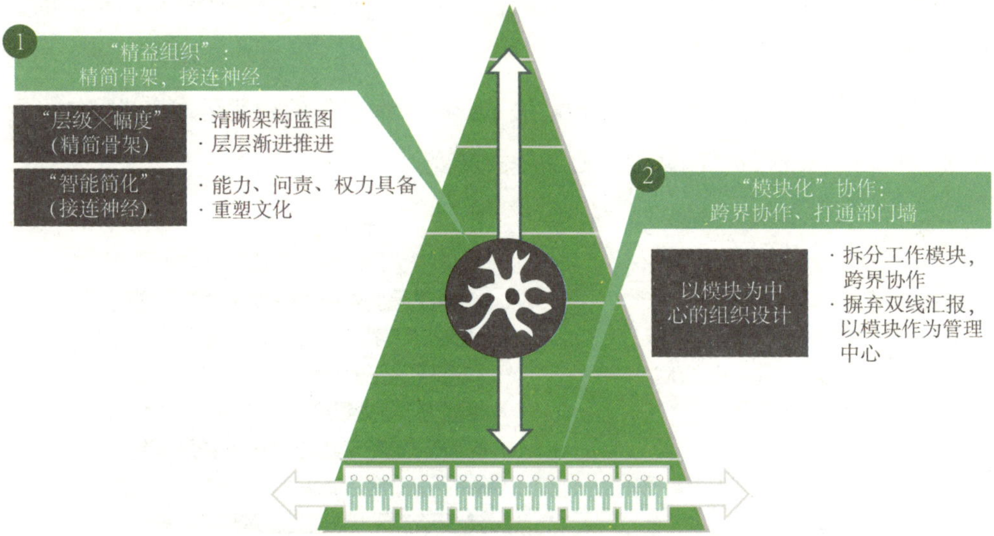

图 3-15 借助"精益组织"缩短决策链条，借助"模块化"打通部门墙

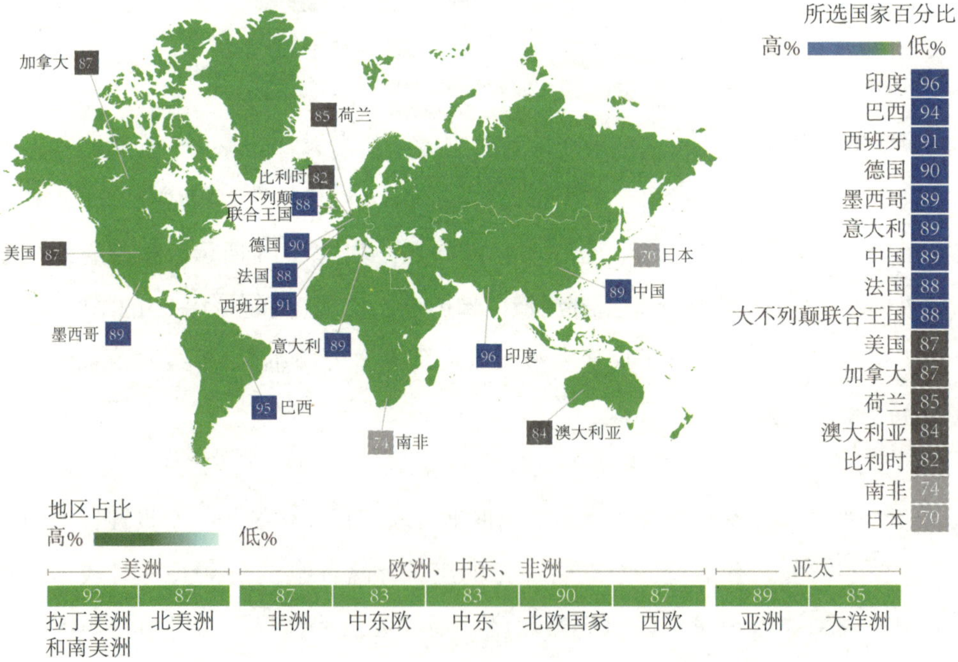

图 3-16 调研对象认为未来组织趋势"重要"或"非常重要"的百分比

2025年之前，

HR部门最重要的工作是“组织设计”。

组织处于的环境在不断变化，因此组织结构也要发生变化。快速反应的企业首先在“边缘”地带试点柔性模式，并在此基础上构建新型领导力模式，鼓励创新和以客户为中心。在金融科技蓬勃发展的冲击下，传统银行业开始反击。北美一家银行更新运营模式，嵌入灵活的团队模式，将研发人员、程序员、业务分析员组成跨职能的网络团队，完成一项任务后，团队就快速解散。

在数字时代，团队联系日益紧密。社会学家罗伯特 · 邓巴（Robert Dunbar）研究发现，**小团队的组织单元在人际交流方面十分有优势，低于 150 人团队能够保持良好的沟通和互相了解。**团队的各个成员可以在不同的地点实现交流，并可以与客户保持实时的信息共享。如表 3-2 所示，这种紧密协作通常在陈旧的组织模式显得步履维艰，组织壁垒妨碍了集体思维的碰撞。

表 3-2 未来的组织：旧规则与新规则

旧规则	新规则
关注工作效率和效能	关注学习、创新和客户影响力
将企业视作一种等级制，包括等级化的决策权、结构和领导力发展	将企业视为一个灵活的网络，由团队领导者授权，通过合作和知识共享激发能量
基于职能部门的结构，包括职能领导者和全球化职能团队	基于工作和项目的结构，团队聚焦产品、客户和服务
晋升方式为向上多层级的提拔	晋升方式为评测多种任务、多样化的经历和多职能领域的领导任务指派
人才通过晋升“成为领导”	人才通过“创建追随者团队”来增加影响力和权威
命令式领导	协作式领导
畏惧失败，在意他人看法主导的文化	安全、丰富、冒险和创新扮演重要角色的文化
基于规则	基于方案
角色和岗位头衔明确确定	团队和职责明确确定，角色和岗位头衔定期变化
基于流程	基于项目

资料来源：《2017 年德勤全球人力资本趋势报告》。

组织要驾驭不确定性，如何着手组织重塑？自 20 世纪 70 年代以来，组织的设计视角已经被证实是应对挑战的重要概念，设计思维是这一概念具体实施的工具和方案。在 VUCA 时代，设计能力已然成为打破传统的一把利剑，但组织设计的挑战无处不在。设计思维是由提姆 · 布朗（Tim Brown）、戴维 · 凯利（David Kelly）和罗杰·马丁（Roger Martin）提出的一种应用工具和方法，起源于设计界，最初关注于产品的外观和功能，后来通过设计思维方式解决更为复杂的问题。

案例：佳洁士牙贴设计思维应用

宝洁拥有一个场外创意孵化器，名为 Clay Street 项目。在该项目中，跨职能部门的员工组成不同的团队，目的是设计出更符合企业经营目标的产品。宝洁近年来最成功的产品——佳洁士深层洁白牙贴便是运用设计思维的体现。在了解市场需求之后，宝洁的创新团队明确了问题所在，并从类似产品中找到灵感，进而展开技术研发，推出新产品。在进入市场后，针对产品回购率低的问题宝洁迅速展开小型用户体验测试，找出了问题并改进产品，最终获得成功。

《2017 年德勤全球人力资本趋势报告》显示，79% 的管理者将设计思维列为高度优先的工作。设计思维可以应用在组织管理中的方方面面，从招聘到薪酬福利，从培养发展到离职面谈。最具价值的人力资源组织相比其他组织，使用设计思维的频率高达 5 倍。

许多公司都尝试用设计思维来精进公司的运营，德勤的调研也印证了这一趋势，包括：

- 组织设计，在重塑组织架构及岗位设计时运用设计思维。
- 员工敬业度，调研显示通过运用设计思维，使工作更简便、高效、富有成就感及满足感，进而提升员工敬业度。
- 学习，设计思维以用户体验为核心，促成全新的自我主导式的学习体验。

如图 3-17 所示，设计思维的核心点在于设计者要研究“个体”和“特点”，了解人群分布、工作环境及挑战。通过快速判断、测试判断进而形成整体理解、开发数字化工具及解决方案，并转化成原型设计。设计思维的本质是一系列行为原则，其中最重要的是用户同理心、原型机制和对失败的容忍。

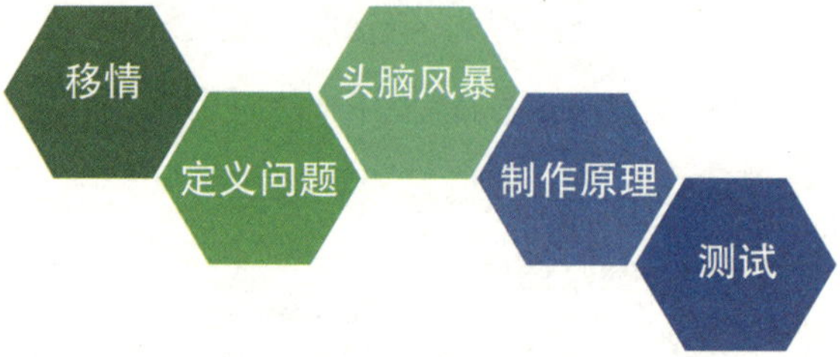

图 3-17 设计思维流程

资料来源：斯坦福大学 D.School。

组织战略的更新要求组织设计的改变，在很多情况下，组织设计被视作一个前期项目，而不是贯穿始终的工作。如果架构、个人能力、职责和协作相互统一，并且跟公司的战略和优势资源紧密联系，那么会提升组织的业绩。**设计思维的重要角色之一就是重新审视挑战以及解决方案的迭代过程。组织通过迭代过程来帮助指导员工对工作和组织安排做出适当反应，这将促进员工更好地理解和学习组织决策与工作职责之间的关系，提升员工的工作动力。**

惠普的管理团队对设计思维的应用能够增加组织变革和发展的弹性并对此深信不疑。惠普虽然曾经历过巨大变革，包括新首席执行官就任、两次部分重组和一次收购，但是在这个艰难的转变过程中，变革团队获得了持续的支持，其原因就在于惠普在实战中引入了设计思维。惠普的设计部门通过设计思维周期持续监测组织变化，发现问题所在，以此为基础，建立团队体验设计能力，设计变革方案；谨慎选择组织变革模型并使之与设计思维方法相适应；定期组织监测变化，从中获得反馈信息，修订组织变革与发展模型，确保持续成功。结果，惠普获得了新生，创造了卓越的业务成果。

创新需要在了解思维模式的基础上去完善它。头脑风暴、画思维导图，有助于实现创新。现在，借助工具如 WorkFlowy、SketchBoard、百度脑图、幕布等，使用者无须具备设计专长，就可以低成本地使信息具有设计感。以在线思维导图工具 ProcessOn 为例，如图 3-18 所示，它内置了多种类型的流程图、价值链图、常规流程图、事件过程链图、BPMN 图、维恩图、组织结构图、线框图、页面原型设计图、统一建模语言等，方便组织设计的过程进行可视化呈现，并且可以让多人共同在线沟通设计，实现信息共享。

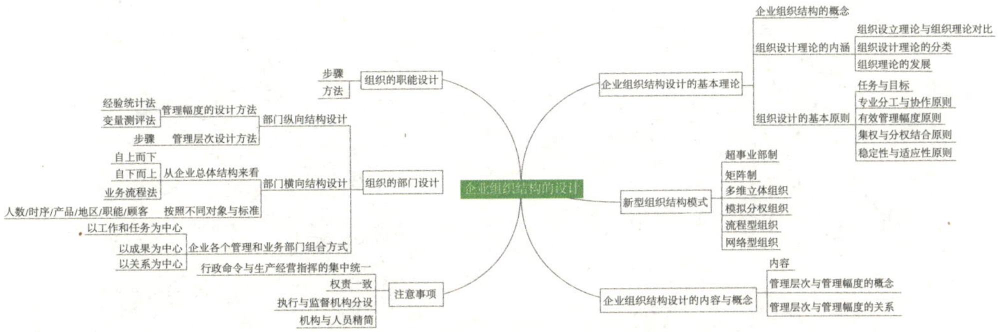

图 3-18　企业组织结构的设计思维导图

资料来源：ProcessOn 官网。

除了创新的设计工具，许多新型工具都为组织重塑提供很有价值的帮助。**组织网络分析可以帮助领导者直观地了解非正式网络中的各种关系，从而做出针对性的措施，保证团队的生产力。**德勤数据显示，如今仅有 8% 的企业正在使用组织网络分析，但是有 48% 的企业在实验使用这些工具。[1]

如图 3-19 所示，在组织网络分析实施前，很多成员会面临信息孤岛现象，在专业领域单打独斗，或者跟外部的联系仅出现在极少的人员身上，一旦这些联系人离开，就会让团队系统崩溃。另外，还有一些人处在团队的边缘，这些人跟他人的信息沟通过少，这对企业造成了信息浪费。而企业通过搭建移动分享平台、针对性地增加分享沟通机会，可以让组织信息流运动更加通畅，同时可以避免关键联系人的流失造成的信息割裂。

韩国三星集团前会长李健熙曾表示："除了妻儿，一切皆变。"2016 年，英国公投脱欧成功；美国总统大选唐纳德 · 特朗普胜出……外部环境的不确定性要求组织不仅从自身的时间来思考发展。北京大学国家发展研究院管理学教授陈春花认为，**组织需要有驾驭不确定性的能力，企业需要从更加广泛的视角建立开放的格局，需要构建柔性价值网络能力以及形成共生逻辑能力。**[2]

1　德勤 . 2017 年德勤全球人力资本趋势报告 [R]，2017.

2　陈春花 . 激活组织：从个人价值到集合智慧 [M]. 北京：机械工业出版社，2017.

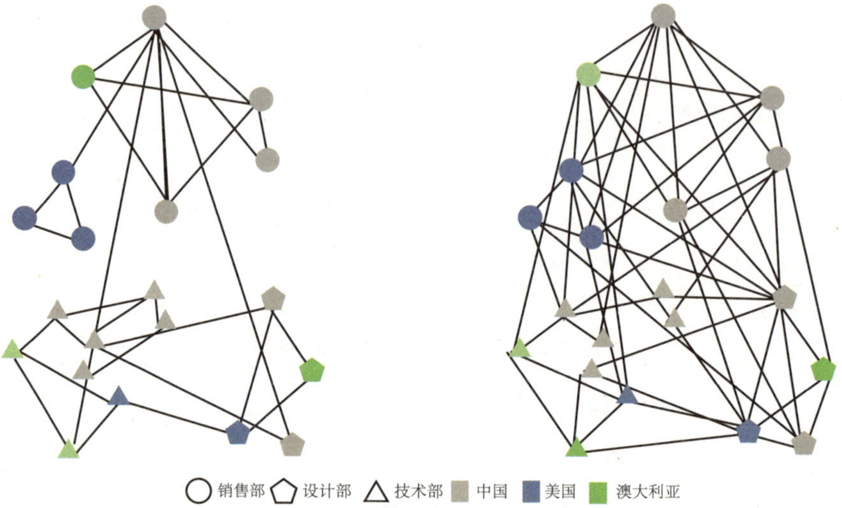

图 3-19 组织网络分析实施前与实施后

未来单向的、僵硬的供应链将被淘汰，一个强大的团队一定汇集了大量优秀的人才。以完成一个任务为核心，快速聚合大批的专业人才，任务完成后，这个柔性网络解散。另外，一旦消费者出现新的需求，围绕这一需求会形成新的价值网络。

不仅如此，这种网络会延展到组织的相关利益群体，如客户、供应商、教育机构等。网络触点越多、越开放，企业长久发展的可能性越大。组织要能拥有搭建价值共享系统的能力，从管理运行逻辑、分工法则、协作体系、柔性化程度层面上做出根本性的改变，其核心是组织转换自己的管理功能，从管控转向赋能。

个体价值崛起时代如何打造组织能力

2013 年 10 月 17 日凌晨，美国白宫宣布巴拉克 · 奥巴马已将国会参众两院刚通过的联邦政府临时拨款议案签署成为法律。联邦政府结束了长达 17 天的瘫痪尴尬，其影响甚至波及远道而来的中国游客。在《权力的终结：权力正在失去，世界如何运转》的作者莫伊塞斯 · 纳伊姆（Moises Naim）眼中，美国联邦政府的政治瘫痪就是一种权力终结的现象。

西班牙前外交部部长哈维尔 · 索拉纳（Javier Solana）曾在 20 世纪 90 年代中期担任北约秘书长，他说过："即使经济最发达、技术最先进的权力大国，也会受到多种新力量与新因素的制约。他们已经很难再为所欲为了。"[1]

组织的窘境与大国遇到的困境如出一辙。20 世纪中期，个体与家族企业因为无法继续抗衡大型组织的压倒性优势，集权组织开始迅速成长。诺贝尔经济学获得者罗纳德 · 科斯（Ronald Coase）对集权组织颇有研究。他曾分析：**集权组织之所以受到欢迎，主要原因是现代企业如果把某些职能引入企业内部，而非依靠其他企业来完成，会大大地降低生产成本并提高竞争壁垒。**例如，大型的石油企业一般都有自己掌握开采权的油井，还有炼油厂、加油站，这样一来炼油业务会更高效。在这样资源集中的模式下，大者恒大，强者更强。

集权组织在互联网经济体制下开始显现了弊端，"小而美"战胜"大而全"的故事层出不穷，蚂蚁绊倒大象之势愈发普遍。尽管大企业占有大量的资源，在整体力量上有优势，然而，互联网的基础设施让个体在关键局部中占据有利地位。这是时代给个体留下的机会，也是组织能拥有新战斗力的机会。

马克斯·韦伯（Max Weber）所言的官僚组织是从什么时候开始走下坡路的？这个问题没有确切的答案，但是互联网技术绝对是改变权力的重要因素之一。互联网放大了个体的影响力，再小的个体也有自己的品牌。美国第 39 任总统吉米·卡特说过："时刻记住自己有多强大，不要忘记个人的力量能起到多大的作用。"

索菲亚 · 阿莫鲁索（Sophia Amoruso）是美国女性服饰销售网站 NastyGal 的创始人兼首席执行官。她从未接受过系统的高等教育，只在社区大学上过一年学，后来她在 eBay 上开了自己的网店，销售衣服，通过互联网找到了自己的人生价值，并获得了丰厚的回报。现在，NastyGal 的员工数已经超过 350 名，索菲亚 · 阿莫鲁索在社交网络平台 Instagram 上的粉丝已超过 130 万人。[2]

在中国市场上，罗振宇、金错刀、papi 酱……无数的微权力行为体在快速崛起，自媒体的影响力削弱了传统纸媒及电视媒体的垄断地位，微权力时代到来。尽管微权力行为规模体曾经微不足道，但是由于互联网革命的作用，只要有一技之长，

1　王建国，吴斌，等 . 云工作时代 [M]. 北京：中信出版社，2016.

2　同上。

就能开辟一个分众利基市场。未来学家阿尔文·托夫勒（Alvin Toffler）说："大众社会的时代已经结束了。批量生产、大众消费、大众教育……大众媒体将不复存在。"分众利基市场将取代大众市场成为未来的趋势。微权力行为体正在削弱、约束、挫败处于控制地位的管理组织。微权力再不是可有可无的存在，甚至能够在一些较量中战胜大型权力体。[1]

这种微力量在组织战略中也发挥着不可小觑的战斗力。**提到组织战略，很多人会认为这是企业高层领导者的工作。但是企业高层是最难预测未来的人，他们对过去的投入太多，从中抽身也变得更为困难和迟缓。**管理理论家亨利·明茨伯格提过两种组织战略：人为战略和自发战略。人为战略由高层领导者制定，员工执行；而自发战略则由全体员工慢慢形成，会随着环境变化，是面向资源的战略。自发战略不只设定一个目标，而尽量做更多的选择，进行小规模实验，提供更多机会。在以客户为中心的组织中，不同的团队应该形成战略库存，供高层领导者选用，而这种战略库存需要团队在各种实验中形成得出。在互联网时代，信息、资金和价值观流动速度的加快、成本的降低及交通的便利不可避免地降低了挑战者的难度，新的竞争者正在不断地冲破壁垒，此时，自发式的组织战略更具竞争力。

个体价值的崛起对于共生型组织是一大利好，员工之间、员工与客户之间相互联合、相互激励、共同进化，这种共生的组织生存和繁殖能力更强。[2]海尔曾是工业时代管理的忠实拥趸，但按照海尔集团董事局主席兼首席执行官张瑞敏的规划，未来的海尔集团将全部由"小微公司"组成。中国最大的家电厂商海尔集团将变身为一家平台公司，为海量的小微企业提供适合创业的资金、资源、机制、文化等各种支持，而海尔集团未来将只有三类人：平台主、小微主和小微成员。小微组织能够帮助员工自动自发产生内驱力，缩短与客户之间的距离。"人人是创客"的组织变革，让海尔 6 万多名员工自发转型为 2 000 多个自主经营体，每个经营体都是一家自主经营的公司，每位员工都是自己的首席执行官。

随着新生代员工涌入职场，他们对没有等级划分的公司架构格外青睐。这部分人才恰恰是企业能够实现变革和创新的生力军，他们希望自己能够发声，产生

1 王建国，吴斌，等 . 云工作时代 [M]. 北京：中信出版社，2016.

2 陈春花 . 激活个体：互联时代的组织管理新范式 [M]. 北京：机械工业出版社，2017.

影响。臃肿的组织、复杂的层级会让他们却步，传统组织的僵化与内耗会让他们退避三舍。[1]

在个体力量崛起的大趋势下，组织需要做好以下准备：管理员工期望，组织在员工的关系中建立基于心理契约的信任，员工的心理契约如果得到实现，就可以表现出更高的满意度，从而提升业绩表现；给员工组织支持感，在工业时代，组织更关注对个体的要求，而非个人对组织的要求，如果想要达成共生关系，组织要关注员工个人的需求，调整对员工关系的认知；组织还要保证信息透明与沟通，创业型企业的强凝聚力、士气离不开高频的沟通，团队人员越多，这种沟通的质量越低，信息不对称的问题也更加严重，想要解决这个问题，要善于运用正式与非正式的沟通渠道，并减少沟通层级。[2] 只有发挥个体价值才有可能形成具有创造力的组织，未来组织需要拥有平台性、开放性、协同性与幸福感属性，这样才能为个体的价值实现提供机会。

组织的变革与转型离不开个体的贡献，组织在面对有价值的个体时，不是告诉他们如何思考，而是要营造思考的环境。组织的效率来自协同而非分工，不能给他们命令，而是开放和共享信息。这就需要组织能够顺势而变，打破原有分割，提升弹性和适应力。

权威的消失与权力的崩溃

自有人类开始，便有了权力。古希腊哲学家亚里士多德曾表示，人们过上优越而有价值生活的基本要素分别是权力、财富和友谊。**权力是驱使别人去做他们本来不会做的事情的能力，人们对权力的攫取、争夺带动了社会的进步。**

权力的表现形式无非威力、准则、游说、报偿四种形式。其中，威力是一种强制力，人们会服从威力的原因是服从的成本小于抵抗的成本。《云工作时代》一书中，作者将公司的权力理解为：公司支配及商业链条上相关方的能力，指挥

1 陈春花．激活个体：互联时代的组织管理新范式 [M]. 北京：机械工业出版社，2017.

2 陈春花．激活组织：从个人价值到集合智慧 [M]. 北京：机械工业出版社，2017.

他们按照自己的意愿行动，阻止他们做出损害公司利益的行为。[1]

在科层式架构中，想要立刻知道谁是决策制定者，只需要看下组织架构图，架构图上位置越靠上，决策权就越大。如果一个问题在某个层级无法得到解决，那么这个问题就会上移，一层一层直到顶端。在《互联网思维的企业》一书中，戴夫·格雷（Dave Gray）认为，**科层式架构中经理、高层等控制节点拥有权力，这种权力是看门人式的权力，因为战略、目标与决策通过自上而下的推行使得他们占据了权力的节点。**

而在开放式组织的号角响彻全球时，组织的权力开始削弱。在网络化的组织中，连接变得丰富，从而绕过关键节点的机会增多，中介式权力逐渐消失，权力的土壤开始松动。[2]美国开放源代码的红帽公司（Red Hat）的首席执行官吉姆·怀特赫斯特（Jim Whitehurst）表示，要创造一个开放式组织，领导者首先要开放，放下自己的权力欲望和层级意识，学会激励和启发，才能创造组织中的混沌生态，才能让组织的创造力和活力迸发出来。吉姆·怀特赫斯特举例说，他当初在达美航空（Delta Air Lines）领导的是层级结构中忠诚于上级指挥的员工。然而，他到红帽公司后，安排同事处理一项任务，这位同事的反馈是："我们觉得这个主意糟透了，所以就没去管它。"[3]出现两种截然不同的情况的原因是红帽公司是完全开放的组织形式，领导者的力量不再体现在指挥他人的能力上。领导者要有开放的胸怀，组织才能比竞争对手有更快的反应速度。

在工业时代，权威代表着秩序和稳定性，而权威和权力源于少数人把控住了信息，A 拥有信息，而 B 没有，所以 A 能够让 B 做一些事情。但是互联网技术让信息共享，B 也能通过网络渠道获得这些信息。信息对称后，权力慢慢被弱化。

中国的网民数量已经超过 7 亿人，互联网人口渗透率超过一半。移动互联市场已经进入平稳的发展阶段，对于组织而言，作为战术层的中层作用正在被腐蚀。

---

1 王建国，吴斌，等 . 云工作时代 [M]. 北京：中信出版社，2016.

2 戴夫·格雷，托马斯·范德尔·沃尔 . 互联网思维的企业 [M]. 张玳，译 . 北京：人民邮电出版社，2014.

3 吉姆·怀特赫斯特 . 开放式组织——面向未来的组织管理新范式 [M]. 王洋，译 . 北京：机械工程出版社，2016.

中层通常肩负的是信息上传下达的责任，但是在一些情况下，基层的创新信息经中层上传时，通过层层批准才能推进，这会存在滞后的情况，因此，在速度制胜的原则下，组织结构将愈发扁平。

著名制造企业霍尼韦尔公司拥有13万名员工，从首席执行官到一线员工有十个层级，现在该公司已经开始着手去中介化，准备减少到六层，将管理的范围拉宽，资源往一线推进。世界著名管理咨询大师拉姆·查兰表示，管理经理的管理者未来都会消失，中基层80%的决策会被自动算法替代。此外，通过企业微信、钉钉等办公移动应用，一个人的管理半径可以很大，管理者的数量会大量减少。[1]谷歌在创业阶段甚至质疑管理者是否有存在的必要。

案例：TNT中国区的大刀阔斧

2015年4月，欧洲国际物流公司TNT在中国区进行了最大的组织架构调整。之前在TNT中国区，总裁到一线员工共有13级，TNT在33个城市有布局网点，部门分散，分公司大小不一，每个分公司有一个总经理，网点之上还有三个大区。在这种结构下，信息传递是个问题，沟通成本很高。调整后，TNT中国三个大区变为七个链条，总经理数量从30多位减少到10位左右。在架构调整过程中，TNT明确了每个职能的职责，总部负责战略功能，并建立了IT、人力资源、财务的共享中心。通过这样的调整，TNT的所有总经理聚焦于业务的发展，2016年企业营收同比增长25%。这种做法减少了管理层级，降低管理成本。节省下的资金向前线转移，80%的资源投入在一线员工身上，给他们提供培训或加薪，组织架构调整后，TNT人员流失率从19.2%降低到13.9%。

去中心化的现象在大自然中不难寻觅。蜂群是一个非常复杂的网络系统，蜂群的统治者是谁呢？并不是蜂后。蜂群每次搬家时，先派几只工蜂进行侦查，工蜂回到蜂群用约定的接头方式进行汇报，然后不断地有工蜂去该地侦查，当侦查的数量已经足够时，用少数服从多数的原则决定是否选择该址。**自然界没有自上而下的管理架构，同样可以有秩序地运转。**企鹅也是如此，企鹅团队中没有领导

1 杨国安，李晓红．变革的基因[M]．北京：中信出版集团，2016.

人，没有一只企鹅知道要往哪里去，但当它们作为群体时就知道前进的方向。蜂群、企鹅汇聚群体智慧的方式具有极强的反应速度和免疫力，不需要外界特定干预就能自发组成组织。这种系统刺激应到商业领域也是如此，在权威走向消亡终点时，公司要能依靠群体智慧的分布式管理顺利过渡。

美国全食超市（Whole Foods）是一个典型的例子。全食超市的货架陈列不是由高层管理人员决定的，而是门店在公司严格的产品标准下，门店自己决定采用何种产品；产品采购也是如此，全食超市的每个门店都有其独特的产品组合。全食超市的首席执行官约翰·麦基（John Mackey）相信，决策问题的决定应该由受该决策影响最大的人做出，如在全食超市的招聘环节，试用期员工必须获得2/3的赞成票才能通过试用期，获得全职岗位。

中介式权力正在崩溃，但好消息是，网络中出现了新形式权力的身影，企业中思想领袖的角色开始变得重要。这种权力完全区别于传统控制型权力，有更加动态、平衡、包容等特点。想要在网络式组织中拥有权力，首先，要有超高的环境感知能力，这种能力能够及时对变化做出反应，从而进行协作与安排；其次，要拥有良好的影响力，全球顶级管理大师、国际著名培训公司VitalSmarts公司创始人约瑟夫·格雷尼（Joseph Grenny）认为，人类面对关键的挑战，包括家庭和商业组织所面临的挑战，其应对根源在于改变人的行为，而影响力是行为改变的针对性举措，互联网社会里企业之间的竞争速度加快，对于内部组织，团队合作的要求更高，因此，影响他人的能力变得十分重要；再次，网络催生对兼容性的要求，兼容的条件下可以让网络发展更加快速，也为新成员降低风险不确定性；最后，要能搭建一套稳健的平台，平台提供者与团组成员相互依赖，因此，平衡变得十分微妙。[1]

传统的权力形式正在弱化，组织层级架构是否与以客户为中心的组织完全敌对？新旧交替并不是斩草除根式的辞旧迎新。一些公司在行政领导的组织架构存在的基础上找到了一种平衡，例如，红帽公司保留了既有的组织架构，但是它的决策流程并不跟组织架构图一致，而是采用“雅典政制”模式，每个成员都要参

1 戴夫·格雷，托马斯·范德尔·沃尔．互联网思维的企业[M]. 张玳，译．北京：人民邮电出版社，2014.

与思考、辩论和行动，这是一种成员积极参与的精英制度。在这种制度下，才能是选择的唯一标准，而非地位、偏见或特权；决策由最具有决策能力的人做出，而非职位头衔。[1]

然而，如何决定谁是最具有决策能力的人仍是一个问题。全球翻译服务商TransPerfect的方法是创立一个负责任的基础，让员工有成功的动机，也让管理层有发现员工成绩的机会。让每位员工能够对自己的目标和在公司里的作用负责，让员工的声音可以被听到，让员工有足够的权力来自主贡献。

波士顿咨询公司则采用了另一种平衡权力的方式。它将公司的成员分类为“温度计”和“调温计”两类。“温度计”是指那些能够指出公司冷热状况，看到公司问题的人，这部分人往往是一线员工；“调温计”则是能够设定温度的人，这部分人就是思想领袖。在“温度计”发现问题，提出改变之后，“调温计”要尽早地参与其中，才可以尽快地促成改变。

人类社会中对团队组织与领导者之间关系诠释的典型模式是球队。进行足球比赛时，领导者是俱乐部主席、教练，还是队长？球在往前传时，前锋就是领导者，他决定怎么射门；球在禁区前时，守门员就是领导者；离开了比赛场地，教练又成了领导。无固定领导是网络团队的标配，企业组织也要学习这种模式，打破组织惯性，打破固化与僵化的体系。

李彦宏在第三届世界互联网大会中表示，当今互联网已处于新阶段，移动互联网的时代已经结束了。李彦宏表示人工智能、物联网会成为新的机会。在新的时代，管理者如何定位自己才能创造新的价值？

管理者定位发生了转变，管理者的权力进一步转移到精英员工。在现在及未来，管理者的功能是要营造、搭建一种氛围和平台，让员工能够自己发挥主动性，实现组织的使命，并且满足个人的成长。在《变革的基因》一书中，杨国安和李晓红对管理者的定位和角色发生的三个变化进行了预判：第一，管理者的定位正在从“指令和管理”变为“教练和赋能”；第二，业务主管的定位从“职业经理人”变为“创业小老板”；第三，平台业务主管的定位从“管控和要求”变为“服务

1 吉姆·怀特赫斯特．开放式组织——面向未来的组织管理新范式[M]．王洋，译．北京：机械工程出版社，2016.

和支持”。[1] 除此之外，陈春花还认为，领导者要成为“布道者”，将员工的行为与企业目标、组织系统和企业文化有效结合；要成为“设计者”，不仅要有战略洞察力、理解消费者与人性需求的能力，还要将这些内容转化为商业模式；此外，领导者还要成为“伙伴”，与员工建立一种信任、亲近、坦率的工作关系。[2] 管理者和领导者不是这其中的某种角色，而是这些角色的集合体，这种集合体不是简单的角色相加，而是融合。

里卡多 · 塞姆勒（Ricardo Semler）是巴西塞氏企业的主席。这位首席执行官喜欢让自己成为企业中多余的人，于是取消了董事会所有的条条框框。该公司员工数量在 5 000 人左右，但人力资本管理部门只有 2 个人，其中一个已经退休了。巴西塞氏企业在一个城镇有 14 个不同的办公室，员工会选择离家最近、离要见客户最近的地方上班。在转换管理者角色过程中，卡多 · 塞姆勒会以员工工资 10% 的价格把周三贩卖出售，这样一来，如果一个员工想要成为一个小提琴家，他周三就可以去上小提琴课。他用一种看似无序的方式将公司转变成一家自组织、自管理的公司。巴西塞氏企业的年收入已经从 3 500 万美元增长到 2.12 亿美元，成为巴西最多元的企业。

2014 年，联想成立 30 周年，柳传志为了让员工能够成为创新的执行者，表示员工应该做发动机而不是齿轮。对于柳传志的这封信，联想的一位“90 后”员工回复了一篇文章“致联想柳爷爷，真心听不懂您说什么”，其中写道：“柳爷爷，真心听不懂您说什么，这些蒸汽机时代的东东，搁在 21 世纪还能用不？不管是您老一直在点赞的发动机，还是十分不屑的齿轮，要是离开那台蒸汽机老爷车，还能发挥光和热不？”[3]

员工公开质疑和批判企业权威人物的情况在自媒体时代已经不再罕见，甚至会发展成一种常态。对于这样一种“去权威”的趋势，领导者要放弃传统权威化领导者的观念，并能鼓励员工能够像管理者一样深入思考，同时还要学会成为被

1 杨国安，李晓红 . 变革的基因 [M]. 北京：中信出版集团，2016.

2 陈春花 . 激活组织：从个人价值到集合智慧 [M]. 北京：机械工业出版社，2017.

3 丁道师：致联想柳爷爷，真心听不懂您说什么 [EB/OL]. 推酷（2014-04-08）.http://www.tuicool.com/articles/zQzaYj.

管理者，能够适应组织中的不同角色。[1]美国第26任总统西奥多·罗斯福曾表示："最好的领导者，要有足够的眼光来寻找优秀人才，帮助他实现目标，而且在具体实施的时候能控制自己不去干预。"

开放型组织是一个网络，网络中的某个节点断了还有回路，能够保证正常的企业运转；领导者也仅是其中一个节点，首席执行官也不例外，少了这个节点，企业还是能够快速创新。但是，反过来思考传统的组织架构，权力集中在领导者手中，一旦领导者出现问题，就会出现电阻，产生短路，整个组织的连接也将崩溃。

管理者的角色发生了根本性的转变，他们从权力的象征转变为了辅导者、激励者，甚至啦啦队长的角色。如果管理者依旧以控制和管理为工作的出发点，那么唯一的结局就是他或其组织没有存在的必要。在扁平化的结构中，员工积极度很高，员工与管理者之间没有等级概念，传统的家长制的作用式微，教练式变得更加重要。在适者生存的环境下，团队必须能够经得起风浪与检验，只依靠权威无法在竞争激烈的市场中立足。或许，人们毕生追寻的只是权力的空壳！

从雇佣关系到联盟关系

据劳动人事部门统计，1998—2000年，由时任中国国务院总理朱镕基倡导的国企改革曾导致600万人下岗。自此，国企的"铁饭碗"被打破，"我养你长大、你陪我变老"的员工与企业关系不复存在。同样，日本企业传统的终身雇佣制本身是为了稳定员工，培养员工的主人翁意识，但是在近十年，其弊病凸显，尤其影响企业的竞争力和创造力，因而也造成日本经济发展缓慢，很多日本企业的领军人物不得不自动瘦身，转变策略。

案例：厄尔·威利斯（Earl Willis）与杰克·韦尔奇

通用电气公司的员工福利经理厄尔·威利斯在1962年写道：最大化地保持员工是公司的首要目标。在那个年代，职业被认为几乎与婚姻一样永

1 陈春花. 激活组织：从个人价值到集合智慧[M]. 北京：机械工业出版社，2017.

固。雇主与员工彼此承诺，不管业绩好还是差，不管牛市还是熊市，只有退休才能将他们分开。对于员工而言，职业生涯的进程就像乘坐自动扶梯，只要循规蹈矩，未来就一定能按部就班地晋升。由于双方都预期这段关系将永久存在，所以，双方都愿意对这段关系和彼此进行投资。结果到了20世纪90年代，通用电气公司的首席执行官杰克·韦尔奇表示："对公司忠诚？这毫无意义。"

终生效忠于一家公司已经成为历史，是时候重建雇主与员工的关系了。在工业时代，资本为王，企业对效率有着极高的要求，更多将员工视作商品而非盟友。商业世界需要相互信任、相互投资、共同受益的新雇佣关系框架，理想的雇佣关系框架应鼓励员工发展个人人脉、勇于开拓实干，而不是成为唯利是图的跳槽专业户。

自由雇佣制年代，员工将自己看作"自由人"，可以寻找最好的发展机会，因此只要有更好的工作机会出现就跳槽。人们不能恢复到终身雇佣制的旧模式，领英创始人里德·霍夫曼在所著的《联盟》中为公司指出了一条新的道路：**建立一种新型忠诚观，即联盟关系，既承认经济现实，又允许公司和员工对彼此做出承诺。**终身雇佣制将要结束了，但终身关系仍然是人们梦寐以求的。雇主要告诉员工："只要你让我们的公司更有价值，我们就会让你更有价值。"员工也要告诉公司："如果公司帮助我的事业发展壮大，我就会帮助公司发展壮大。"这两种相互作用力，一方面可以帮助公司取得成功，另一方面帮助员工提高市场竞争力。[1]

硅谷高科技企业社群已经形成了根深蒂固的雇佣联盟商业环境，硅谷的成功依靠这种联盟关系。《联盟》一书中回答了公司如何才能与员工建立联盟关系的问题——建立一种鼓励公司和个人相互投资的工作模式。为了帮助理解，里德·霍夫曼将员工的任期划分为三大类：轮转期，雇主要评估企业与员工的未来契合度，员工可以在这个过程中过渡到转变期或离开公司，并且没有心理负担；转变期，这个时间通常是入职的2～5年，其关注重点是完成某个特定任务；基础期，在

1 里德·霍夫曼，本·卡斯诺查，克里斯·叶．联盟：互联网时代的人才变革[M]．路蒙佳，译．北京：中信出版社，2015.

这段时期中，双方都预期将存在一段长期关系，并在关系结束之前努力承担自己的义务。每个任期针对的员工人群不同，但是大多数企业都是将以上三种以组合拳的方式结合使用。[1]

公司不需要无条件地支持员工的理想，但必须尊重他们。企业与员工的目标并不一定在所有方面上都一致，但是可以在有限时间和范围内进行健康协调。协调需要管理者明确目标，找到公司愿景、价值观与员工的发展目标之间的共性，寻找公司和个人发展的契合点。没有哪位员工的全部核心价值观与公司使命相同，因此，这种价值观匹配需要进行合作使之协调一致，而不是通过自上而下的命令。

案例：领英与戴维·哈恩

戴维·哈恩是硅谷炙手可热的高管之一，领英在激烈竞争的人才环境中留住了戴维·哈恩近十年。在领英，戴维·哈恩经历了四段任期，从初级业务分析师到独当一面的副总裁，在每段任期中，他的经理都为他和公司建立高度一致的目标。这意味着戴维·哈恩找到一种对世界产生积极影响，并让这种影响最大化的方法。这种任期管理的方式，让戴维·哈恩不断去追求设定的目标，并且应用到员工管理中。

开始对话，确定目标，为现有员工制订任期计划，提供必要的清晰认识，巩固他们与公司的关系。员工制订的任期计划首先要确定整体任务目标，再根据这个目标确定员工期望的任期长度。简单来说，任期的持续时间应该足以实现目标。要提供匹配的反馈机制，如与具体目标挂钩或定期检查，但这种反馈一定不是年度的。在任期结束前，要开始制订下一个任期计划，提前进行这项工作可以消除不确定性，产生的结果是制订新任期计划或双方同意员工去另一家公司任职。

联盟的影响范围远远超出了公司的院墙，公司和员工都需要向外关注他们所处的整体环境，尤其涉及人际关系时。《联盟》中分析，雇主对同事联络网有三种投资水平分别是忽略、支持、投资。支持与投资的区别是，前者的投资水平需要与同事群的组织者建立直接联系以提供非正式支持，这种支持主要是临时性

1　里德·霍夫曼，本·卡斯诺查，克里斯·叶 . 联盟：互联网时代的人才变革 [M]. 路蒙佳，译 . 北京：中信出版社，2015.

的，而投资是需要向前员工提供正规基础设施和系统性收益。麦肯锡的许多名声和业务都来自其强大的同事人脉，它可以提供人脉情报、推荐人才，甚至提高销售额。领英、特斯拉、YouTube、点评网站 Yelp、企业社会化网络平台 Yammer，这些公司的共性是什么？所有这些公司的创始人都曾经在一家公司工作过，那就是 PayPal。人际关系在商业联盟中起着举足轻重的作用，公司必须了解员工在业内的广阔天地，而员工应该意识到他的职业人脉是能够提升自身长期职业前景的重要资本之一。作为联盟的一部分，员工应该利用自己的人脉助力雇主的业务。[1]

在俱乐部与球员的关系中，尽管职业俱乐部不采用终身雇佣制，但球员以任期的形式效力于球队；球员帮助球队取得胜利，同时球队的胜利也会让球员身价倍增，这种合作关系就是一种联盟。里奥 · 梅西 13 岁加入巴塞罗那俱乐部，从毛头小子到驰骋绿茵场的巨星，他在效力巴塞罗那的这些年，为俱乐部进了超过 500 次球，创造了无数的纪录，给球队和个人都带来了极大的荣誉。

失去一名有价值的员工是管理者最大的担心之一，但它仍会以各种正当理由发生，没有公司能永远留住所有最优秀的员工。当雇主坦然面对明星员工可能离开的事实时，很有可能明星员工最终选择留在公司。领英资深高管迈克 · 加姆森（Mike Gamson）通过诚实对话建立信任：“我知道我的员工可能在某个时间离开公司。承认这一事实并不会影响我对他们的投资兴趣，相反，它赋予我这样做的动力。”公司要与员工建立长期关系，即使不能留住最优秀的人才，也努力维持互惠联盟。作为员工的盟友，帮助员工选择正确的下一步是雇主的工作。

案例：万科与毛大庆

毛大庆离开万科时写了一封离职信，表达了他对万科的深厚感情。万科也在对外回答上称赞毛大庆在职期间创造的辉煌业绩：“我们认为，追求丰富的人生体验是一项美好的生命价值。”万科与毛大庆的“伙伴关系”为今日雇主与员工的关系树立了良好的范例。

1 里德·霍夫曼，本·卡斯诺查，克里斯·叶 . 联盟：互联网时代的人才变革 [M]. 路蒙佳，译 . 北京：中信出版社，2015.

> 任期内，企业为员工提供发展机遇，员工为企业全力打拼。即使重量级的高管离职，也不会让公司抱憾。另外，毛大庆和万科的这种盟友关系奠定了商业联盟的基础，毛大庆即将离开万科时，老东家决定提供其投资机会。

对于明星员工希望离开公司进行创业，谷歌会先帮助其审视商业计划，如果方案成熟，也会提供相应的支持。在互联网数字时代，终身雇佣制缺乏灵活性，对企业和员工都是一种资源浪费，错失了投资彼此未来的机会。联盟制的企业与员工关系搭建的相互投资制度，可以塑造互惠的未来，对改善职场环境起到重大影响。相信这种在硅谷风行的雇佣关系终将全球普及。

从“人才池”到“人才河流”，以及组织的新挑战

人类走过了革命时代、工业革命、信息时代、知识时代，但从未走近过睿智的时代。在移动互联时代中，企业可以借助网络平台让社会中有闲暇时间、富余资源、智能特长及兴趣爱好的人员快速聚合，展开行动，为“我”所用。优步的出租车司机不是自己的员工，小米公司MIUI的版本测试的工作依靠着“米粉”们的集思广益，将社会上的剩余劳动力及智力凝练成符合组织发展的灵丹妙药成为一大趋势。

如图3-20所示，**共享经济、粉丝经济的成熟，企业对员工的界定从“拥有”转变为“使用”。加之传统的第三方派遣和外包人员，这种情况下，组织的人才池被迅速延展成更具活力的人才河流，雇主可用的人才被极大丰富。**德勤人力资本咨询服务中国区领导人、首席人才官王大威先生认为，未来整个人力资源管理趋势都围绕着“敏捷”和“灵活”两个关键词。传统组织结构较为固化，现在的组织结构要像流水一样，要让员工在环境中感到舒适。

未来是自由人的自由联合时代，劳动力的混合制形式将更加明显和普遍，企业纷纷希望通过整合可见与不可见的资源来达成组织设计、完成组织想要的目标。

腾讯的组织是建立在微信群的组织，小微化项目为本，这将成为一种潮流。

图 3-20 从人才池到人才河流

但凡变革和创新出现的地方，都会有阻力与挑战。踏出全新的一步，说出全新的一个字，这是人们最恐惧的事情。一些咨询企业的报告表示，70% 的组织重塑因创新方式有悖于高管层而失败，或者组织重构的努力因沦为削减开支而宣告失败。[1] 新型组织描绘了一幅美好蓝图，但是前进的旅途中，荆棘遍布。

❑ 挑战一：如何应对“门外的野蛮人”

未来的趋势是跨界，在任何的功能中都需要跨界，这样才能带来创造力。当组织设计朝着扁平化、弹性化、团队化方向发展时，跨部门甚至跨组织的合作成为一项重要工作。一个人做梦只是梦，但是大家一起做梦才有可能成真。张艺谋在导演电影时，核心团队成员数量并不多，从灯光、摄影、道具……很多都是选用的“外部供应商”。《金陵十三钗》中的爆破特效团队是来自英国的乔思 · 威廉姆斯（Joss Williams），曾经打造过《兄弟连》、《拯救大兵瑞恩》；美术指导种田阳平（Yohei Taneda）来自日本，指导过《杀死比尔》、《花与爱丽丝》；后期声音制作团队来自澳大利亚、动作替身来自意大利、一位斯坦尼康摄影师来自韩国等。

如何让这些外部精英合力打造一部制作精良的电影，就成了张艺谋团队的主要工作，给所有的外包供应商设定目标与关键成果（Objectives and Key Results，OKR），比如灯光师要明确所需的亮度、照度、色温，这样每个部门才能提供优秀的服务。为了专注于自己的核心竞争力，领导者已经认识到他们无法做到事必躬亲。当劳动力的组成逐渐多元化时，想要提高组织的效能，把组织的潜能发挥最大，就要消除干扰项，围绕企业的 DNA 进行设计，提炼发展组织的 DNA。哪些内容让组织走到现在？哪些内容能让组织成功？这些答案就是企业的 DNA。

1 德勤 . 2017 年德勤全球人力资本趋势报告 [R]，2017.

基于组织的这些 DNA 进行设计，但是在设计的过程中要注意，不能将其设计成一个闭环，要设计成一个有缺口的环，这样可以为未来的完善提供基础。

针对这一点，陈春花表示，**企业不是要让自己有多么优秀、杰出，而是要和共生对象和谐相处，在未来的生态圈价值链中明确位置。不是木秀于林，而是森林中的所有树木都可以共同生长，彼此激励进化。**[1]

❑ 挑战二：是不是所有员工都适合新型组织

什么样的员工适合新型的组织架构？无论是团队化架构，还是无边界的组织架构，甚至因为收购、并购、外包产生的组织架构变化，都需要员工具备很强的学习能力，能够根据项目的变更及时跟进。员工是自己的首席学习官，选择要学习的内容，选择适合的学习方式，局部担当，全局思维。在组织架构的效能中如何培养员工？会员制顾问公司 CEB 的调研中发现，员工未来所需的三大能力分别是：合作能力、影响能力、学习能力。因此，**组织要帮助员工在新型组织架构中学习发展，让员工可以快速适应新的团队和工作。只有具备这样潜力或特点的员工才能在新型的组织形式下游刃有余。**

这种新型组织架构下，员工的内驱执行变得尤为重要。他们努力工作的目的和动机是什么？因此在对应的考核方式中，要按照其在团队的贡献，而非级别进行考核；要以改善业务为考核的立足点，并且以能够对未来的创新有所激发为考核标准。

❑ 挑战三：什么样的组织模式是万能灵药

2011 年以前，很多医药行业公司的组织设计开始发生变化，之前的组织形式是以业务单元制为主，以各个事业部来进行组织设计的。2011 年开始，为了规范医药市场的发展环境，让各个组织和团队拥有快速做决定的权力，一些医药公司实行以区域为核心的分公司制。之前依靠中央集团化的模式会带来很多的滞后性，不能快速解决问题。因此，当时医药行业的组织设计主要围绕业务为中心，把员工与业务的需求结合，快速响应。但是 2015 年，有些医药企业又开始回归

1　陈春花 . 激活组织：从个人价值到集合智慧 [M]. 北京：机械工业出版社，2017.

事业部制或矩阵式，这是因为医疗改革进入深水区，想要从中寻求突破，集权架构更容易统一公司的发展步调。

设计未来组织出现挫折是常见的事情，反复试错仍无法找到正确途径是常见之事。由此可见，组织架构的重塑与完善是一个应时而变、持续动态的过程，永远没有高枕无忧的时候。即使一些快速反应的企业已经开始了团组化的组织形式，但这并不是终点，而是新的起点。组织设计没有一刀切的万能模式，企业需要战略前瞻，以终为始，像变色龙一样不断适应外部环境。

未来的组织会冲破等级层次、打破割裂的业务单元、摧毁组织内外部的隔阂、消除国家地理上的差异，以新的合作、学习、生产方式对抗有形和无形的边界，在演化过程中会出现阻碍甚至反复，然而想要在不可预测的未来中拥有竞争力，有组织无结构的形态所蕴藏的创造力和爆发力是一件制胜利器。

第 4 章

未来的招聘

2025年，
传统的职位公告板
(Job Board)模式
招聘网站将消失！
CHOOSE
YOUR
FUTURE
HR的
未来简史

已经出现的事实是——以互联网、云计算、大数据、物联网、人工智能为代表的数字技术催生的“数字经济”与伴随着自由职业者群体规模快速激增的“零工经济”，以及新一代信息技术与创新2.0的互动演进下推动的“共享经济”给就业生态带来了新的格局：

- 就业人群已经由过往意义上的“人”的范畴，造就着“人＋机器”的人机共存的新纪元。
- 人才结构已然出现五个世代共事的局面。
- 就业方式已经由过去朝九晚五的全职就业形态发展为兼职与自由职业等新兴就业形态，劳动者自由意识和价值再次被激发。

这一系列就业生态的变化，带来一番全新的景象：用人成本骤降、人才特征的差异化、个体价值崛起、用工模式变化以及组织边界的消亡……而这一切在悄无声息之间将招聘推向了变革的浪潮之巅。

传统招聘渠道的没落

受到互联网革命的惊袭，在线招聘顺势而生：伴随着访问流量高、不受地域限制、较权威的企业等特点，在线招聘在20世纪90年代产生并迅速发展，在后续的很长一段时间中成为企业主流的招聘方式。

国内市场上首批成立的传统职位公告板式的在线招聘平台，如前程无忧、智联招聘，在成立初期也呈现快速发展趋势，迅速占领全国招聘市场，平台规模效应、流量换广告一时间成为在线招聘的主要盈利模式。

然而，伴随着技术的进步、变幻莫测的商业环境及求职双方个性化特征的凸显，现如今作为传统招聘模式的职位公告板式在线招聘网站发展态势正遭受着共享经济、云技术、互联网思维、大数据、移动化及社交化等趋势的冲击，面临未来时代变化、求职者行为变化及企业招聘与招聘管理变革三方面的考验，如图4-1所示。

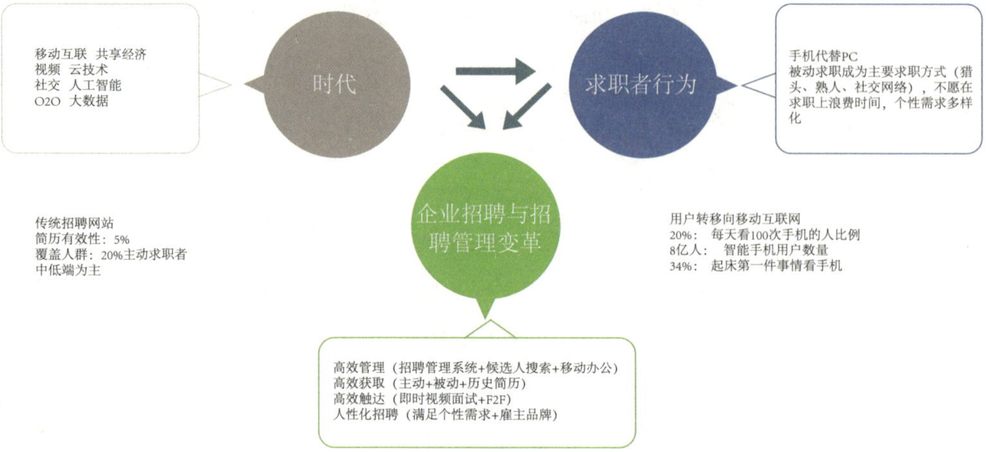

图 4-1 传统在线招聘模式受到的三重考验

资料来源：机遇在线。

在新时期的招聘全流程中，求职者行为方面表现出手机代替 PC、被动求职成为主要求职方式、不愿意在求职上浪费时间、个性需求多样化等特征；企业招聘与招聘管理变革方面表现出：期望能够实现高效管理、高效获取、高效触达、人性化招聘等需求。这一切变化都是以职位公告板为代表的传统招聘渠道与方式难以满足的。通过职位公告板招聘人才的数量也在逐步下滑，如图 4-2 所示。

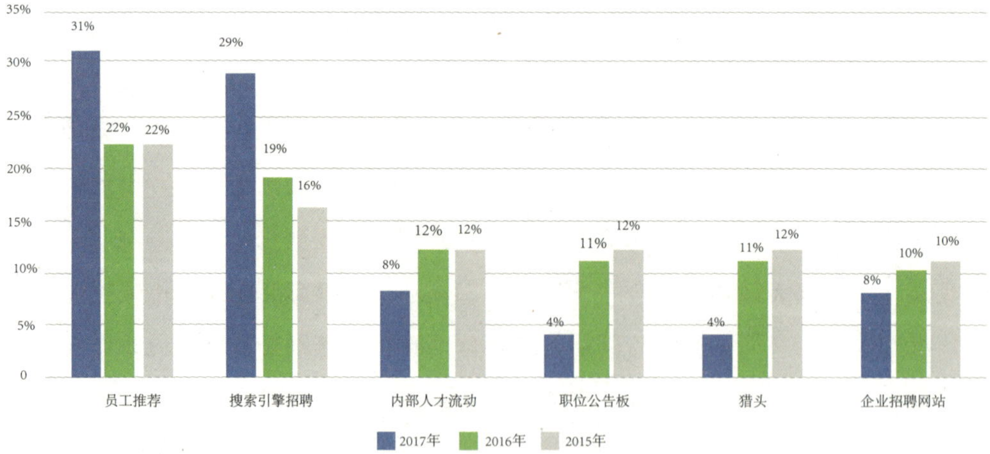

图 4-2 企业招聘渠道

资料来源：SilkRoad：《企业主要招聘渠道分析报告》。

与此同时，传统在线招聘网站覆盖人群有限、简历有效性低、招聘双方信息不对称、招聘效率难保障、招聘周期长、招聘质量差等弊端不断凸显。企业在发展中逐渐探索出能够有效解决这些痛点的招聘方式与渠道（见表 4-1），诸如内部推荐、猎头招聘、社交招聘、搜索引擎招聘、分类平台招聘、移动招聘、行业垂直招聘、众包招聘……企业招聘从重度依赖传统职位公告板式在线招聘逐步走向多元化招聘之路。

表 4-1　多元化的招聘方式与渠道

招聘方式	优　点	缺　点
职位公告板	• 平台规模效应（通过客户量或广告及付费收入） • 能够满足用户海投需求	• 单向：招聘信息模板化、不对称 • 商业模式单一，以广告为主 • 招聘成本高、周期长、效率低 • 用户体验差 • 弱化人才地位
招聘会	• 招聘双方面对面的沟通 • 有效地控制应聘者数量和质量 • 进一步了解企业、岗位及候选人信息 • 了解人才和行业最新信息的机会	• 投入大、产出少、费时费力 • 可能存在虚假宣传 • 场面混乱且职位等无明确分类
校园招聘	• 目标人群精准，效率相对较高 • 花费少、成本低 • 品牌宣传，提升企业的品牌认知 • 比社会招聘更具有公平性 • 招聘周期比较固定	• 目标人才职业化水平不高，缺乏实际操作能力 • 目标人才入职后流失率高 • 人才可选择雇主的空间小
猎头招聘	• 专业且资源丰富，有大量人才储备 • 招聘指向性强，准确率高 • 搜寻人才速度快、质量高 • 人才素质与职业道德上有保障	• 费用高 • 主要针对高端职位，职位覆盖面窄
内部推荐	• 成本低 • 招聘时间更短 • 候选人质量更高 • 人才—岗位匹配度更高 • 离职率低	• 容易导致“近亲繁殖” • 容易失去拥有外部更优秀人才的机会 • 不利于为企业补充新鲜血液 • 造成一定程度的内部不公平

续表

招聘方式	优　点	缺　点
社交招聘	• 对网站来说：用户黏性强、使用时间长，注重交互作用、用户体验佳 • 对招聘方来说：职位信息发布格式多样化，信息的传播性更广、更具针对性 • 对求职者来说：搜寻到的职位招聘信息全面，人际网络可拓展 • 品牌价值渗透	• 简历真假难辨 • 安全及信息薄弱，信息随意性大 • 求职者被动 • 容易遭受微博、微信的社交功能冲击 • 讲求弱关系理论（需先线下再线上） • 要有充分的信任（不适合信任缺失的社会及市场）
雇主点评招聘	• 职位多 • 信息开放、有效	• 评论真实性问题 • 可用性不高
搜索引擎招聘	• 用户自由度大，信息涵盖广 • 操作直接、便捷 • 对于招聘方：招聘信息的传播更快、范围更广，发布信息成本低，按照效果付费，费用可控 • 起步低、精准、针对性强、可衡量	• 无自己的职位资源 • 信息匹配不精准 • 面临网络招聘市场集中度升高的挑战和威胁
分类平台招聘	• 兼具规模效应及垂直性质	• 受众互联网程度相对不高（中基层人群、中低端人才）
行业垂直招聘	• 信息对称性高、针对性强 • 招聘周期、招聘链条短 • 用户体验好，沟通更直观 • 充分考虑到用户需求 • 垂直细分领域，圈子更小，诚信度更高	• 用户量相对有限 • 领域细分易被模仿 • 分类虽然考虑了，但是不够细致
移动招聘	• 符合当代人才的生活工作习惯 • 实时、便捷 • 更人性的候选人体验	• 信息展示有限 • 招聘效果难保障
众包招聘	• 快速、精准 • 节省成本	• 存在不可控的风险

谷歌的招聘招数

- 通过互联网免费宣传自己一流的工作场所以吸引人才
- 高层亲赴学校宣传自身的雇主品牌和价值观
- 通过外部榜单宣传和提升雇主品牌

- 招聘渠道选择专业杂志而不是刊物、网站
- 用专业人员的语言（代码）招聘（招聘部门需要有专业领域的专家）
- 用谜题方式激发应聘者的兴趣
- 通过不同的企业文化来吸引创新型人才
- 招聘广告不是“泯然众人矣”而是不同凡响

IBM 的招聘招数

- 创建一个强大的员工价值主张
- 建立自身的、强大的招聘网站（整合视频、文字、图片功能）
- 通过自身招聘网站 365/24 不间断获取人才简历
- 广泛利用多种招聘渠道进行招聘

未来的招聘一定很多样化。经济与技术的发展、雇佣模式的变换、人才特征的变化等，在不断催生新的招聘模式的同时，吞噬着传统职位公告板模式招聘网站的垄断地位；**在招聘方式走向多元化的同时，传统招聘渠道和方式将走向没落甚至消亡**。

价值主张的战场

□ 新世界：人才的变

言及招聘变革，就要找准本原：员工→人才。

“员工”的定义，自 20 世纪 80 年代出现以来，在过去近 200 年的时间里，其意义并没有改变，即企业中各种用工形式的各类人员。但是，数字经济、零工经济与共享经济的概念对这一传统的“员工”定义提出了挑战：“员工”不再是过去那一类在同一时间上班、统一着装、完成类似任务，且被认为消耗性、没有话语权的人（见图 4-3），而是有着自主性要求、代表着企业核心竞争力的各类人员的高价值人才群体。

过去	未来
朝九晚五	在任何时候工作
在办公室工作	在任何地点工作
使用公司设备	使用任何设备
注重投入	注重产出
攀登企业阶梯	敢于创造自己的阶梯
先设定的工作	自定义工作
囤积信息	分享信息
没有发言权	能成为领袖
依赖电子邮件	依赖协作技术
注重知识	注重自适应学习
企业学习和指导	民主化的学习和指导

图 4-3　员工的演变

资料来源：Chess Media Group。

在 VUCA 时代，伴随着横扫全球的力量正在重新塑造工作环境、劳动力和工作本身，高价值的“人才”群体悄然发生翻天覆地的变化：比以往任何时候更有流动性、更加稀缺、更加关注体验与自我价值的实现和发挥。他们的**个性化需求逐步增多、工作方式越来越灵活、自主意识越来越突出、面对来自内外部的竞争压力越来越大、个人发展的途径越来越多样化……这就意味着人才表现出全新的行为、方法、态度和对工作及工作场所的期望**（见图 4-4）。这在优秀人才的身上表现尤为强烈：他们不再愿意默默充当企业运转的小齿轮，希望工作有一定的影响和价值，更愿意选择符合他们意愿及需求的雇主和工作环境。

❑　新战场：员工价值主张

基于以上描绘的未来人才画像，不难想象优秀人才的追求也已经跳脱了马斯洛需求层次理论的前四个层次（生理需求、安全需求、社会需求、尊重需求），直奔更高一层次的需求——自我实现的需求：**人才为了“金钱”而工作已经成为过去式，薪酬福利等物质激励已然不再是人才来到新组织的主要内在驱动力，而**

是更加看重组织及个人的未来发展潜质、工作的意义，以及工作能够带来的更高层次影响的隐形价值。

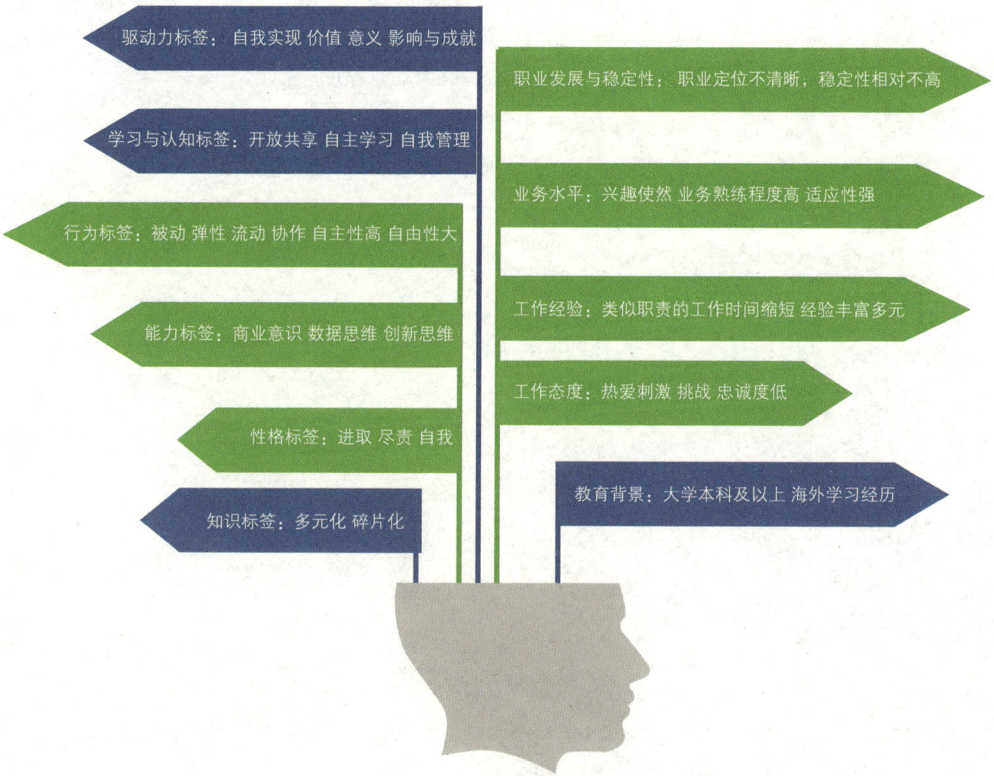

图 4-4　未来人才画像

未来人才寻求的不是工作，更不是雇主，而是一份事业；未来人才寻求的不是任务，而是一种态度，更是一种发展方式。**未来员工的工作动力将主要来自工作的意义、影响，而非薪酬福利。因此，未来雇主的吸引力再不是基于薪酬福利的物质元素，而是构建于员工价值主张的建立与传播之上。**

员工价值主张衍生于客户价值主张，探究和回答的是员工为什么会选择这家企业而非其他企业？这家企业究竟以什么吸引、保留并激励所需员工？与竞争对手相比，这家企业有何差异性……其范畴远远超过薪酬和福利，包括了从组织的愿景、使命和核心价值观到工作体验、团队、组织文化氛围，以及职业生涯和发展机遇等。员工价值主张涵盖了雇佣期间组织与员工关注的方方面面，如图 4-5 所示。

2030年，

雇主的吸引力将主要构建于员工价值主张的建立与传播之上，员工的工作动力主要来自工作的意义和影响而非薪酬福利。

图 4-5　员工价值主张

资料来源：韦莱韬悦：《员工价值主张：让你的企业从众多同行中脱颖而出》。

员工价值主张是一个用于衡量员工付出与回报的心理度量指标，包含两个方面，一是“给”，即付出；二是“得”，即得到，即企业对员工的工作所抱有的期望及目标达成能够给员工带来的利益，如图 4-6 所示。

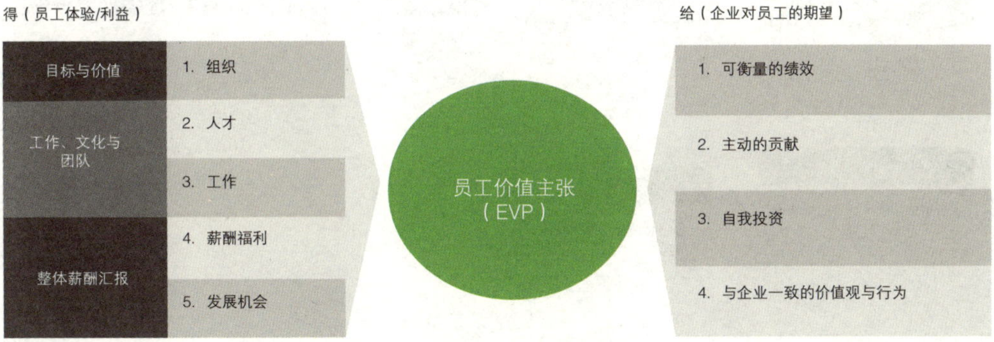

图 4-6　员工价值主张心理度量指标

资料来源：HR-Engagement.cn：《建构卓越的员工价值主张》。

大量实践证明，设计合理并有效执行的员工价值主张能够让企业在竞争者中脱颖而出，还能激励现有员工，促使应聘者在应聘过程中更加努力表现自己的才能；同时，有助于组织确定其在雇佣期间能够提供给员工的独特价值，形成卓越的“人才品牌”，在提高组织对外知名度与美誉度的同时吸引外界潜在雇员，形成良性循环。一如苹果公司的“非凡伟业，共创盛举”，在这个竞争白热化的人才市场，苹果公司虽然没有加入争选人才的行列，但是优秀的人才依然争先恐后，前赴后继。

任何强有力又务实有效的员工价值主张的构建都始于分析企业自身包括经营目标、企业愿景、工作环境、人才战略、品牌策略、竞争对手、员工特征及员工与外界人才对企业的判断等因素（见图 4-7），制定出符合企业的员工价值主张理念，并将员工价值主张融入业务，通过多种途径将制定的员工价值主张传达给目标受众，并在被动的人才市场中形成任职于这一公司的价值正面观感。**最终，员工价值主张延伸成为被验证有效又能吸引优秀人才的人才激活计划，不仅有助于留住顶尖人才，更能够吸引外部人才的加入**（见图 4-8）。

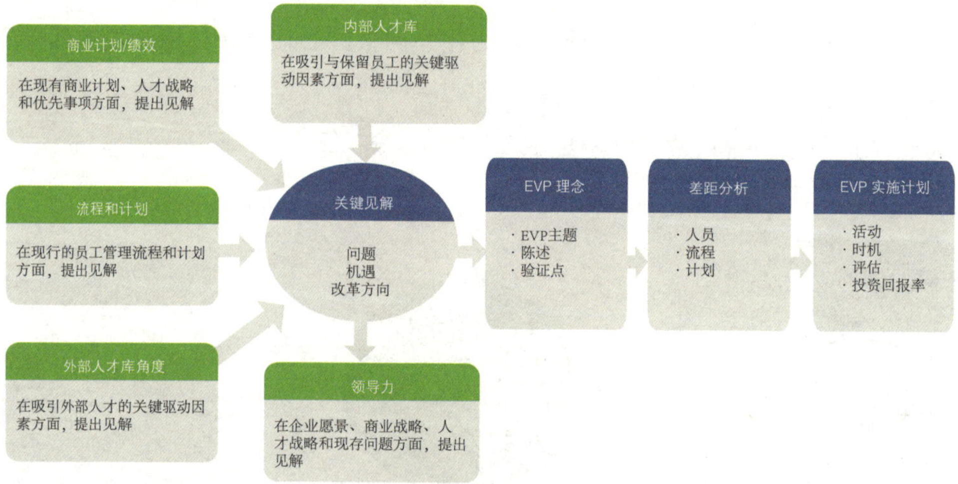

图 4-7 员工价值主张方法论

资料来源：韦莱韬悦：《员工价值主张：让你的企业从众多同行中脱颖而出》。

员工价值主张的定义涵盖了企业的精髓与独特性，同时包含了员工在该公司工作而感到自豪的主要原因，如鼓舞人心的愿景或独特的公司文化。如果企业战略、经营理念、企业文化愿景等为关注自我价值、工作意义与影响的优秀人才所认同并成为其行为，那么，所有的行为就变成心甘情愿的全力以赴。

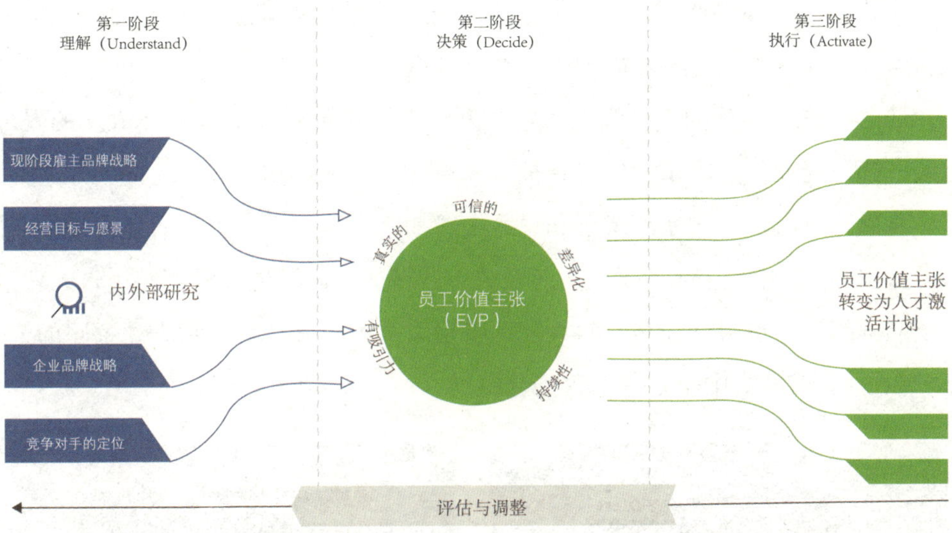

图 4-8 员工价值主张建构流程

资料来源：优兴咨询：《员工价值主张：打造强大雇主品牌的基石》。

值得注意的是，无论企业是否意识到，员工价值主张存在于任何企业；无论他们是否称其为员工价值主张，员工价值主张总在发挥着无形的力量。招聘作为一种获取人才最直白的方式，未来找准战场才能真正地发挥效力。

营销技术与品牌管理的入侵

在挑战与日俱增的人才招聘大战之中，营销与雇主品牌的概念也为招聘带来了更多的思考，营销理念与品牌管理理念逐步在招聘领域渗透：**对于企业而言，雇主品牌建设成为一个持续和长期的营销过程。营销不仅可以帮助企业提升雇主品牌的影响力，更能大大提升招聘的效率；而这一趋势，在未来将成为常态。**

❑ 招聘真面貌：营销

在过往的招聘实践中，企业惯常使用传统招聘渠道和方式，倾向于形成一种惯性思维——“采购人才”，即在职位公告板网站发出招聘广告，且主要是设计粗糙、文案糟糕、由简单文字堆积而成的广告，这是一种以守株待兔、坐等简历的心态进行的人才采购活动。并且这种渠道和方法仅能覆盖和招募主动求职者，无法触及企业所需要的潜在雇员——被动求职者。

现阶段这种“采购人才”的方法越发地难以满足企业对差异化人才的需求，因此，部分企业开始尝试利用各种技术在社交网络上主动寻找合适的人才，并通过多种途径与其建立联系，邀请和说服人才加入企业。不仅目标人才群体能够同时覆盖主动求职者与被动求职者，而且采用营销的手段还能提升招聘广告的效果，雇主品牌的传播也得到加强，对人才的吸引力大大提升。而这种人才招聘的方式即“职位销售”，其中蕴含着丰富的营销理念（见图 4-9）。

采购人才?

- 在职位公告板网站发出招聘广告，守株待兔，坐等简历
- 招募到主动求职者

职位销售?

- 在社交网络主动找寻合适人才，邀请和说服加入
- 招募到被动求职者
- 通过市场营销手段，提升招聘广告效果
- 通过雇主品牌传播，提升人才吸引力

图 4-9 招聘方式之“采购人才”与“职位销售”

招聘即营销，这是一个老生常谈之后翻新的话题。但在招聘行业逐渐向营销靠拢的过程中，营销理念在招聘领域的运用也越发丰富，营销概念也被用于说明招聘如何能够并且应该比以往包含更多内容：招聘人员逐渐将营销的概念作为一种框架加以运用，逐步通过多种不同的渠道和方式将既定的最优信息传达并呈现给不同的潜在求职者与候选人。

营销为招聘人员如何精准地找到候选人并与之建立可能的联系提供了根本性的解决方案。在这个过程中，营销的工具、方式、技术和渠道可以给予招聘者诸多借鉴（见表 4-2）。

表 4-2 招聘与营销

市场营销理理念	招聘应用
领域细分	确定合适企业空缺职位的人才的类型
精准指向	进行优先级排序，瞄准最重要的求职者
定位	打造反映企业雇主品牌的口号或故事，吸引并留住重要求职者
产品	岗位以及工作环境
价格	员工工资与福利
推广	对外：招聘岗位发布、公共关系 对内：与人才社群建立联系；社会化、数字化和内容营销
分销地点	求职网站、社交网站、社交平台、电子邮件

资料来源：领英：《2015 中国人才招聘趋势报告》。

卓越的营销离不开对技术的充分运用。综观当前主流的技术，能够充分运用于招聘领域的主要有社交媒体、数字营销、移动化、机器学习及大数据分析等（见表 4-3）。

表 4-3 可运用于招聘领域的技术

技术发展	对人才招聘的启示
社交媒体	如今在网络上查看一个人的个人生活和职业经历愈发简便，人才搜寻也在变得前所未有的容易，竞争环境也趋于公平
数字营销	基于人群特征和在线行为的针对性广告正从市场营销渗透至招聘行业，通过细分领域和为人才提供最合适的岗位，企业可以精准快速地找到合适人选
移动化	随着移动设备在全球范围内异军突起，求职者越来越倾向于在适配的移动版网站了解就业机会和企业信息
机器学习	如今自适应算法可以基于实时行为反馈（如查看岗位、点击申请），将岗位与求职者联系起来
大数据分析	随着数据存储、处理和传输成本下降，人才招聘负责人开始将数据应用在业务的战略和战术决策上

资料来源：领英：《2015 中国人才招聘趋势报告》。

将营销理念充分运用于招聘的最佳企业莫过于谷歌，其在“101 号公路边竖立神秘的广告牌”这一疯狂举措，在让人们津津乐道的同时，也印证了通过营销手段、营销自动化技术能够快速提升招聘广告效果的可能性与可行性。

案例：谷歌的招聘营销之道

2004年7月初，硅谷心脏地带的101号公路旁出现了一个巨幅广告（见图4-10、图4-11）。只有学习过高等数学的人，才能看懂那是一道复杂的数学题。一些好奇的人解开难题，答案是一个网址。登录网站后会看到一系列难度递增的数学题，最终7 500人来到了数学迷宫的出口。他们看到的是谷歌的招聘广告。在这个看似游戏的谜题面前，能走到最后的人，已经让谷歌甄别了他非功利的兴趣及兑现这种兴趣的执着和到达目的地的智慧。谷歌用一道道别出心裁的谜题，招呼着天下的英杰。

图4-10 谷歌营销式招聘广告

资料来源：《互联网时代》。

图4-11 谷歌营销式招聘广告

资料来源：《互联网时代》。

2025年，

55% 的大型企业使用营销自动化技术改善员工招聘工作。

对于企业招聘而言，最有效的招聘是资源的整合，最高层次的竞争是模式的竞争。从“采购人才”到“职位销售”是招聘阶段的提升，而最深层次的招聘是向招聘营销的更高阶段飞跃——雇主品牌的建设。

❑ 招聘新姿态：品牌管理的入侵

未来伴随着营销理念在招聘全流程中的深度渗透，组织面向市场和人才的信息也愈发高频与多元，对于企业而言，市场和人才对于企业品牌的认知的重要性将达到史无前例的高度，企业必须走上品牌管理的道路：**品牌的管理也成了影响招聘效果的重要影响因素——招聘正在被品牌管理悄然入侵。**

企业品牌，通常包含企业形象品牌、企业产品品牌与企业雇主品牌。这三者之间并无先后之分，也没有严格的划分，但因为每种品牌针对的目标群体不同，品牌的核心基础也不同（见图 4-12）。

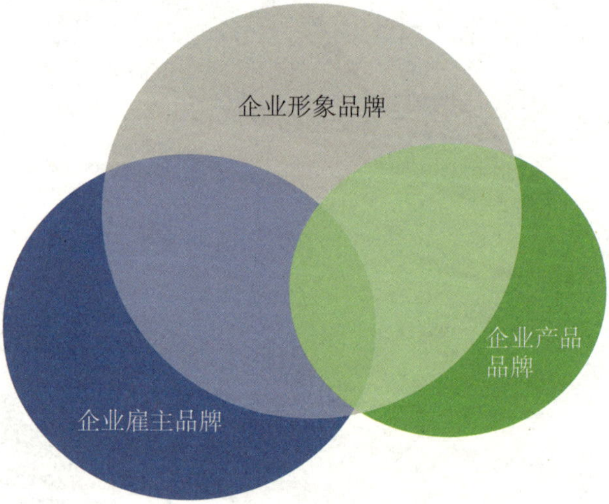

图 4-12 企业的三种品牌及其关系

资料来源：《第三种品牌：雇主品牌》。

企业产品品牌的核心基础是基于产品之上的品牌形象，针对的是目标消费群体；企业形象品牌的核心基础是以企业为实体的社会公众形象，针对的目标群体更为广阔，不仅包括消费者，还包括雇员、股东及社会公众；企业雇主品牌的核心基础是人或人才，其针对的目标群体是企业的目标人才，包括企业内部员工与企业外部人才市场的潜在员工。

这也就意味着，品牌已经成为赢得优秀人才构建竞争力的一种品牌意识，企业在招聘全流程中需要在企业内部优秀员工和外部潜在员工的心智中建立雇主品牌，同时还应该涵盖全流程中的品牌管理。

企业雇主品牌管理描述的是，企业为了展现一致的品牌形象和体验所组织的一系列活动，涉及对内部的雇主品牌建设、对内的员工的激励保留及对外潜在员工的吸引。当下企业雇主品牌的建设已经成为每家企业的必修课，但各有各的不同。对于员工而言，雇主品牌建设能够让企业整体品牌建设内化转移，让员工成为代表企业形象的“移动品牌”，最终能够带动员工品牌化发展；对外与潜在员工形成无形的联系，建立情感纽带，进而吸引其加入企业。因而，企业品牌管理的成效也必将成为未来企业人才竞争的焦点之一。

❑ 招聘人员的蝶变

未来人才个性化与需求的差异化、营销与品牌管理的入侵已然使得招聘的概念、价值和作用翻新：**招聘在动态、多变、复杂的环境中变得越来越科学化**。在科学化的发展道路上，在提升对招聘人员各方面要求的同时，也成就了招聘人员的新标签：“艺术与科学”的集合体（见图 4-13）。

现代招聘对于招聘人员来说，一半是艺术，一半是科学。现代招聘人员是招聘全才——他们既能吸引最被动的求职者，也能拿出相关数据，为公司或组织的招聘战略提供参考意见。[1] 招聘人员不再为了填补职位空缺而招聘，已经蝶变成为同时具备“媒人”、市场营销人员、销售人员、人才顾问、数据控、研究员、技术控与心理学家特征的“科学与艺术”的集合体；招聘的全流程也不再仅限于招人，更是赋予了招聘更高与更深的价值。

1　领英 . 现代招聘人员指南 [R].2015.

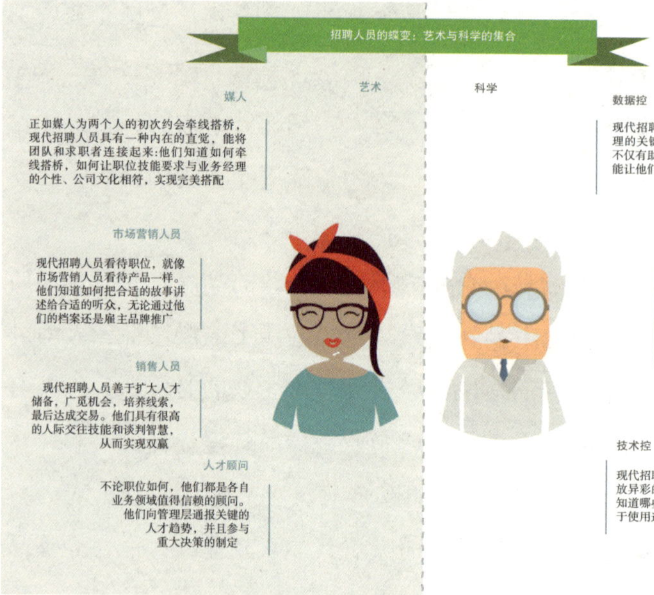

图 4-13 招聘人员的蝶变：艺术与科学的集合体

资料来源：领英：《现代招聘人员指南》

构建人才引力场

❑ 从“技术暴力”到“品牌暴力”

曾经拥有最强实力的机构拥有绝对控制权，那个时代被称为“实力暴力”时代。然而，“实力暴力”时代正在被技术的快速迭代与发展所打破，技术的发展将人类从“实力暴力”时代推向“技术暴力”时代。在“技术暴力”时代，掌握了最好、最新技术的人拥有为所欲为的可能，而其他人只能任其宰割。但这并不是终点，这仅仅代表着现在。不久的将来，将是由“技术暴力”飞跃“品牌暴力”的时代。

在“品牌暴力”时代，拥有强大品牌号召力和影响力的企业、机构、团体将拥有着无与伦比的资源优势。“品牌暴力”时代，品牌就是资源、渠道、资本，品牌将形成一种看不见的力量，吸引并号召着人们，塑造出一种人才引力场。

❑ 招聘的下半场：构建人才引力场

传统的招聘流程通常是“企业→人才→企业”。在这种情况下，第一阶段“企业”是指企业发布的用人需求并对外发布招聘启事（广告）；第二阶段“人才”是指人才看到企业用人需求并提交应聘申请；第三阶段“企业”是指企业面试及确定是否录用。这是一个完整的以企业为中心的招聘流程。但是，随着商业环境的变化，招聘流程已经转变为以“人才”为中心的招聘流程：人才→企业→人才。招聘双方的核心已经从企业转向人才，人才在招聘中占据主动地位。

但是，这些积极的变化也不能掩盖这一事实：企业做的招聘，企业还是主导者、推进者，表现为招聘人员下功夫。人才在招聘流程中虽然已经有了主动权，含有主动寻找的成分，但本质上还是在等待被寻找或者希望被找到的状态。其实，招聘的更高境界是“人才的主动”，不用招聘人员费心费力的推进，人才就能主动自发积极地向企业靠近——这就是品牌的力量，而**品牌的核心点在于打造了一种“磁场”（见图 4-14），一种吸引人才的引力场，这也是招聘的下半场。**

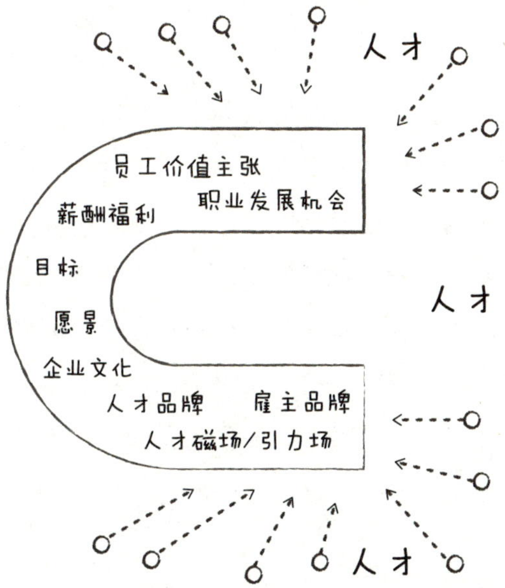

图 4-14　人才引力场

这种人才引力场是通过企业文化、雇主品牌在无形之中发挥出来的隐形磁场，是一种看不见的力量。人才引力场对企业外部人才有绝对的吸引力，对内部的人才同时具有提升工作满意度、幸福感和留任率的效用。**投射到招聘上，这种人才引力场直接左右招聘的效用：影响招聘的速度、人才的质量、招聘的成本与周期。**

作为一种隐形而又强大的力量，品牌本质上是一种形象认知度、感觉、品质认知。每个人都有自己对品牌的偏好和倾向，对品牌的解释也不同。然而**通过打造独特而又卓越的企业文化与雇主品牌进而形成一种人才引力场，将成为企业人才争夺战中胜出的最有效方法。**

雇主品牌的蝶变

过去，由于信息传播的渠道不发达，候选人在寻找工作的过程中只能处于被动地位。然而，随着互联网和社交媒体的冲击，双方地位已经互换。优秀人才掌握了人才市场的话语权。雇主与人才的关系已经有了新的准则：要学会沟通，而不是要求；要学会邀请，而不是通知；要学会倾听，而不是讲述；要学会反馈，互相影响，关心对方，找到共鸣，重视和尊重对方。这点点滴滴都在雇主品牌蝶变中凸显。

雇主品牌作为人对人的品牌，是以人为本之路的回归，构建的是一个良性循环的人治的品牌世界，是灵活的、多变的，也是感性的、怀柔的，是一个彻底的凝聚人的品牌世界，充满了品牌管理的艺术，也越发地体现出雇主、员工及潜在雇员三者之间的情感联系。在个体价值崛起、个性化需求凸显的时代，雇主与潜在雇员的接触、雇主品牌的体验都成了影响招聘成败的不确定因素，迫使企业关注与员工及潜在雇员的每次触碰，需要透过他们表层、多变的行为和需求，寻找到内心根深蒂固的价值需求，营造卓越的体验，通过雇主品牌的塑造凝聚人才的力量。

□ 雇主品牌触点管理

铸造雇主品牌是一个异常艰巨而又漫长的过程，这意味着企业需要对它有更深刻、更理性的关注。而在雇主品牌建设与营销的过程中，互联网与社交媒体给雇主与候选人提供了前所未有的接触机会，而企业如何选择与候选人沟通的“触点”也就顺理成章地成为候选人是否会加入一家企业的关键点。

对于候选人而言，在每个触点上都有一个情绪量表，两级是不悦和愉快，中间的心理状态包括生气、紧张或无聊、中立、平静、开心（激动或放松）（如图 4-15、4-16 所示）。当一个人情绪状态不好时，很有可能做出消极反应。例如，在面试的触点上，候选人等待 1 小时的情绪体验是感受到不被尊重、生气，认为在浪费自己的时间，结果导致的行为是候选人放弃这家公司，并且向熟人抱怨。

图 4-15 个体情绪状态——综合描述

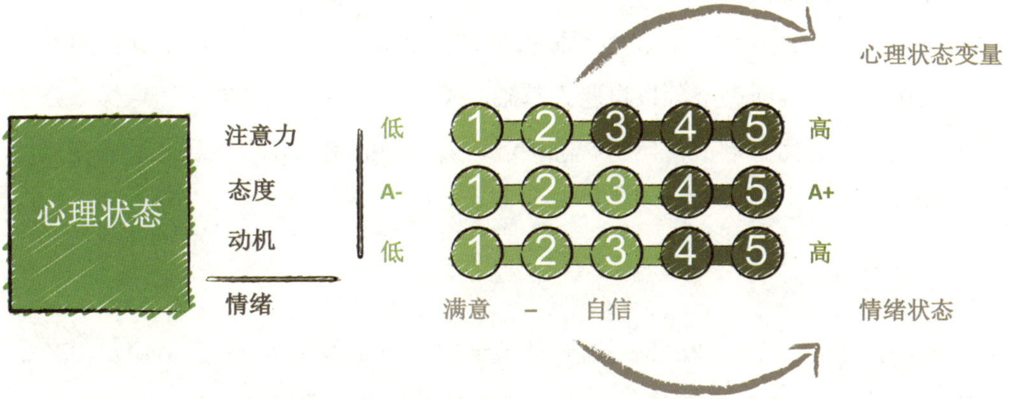

图 4-16 个体情感状态——详细描述

雇主品牌是企业给外部人才和内部人才的体验和承诺，雇主品牌触点带来一系列体验，带来一系列的所思所想和所为。得益于搜索引擎、社交媒体及雇主点评网站等各类技术和平台的快速发展，雇主与候选人都随时随地有了这种可能的

“触点”，任何细微的接触都将对企业、对招聘带来决定性的影响。因此，企业要进行雇主品牌的触点管理的需求也就越发迫切。

对于企业内部人才而言，企业工作环境、文化氛围、薪资待遇等也有了对外传播的可能。雇主品牌在无形之中被量化且被曝光在人才市场上，暴露在大众视野之中，此时企业雇主品牌的触点管理更为细致、更为脆弱。对于外部人才而言，间接触点发挥着重要作用，对于雇主品牌及触点的管理无时不在。

品牌触点决定市场与人才对品牌的认知。不置可否，招聘体验与求职体验都实实在在地反映了雇主品牌。招聘与求职全过程中的任何一个步骤都可能是雇主与人才的触点，都直接影响了潜在雇员对企业的看法，也影响着人才是否会加入企业的抉择。

从招聘角度出发，企业雇主品牌触点管理的最大挑战在于，如何让那些想要加入企业的优秀人才不断重复产生与企业接触的意愿，同时愿意自发帮助企业进行雇主品牌宣传。而企业人力资源部门的应对之道是设计工作体验，以改善候选人的触点、新员工的触点及正式员工的触点。这也是企业雇主品牌建设要重点关注的部分。

总之，触点通常意味着近距离接触和感受，互相充满信任和彼此了解。雇主如果想要抓住候选人的心，就必须懂得如何去“触摸”，即通过情感营销的方式找到突破口。这种接触必须以自愿为基础，不能有丝毫强迫的影子，这样双方才不会逃避，才会愿意以最自然的状态接触，而接触的重点在于接触之后雇主接下来的行为。

□ 候选人体验

营销学里有一个专业名词是客户体验地图，即能够帮助公司了解用户与产品/服务/系统之间交互的工具，能够从客户的角度去考虑自身的产品，以此与客户建立一种相互尊重、依赖、信任的长期关系。客户体验地图也被用于评估公司产品、服务的当前状态，以及预测未来可能出现的情况，挖掘用户的痛点、寻找新的机遇去建立更好的客户体验。体验地图的核心包括起点、终点及实现客户的愿望，可以呈现复杂的用户与产品和服务的互动。

例如，一个顾客在订购比萨的过程中，每个时间段（订购前、订购中和订购后）的心理状态是不一样的。每个阶段都会产生一些行动、情感、想法和体验，商家要从这些触点中寻找改善顾客体验的方法。例如，缩短顾客等待的时间，缓解等待的饥饿心理和不良情绪，附送小礼物等（见图 4-17）。

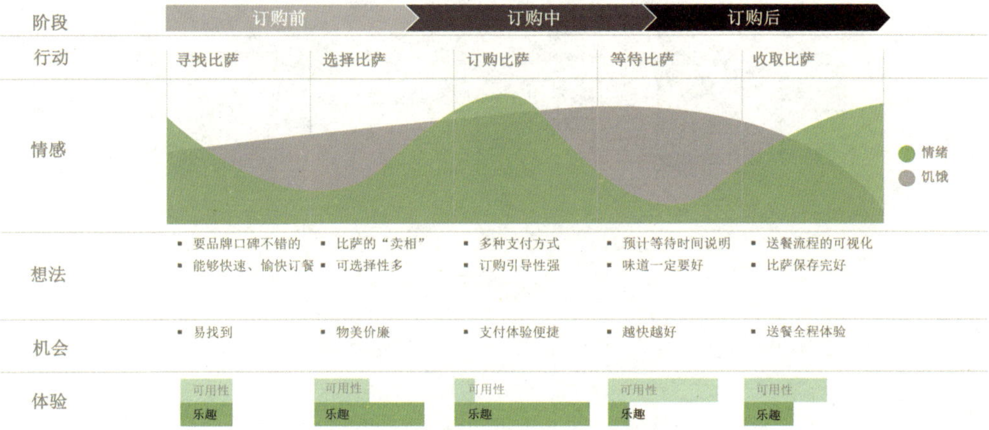

图 4-17　顾客购买比萨的体验旅程

客户体验地图概念延伸到雇主品牌领域就是候选人和员工体验 / 旅程。候选人体验即候选人从开始关注企业到加入企业的全流程中的体验与旅程。在这一旅程中，对候选人体验直接产生影响的则是每次候选人与企业之间的触碰，即“触点”，这些触点主要包括：

- 招聘相关文档的专业性和美观性；
- 面试官、评鉴官及相关人员的专业度与亲和力；
- 招聘流程规范化、人性化；
- 面试轮数控制，尽可能扁平化；
- 通过技术手段提高甄选效率和录用决策速度及规范性；
- 营造良好的面试氛围；
- 面试时提供多个时间供应聘者选择，加强时间管理，控制应聘者等待时间；
- 发出面试通知时，自动发送短信和邮件（包含地点、地图、时间、天气等人性化信息）。

每个触点都影响着候选人体验，直接关系招聘的结果。候选人的触点并不会单一指向招聘者，很可能是职能部门的管理者、行政人员、保安、面试环境等（见图 4-18）。

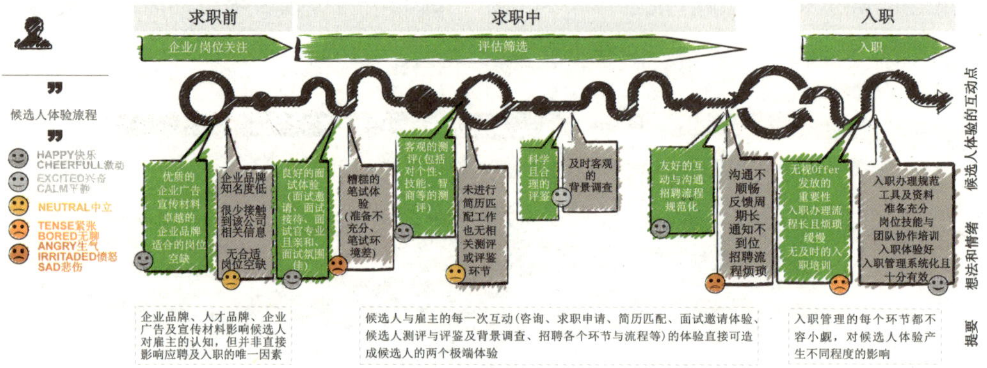

图 4-18　候选人体验

虽然招聘人员不能在候选人与员工体验上强加控制或左右，但招聘人员可以绘制一张候选人的体验地图，发现可能的触点，候选人的行动、想法和体验等，精准把握住机会改善候选人体验，进而对每个触点施加影响，成就最佳的候选人体验。

例如，在新员工入职的前 3 个月流失的人数可能超过招聘部门预想的数量。为了详细了解发生这种状况的原因，招聘人员可以绘制出员工在最初的几个月的旅程，绘制出雇主和员工交互的人和事，这些体验带来的情感、态度，以及员工产生的行为。根据绘制出的图形，招聘人员可以明确员工旅程中一个或多个“重要时刻”。招聘人员如果能在“重要时刻”做出努力，改善候选人的体验，就能够对候选人的态度产生影响。当候选人态度积极乐观，就能实现雇主期望的结果，赢得候选人信任的同时吸引候选人的加入。通过对候选人体验的深入理解，招聘人员能够设计出全新的体验，而且这些体验会带来良好的招聘效果。

❑ 员工旅程 / 体验

相较于候选人体验，员工旅程并不止于候选人加入企业，雇主和员工的关系从签订劳动合同到劳动合同结束，双方都处在一段旅程之中。在此过程中，员工体验会强有力地影响员工态度，而员工态度又将影响行为，最终影响工作产出。

因此，**员工旅程最终表现为一名员工的态度**，不良的员工体验会产生不良的结果。只有努力改善员工体验，才能改变员工态度，促进好的行为和提高工作产出。

什么是员工体验旅程？甲骨文研究报告认为，所有的员工在工作中都需要直接和间接地与各种人（HR、管理人员、同事、客户）和事（包括流程和技术）进行沟通合作。员工与各种人和事之间的交互，再加上一些外部趋势和影响因素（如国家调整最低工资标准和社会保险费率、社交媒体等），企业内外部因素将共同对员工产生作用和影响，最终形成员工的体验。[1] **员工体验包含了员工与雇主在互动过程中的全部体验**。

甲骨文发布的《以员工为中心的 HR 方案——员工体验历程图绘制》（见图 4-19）指出，无线循环从宏观层面上展现了员工体验旅程图。不同员工处于不同的阶段，雇主的挑战是当员工为应聘者时，要使他们在企业内部有机会接受新的挑战和获得职业发展机会，而不是去外部寻找机会。雇主如果不能在企业内部为有能力的员工提供新的挑战和职业发展机会，那么员工为了职业生涯发展很可能去外部市场寻找机会，并最终离开现有公司。

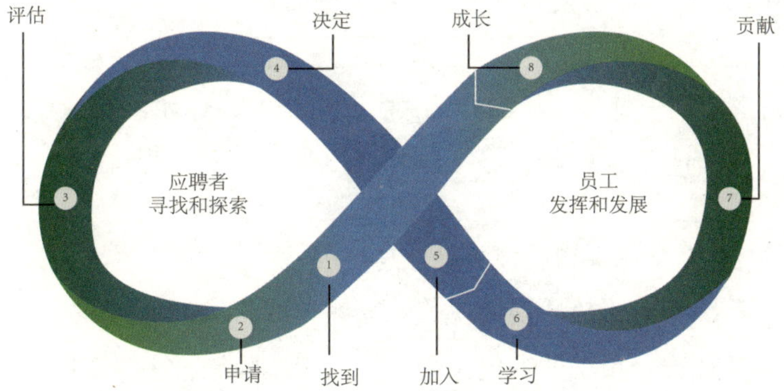

图 4-19 员工体验生命周期

在员工体验旅程的某个阶段，可能会出于某些原因做出换工作的选择。员工可能会通过各种途径来寻找目标岗位，然后进入申请流程，并与雇主相互评估，权衡利弊后决定是否签订劳动合同。在选定新雇主后，意味着进入了员工体验旅程阶段，需要接受新的员工入职培训。这个学习阶段根据岗位和个人差异而有所

1 甲骨文 . 以员工为中心的 HR 方案——员工体验历程图绘制（EXJM）[R]. 2014.

不同，可能需要数天、数周或者数月的时间，直到可以为新雇主做出贡献或者创造价值。当员工能力得到提升、能够胜任新的工作岗位时，员工会进一步寻求自我发展和职业发展。根据企业内部学习和发展机会或者岗位变换机会的可见性，员工会选择进入企业内部或向外部就业市场寻求新的发展机会，从而又进入“新的员工体验旅程”阶段。

❑ 员工旅程 / 体验地图设计

员工体验地图设计方法来源于客户体验地图设计的思路。通过设计员工体验地图能更加深入地理解特定的员工体验旅程。**员工体验地图的绘制与设计，以“员工所为、所想、所感”为起点确定基本框架，本着“真相至上、多种来源、迭代、定性、定量”的基本原则来捕捉重要洞察，通过三步骤完成员工体验地图的绘制**（见图 4-20）。

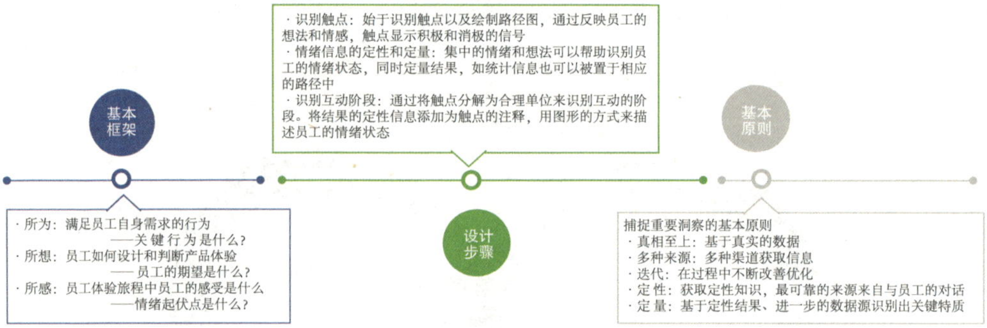

图 4-20 员工体验地图绘制路径

具体而言，绘制员工体验地图，首先需要考虑满足员工自身需求的行为：员工的关键行为是什么？员工的期望是什么？员工体验旅程中员工的感受是什么？情绪起伏点是什么？同时，在员工体验地图绘制的过程中，需要遵循哪些原则？如图 4-21 所示，绘制员工体验地图需要遵循五个原则。

图 4-21　绘制员工体验地图的原则

根据以上五个绘制员工体验地图的基本原则，设计员工体验地图需要遵循三个步骤。

第一步：识别触点。

第一步始于识别触点以及绘制路径图，通过反映员工的想法和情感，触点显示积极和消极的信号（见图 4-22）。

图 4-22　识别触点

第二步：情绪信息的定性和定量。

集中的情绪和想法可以帮助识别员工的情绪状态，同时定量结果，如统计信息也可以被置于相应的路径中（见图 4-23）。

第三步：识别互动阶段。

如图 4-24 所示，通过将触点分解为合理单位来识别互动的阶段。将结果的定性信息添加为触点的注释，用图形的方式来描述员工的情绪状态。

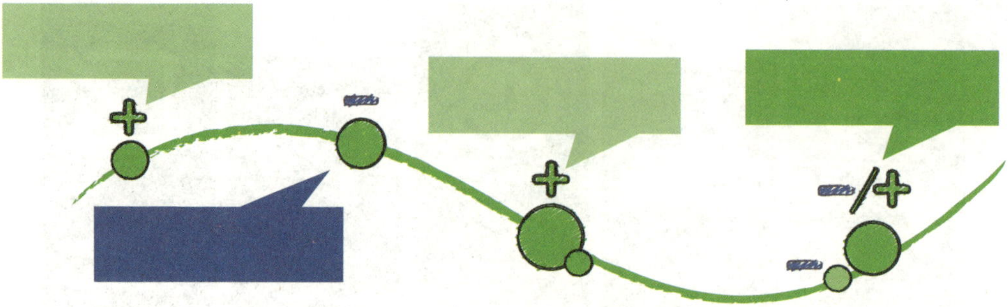

图 4-23 情绪信息的定性和定量

图 4-24 识别互动阶段

员工体验地图设计要考虑到地图构建的时间维度，包括了求职前、求职中、入职期、在职期、离职期和离职后的全流程阶段。同时，还要考虑到体验地图构建的特质维度，包括低成本、趣味性、公益性和独特性等方面。

总之，人与组织关系的变革、人才竞争的加剧让企业雇主品牌建设日益提上日程。人力资源管理者可以通过构建候选人 / 员工旅程地图，通过触点管理思维改善候选人应聘体验、新员工入职体验以及在职员工的工作体验，提升企业雇主品牌形象，提高员工忠诚度和敬业度。

第5章

行为设计与员工体验：人才管理的新边疆

2025年，

50%的大型企业增设了
首席员工体验官岗位。

作为后工业时代的产物，用户研究已为人所熟知。通过精准定位市场需求，了解用户的消费习惯、心理等，找到用户的痛点，才能真正使企业开发的产品能获得用户的青睐。卓越的产品甚至会改变一代人的行为习惯，如谷歌搜索引擎，其蕴含的技术洞见——利用网站的链接结构作为路径来寻找最佳匹配结果，彻底改变了用户搜索信息的方式。这就是对于用户需求的洞见所带来的革命性创造，也是用户研究诞生的缘由所在。

与此同时，传统工业时代的管理模式，将逐渐被人诟病，成为组织发展的桎梏，员工越来越注重工作体验、职业发展等个性化需求。在以智力资本为核心竞争力的时代，管理者必须顺应这一时代发展的趋势，**以员工体验为出发点，精准定位员工需求和动机，同时与组织战略目标相结合，在员工需求和组织所期望的员工行为之间找到平衡点，在此基础上提供相应的服务来引导员工的行为以获得预期的回报。**

行为设计学：在行为心理学与行为经济学边界以外

如何改变员工的行为，使其朝着组织期望的目标方向发展，是管理者历来绞尽脑汁思考和实践的问题。从心理学的角度分析，要想改变一个人的行为，就要先攻破其思想层面的“意识”。因此，可以通过科学的管理方法和管理技巧改变员工的思想和态度，从而促使其表现出组织期望的行为。

人们的行为依托于习惯、直觉，或者简单的经验准则。换句话说，在大多数情况下，人们并不是自主地在选择要去做什么，而是被自己的直觉驱动。事实上，人们的行为可以“被设计”。通过行为设计改变员工的行为，也成为人力资源管理的重点。

❑ 人们生活在“被设计”的环境里

达·芬奇在分析画家的使命时曾说过：“一个优秀的画家应该描绘出人和人的思想意图。”对于专业画家而言，第一件事不难，但是想要实现第二件事却十分困难。在企业中，员工就像画家临摹的对象，描绘员工画像的信息就是达·芬奇所说的“人”，而更为重要的是了解员工行为背后的“思想意图”。

“员工的行为可以被设计”，这种论点听起来像一场阴谋。让人们改变自己的固有习惯的确不易，然而为了最终实现某种目的，在商业环境中“被设计”的情况比比皆是。

例如，各大“超市”整体的布局及货架、物品摆设，背后也都有一套设计的理念，目的是让消费者更加便捷、愉快地完成商品购买行为。作为“全球最酷书店”之一的诚品书店，以其设计闻名遐迩。它的特点不仅在于其硬件空间的规划，更在于其软件上多种复合式的经营手法运用，创造出既具本地特色，又具国际视野的文化景观，让求知者和游客流连忘返。此外，智能设备上让用户欲罢不能的游戏，其中的通关、竞争、排名都是经过精心设计的，从而让人们能够乐在其中。

❑ B.J. 福格的行为模型理论

了解人的思维图景本身困难重重，人的不确定性在互联网时代又被无限放大，裂变中的互联网让用户行为变得越发扑朔迷离。然而，一切莫名产生的行为变化都蕴藏着原因。哲学家路德维希·维特根斯坦（Ludwig Wittgenstein）曾在公开场合发表言论：“要知道我们说的东西很容易，但要知道我们为何这样说却非常难。”

管理者极尽所能想了解员工的思考和行为模式，通常发现其实这些都归因于人的本性。行为心理学认为，人的行为是人在意识指导下主动自觉的行为，而人的意识是意向和认知两大因素相互作用的结果。行为经济学通过分析个人及群体行为、心理、情感来解释与预判决策行为。但是对于组织而言，最为关键的是如何通过设计改变人的行为。行为设计学应运而生。

行为设计学由斯坦福大学 B.J. 福格教授创立，是指为改变用户行为而设计的一门新兴科学，涉及心理学、说服科学、行为经济学、产品研发与用户体验等多学科交叉内容，主要应用于商业策略和公共政策上，对个人习惯养成也具有指导意义。在复杂的组织机构中，工作环境的设计或系统的设计会驱动人的行为改变。

B.J. 福格教授提出了行为理论模型（见图 5-1），**认为要实现一次用户转化行**

为，有三个关键要素：动机（Motivation）、能力（Ability）、触发（Trigger）。这三个要素同时满足才会形成一次有效的转化。

- 动机：给用户足够的动机；
- 能力：用户有能力完成转化；
- 触发：用户转化的因素。

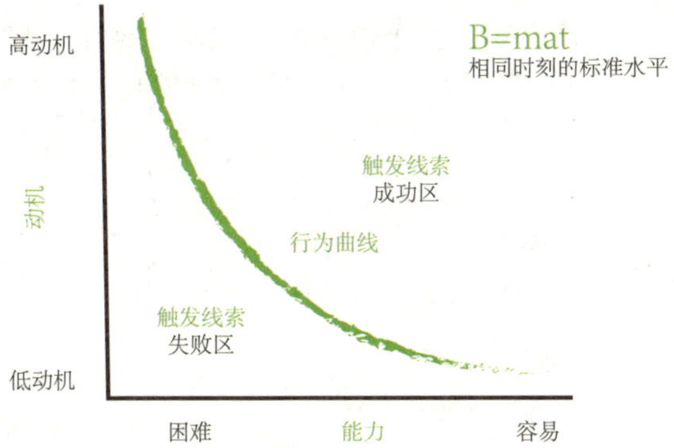

图 5-1　B.J. 福格的行为理论模型

资料来源：《随心所欲：为改变用户行为而设计》。

B.J. 福格教授认为如果要发生有意图的行为，必须满足以上所有的三个因素。组织可以通过提升能力（减少成本）或增强动机来促使行为的发生。在图 5-1 中，纵轴是动机，如果个体缺乏动机就会落在纵轴上较低的位置；横轴是能力，如果个人从事某一行为的能力较差，则会落在横轴的左侧。坐标轴内右上角表明预期行为的产生必须有足够的动机和能力，触发行为才能成功，否则触发行为将失败。从 B.J. 福格教授的行为模型中可以看到，一味地简化行为或增强动机，并不会带来更多效益。[1]

此外，如表 5-1 所示，B.J. 福格教授根据日常行为改变的类型和周期进行分类，总结了 35 种改变行为的方式（行为魔方）[2]。行为改变的类型包括五种：展现新行为、展现现有行为、增加某种行为、减少某种行为、停止某种行为。行为改变的周期包括七个阶段：一次性行为、导致持续义务或成本的一次性行为、持续性行为（行

1　史蒂芬·温德尔 . 随心所欲：为改变用户行为而设计 [M]. 北京：电子工业出版社，2016.

2　B.J. 福格 . 行为魔方：35 种改变行为的方式 [R]，2009.

为有一定的持续时间）、行为具有可预测性周期（不断重复、周期性）、提示性行为（行为需要不定期提示，习惯性反应的变化）、随意性行为（行为可以随时发生）、持续性行为（习惯改变，行为持续发生）。

表 5-1 B.J. 福格的行为魔方：35 种改变行为的方式

		行为改变的类型				
		A 展现新行为（不熟悉的行为）	B 展现现有行为（熟悉的行为）	C 增加某种行为（频率、强度或持续时间）	D 减少某种行为（频率、强度或持续时间）	E 停止某种行为（停止持续的行为）
行为改变的周期	1 一次性行为	进行新形式的在线调研	在亚马逊购买图书	今天在线购买额外的书籍	今天花费更少时间浏览网络空间	今晚不吃甜点
	2 导致持续义务或成本的一次性行为	收养一只狗	同意举办派对	同意支付更多抵押贷款	减少使用信用卡支付	拒绝继续化疗
	3 持续性行为（行为有一定的持续时间）	玩一小时的新视频游戏	锻炼 30 分钟	在两周内延长使用牙线的时间	本月减少购买书籍	今天不抱怨任何事情
	4 行为具有可预测性周期（不断重复、周期性）	每周进行在线课程学习	每天早上十点玩在线赌博游戏	每天早上锻炼加速心率	晚餐减少饭量	每晚饭后不再抽烟
	5 提示性行为（行为需要不定期提示，习惯性反应的变化）	向 AOL 举报任何垃圾邮件	看到喷泉时喝水	派对后写出更长的感谢信	在拥堵时控制沮丧的情绪	在收银台不购买任何东西
	6 随意性行为（行为可以随时发生）	阅读网站隐私条款	检查电脑是否有病毒	更加频繁地检查电脑病毒	减少饮用咖啡	谈话当中不打断对方
	7 持续性行为（习惯改变，行为持续发生）	使用谷歌进行搜索	保持良好的姿势	思考感激之情	降低家庭的能源消耗	停止咒骂

资料来源：《行为魔方：35 种改变行为的方式》。

根据 B.J. 福格教授的行为理论模型，在员工的行为设计上，有了目标就可以有针对性地采取措施：

- 挖掘员工的真实需求，增加员工产生某种行为的动机；
- 顺应员工的习惯，降低行为改变的成本，提升员工行为改变的能力；
- 通过员工的某种情感、认可等因素，触发员工的行为最终改变。

对组织而言，在行为设计的过程中，单纯地在动机上下功夫会遭遇陷阱。因此，需要综合考虑行为产生的三个关键要素，真正促使员工的行为发生改变。对于人力资源管理者而言，需要对员工的目标行为、观点等进行研究，尽可能减少行为设计过程中的主观臆测，理解员工到底真正需要什么，从而知道如何更好地为不同类型的员工服务。

❑ 行为漏斗的秘密

人的行为之所以难以改变，原因在于人有一种自我保护机制，时时刻刻在将自己的行为合理化。个体一旦发现外界需要行为改变，就会本能抗拒，避免让自身陷入由于行为态度不一致而带来的不舒适感。人的行为如此难以改变，就不难理解为何在企业中推行一项变革会困难重重。那么，如何改变员工的行为？

美国社会行为科学家史蒂芬·温德尔（Stephen Wendel）在《随心所欲：为改变用户行为而设计》一书中具体解释了如何让一个不太可能发展的行为转变为特有行为。**人们行动的五个先决条件分别是以下心理元素：线索提示（Cue）、其引发的直觉反应（Reaction）、有意识的权衡评估（Evaluation）、执行能力（Ability）、行为发生的合适的时间点（Timing），简称 CREAT 行为漏斗。**如表 5-2 所示，正因为这五个因素，行为才会发生。

史蒂芬·温德尔解释了大脑进行有意识行为的经典模型：一旦大脑发觉线索提示，便会产生直觉反应，这个反应可能会引起意识的注意，然后对行动的损益进行评估，并且判断是否有行动的能力。如果没有其他事物干扰，在顺利通过这个五个阶段后，行动就会发生。

表 5-2 行为漏斗的具体内容

阶段		内容
第一阶段	线索提示	能够引起采取目标行动的事物。线索提示可能是人们在环境中的所见、所闻、所感等外部线索，也可能是内部线索，触发了采取行动的过程
第二阶段	直觉反应	人们对于想起某行动时自动的反应，这种反应根据过往行动经历或者相似经验，直接做出判断
第三阶段	有意权衡	人们有意识地评判是否采取目标行动，主要是判断行动将带来的利弊
第四阶段	执行能力	人们判断直接当下是否能够达成目标。达成目标的能力分为四个等级：知道如何行动、必要的行动资源、必要的技能、成功的信念
第五阶段	恰当时机	人们决定何时行动

资料来源：《随心所欲：为改变用户行为而设计》。

人们要执行一个行动，都要经过以上五个阶段。但是每个阶段都会有人被筛选出去，如同一个漏斗，总有人不能通过这个漏斗。因此，这被称为 CREAT 行为漏斗（见图 5-2）。同时，人们不会一直待在漏斗中，他们要么直接被漏斗筛选出去，要么就直接发生了行为。不管是哪种情况，人们都不会在漏斗各个阶段中停留很久。[1]

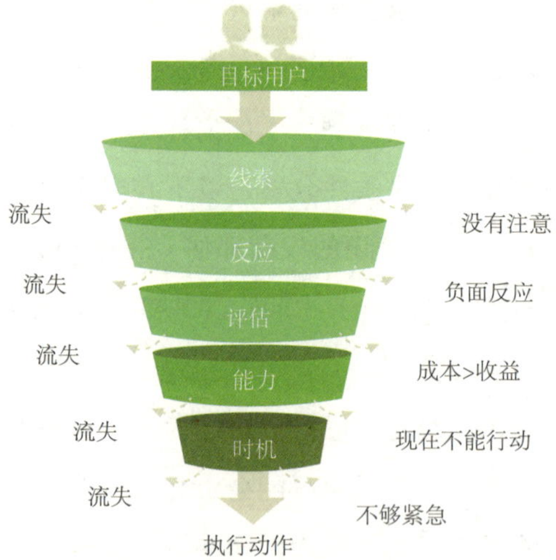

图 5-2 行为漏斗解析

资料来源：《随心所欲：为改变用户行为而设计》。

1 史蒂芬·温德尔．随心所欲：为改变用户行为而设计 [M]. 北京：电子工业出版社，2016.

如果想让人们产生某种行为，就需要通过这五道关卡。如果人们能够顺利通过，行为就能顺利发生。如图 5-2 所示，行为发生需要经过以下 5 个步骤：

1. 注意到线索提示后，想去执行某种行为。
2. 对行动想法做出直觉反应。
3. 对行动进行有意权衡，特别是“收益与成本”间的权衡。
4. 确认自己有能力行动。
5. 找到合适的行动时机，确保行动的紧迫性。

❑ 塑造行动的环境

美国宾夕法尼亚大学沃顿商学院教授格雷戈里 · 谢伊（Gregory P. Shea）和凯茜 · 所罗门（Cassie A. Solomon）在其所著的《如何改变员工的行为》一书中认为，**想要变革组织的管理者，应该重点关注员工行为及行为赖以存在的工作环境。**组织成员的行为决定了一个变革项目的成败，行为是连接战略与实施、目标与结果的关键环节。因此，管理者若能找出关键行为，通过设计环境促使这些行为稳定并且规律地发生，就意味着期望的变革已经站稳脚跟。

事实上，很多变革项目失败的原因之一，就是没有兼顾工作环境的统一设计。对于组织而言，改变员工周围的工作环境，员工自然而然会去适应它。因此，设计一个要求不同行为的工作环境，然后专注于帮助员工去做其擅长的事情，即让他们去适应这一新环境。当组织能够设计出激发员工行为改变的环境时，组织变革已经成功了一半。

案例：迪士尼通过设计工作环境改变员工的行为

迪士尼鼓励员工广泛研究并衡量游客及其行为，然后运用这些数据去完善客户体验。例如，迪士尼通过研究发现，游客平均走 27 步会扔掉一张糖纸。因此，迪士尼就每隔 27 步放置一个垃圾桶。在各个热门的游乐设施前，迪士尼都放置电子告示牌，告知游客需要等待的时间，这样就能使游客更好地规划他们一天的时间。此外，迪士尼规定，当游客从一个乐园走到另一个乐园时，人行道铺设的纹路要有所改变，因为“人们走路时鞋底就能接收到环境改变的信息”。

除了通过设计环境改变游客的体验，迪士尼也不断努力改进工作场所设计。例如，迪士尼有个项目叫作“拿出5分钟”，鼓励员工拿出5分钟的时间去提供个性化的游客服务，为游客做一些好事。例如，送小礼物、离开岗位帮游客拍照，或者补一个掉在地上的蛋筒冰激凌。这些做法提示员工打破常规，使他们充满活力。

在进行工作场所设计时，格雷戈里·谢伊教授认为需要考虑以下问题[1]：

- 要实现期望的行为改变，你可以对员工位置做怎样的调整？你是否会赞成设计员工位置的变革（谁靠近谁工作）？实体空间的改变将如何促进交往、合作或整体的互动？
- 虚拟空间或电话空间的改变会如何促进交往、合作或整体的互动？社交软件、视频会议或手机应用都将起到什么作用？
- 员工需要何种工具去实施变革？
- 技术上的改变如何影响员工在工作中的表现？

因此，对于组织而言，需要设计一个均衡统一的环境以引导员工改变行为。管理者需要先了解希望员工行为如何改变，再设计环境引导员工按照组织的期望进行改变。设计工作环境仅仅是员工行为改变的一个要素，组织需要利用其他触发员工行为改变的因子，引导员工行为真正改变。

从心智模型到行为改变

一般而言，通过改变环境中的细节，人们的行为就会受到影响。那么，行为发生需要什么样的条件？如何理解行为改变的过程？人都是根据自己的心智模型行动的。对于同样的系统，不同的人可能会采取相同的行动，可以有效地完成任务，但是每个人的心智模型都会存在差异。

1 雷戈里·谢伊，凯茜·所罗门.如何改变员工的行为[M].北京：中信出版社，2015.

1986 年，哈佛大学心理学系教授苏珊·凯里（Susan Carey）在其论文《认知科学与科学教育》中首次提出“心智模型”，其定义是：“心智模型指一个人对某事物运作方式的思维过程，即一个人对周遭世界的理解。心智模型的基础是不完整的现实、过去的经验甚至直觉感知。它有助于形成人的动作和行为，影响人在复杂情况下的关注点，并确定人们如何着手解决问题。”[1]

另外，人的心智容易受到外界事物的影响。罗振宇曾经分享过“话语催眠”的话题，他认为：“人不是一种理性的动物。在这种广义的催眠过程中，用类比的方式，把两个外表类似的事物放在一起，多次重复讲述，人们会忽略逻辑而把这两个事物联系到一起。例如，‘好铁不打钉，好男不当兵’、‘一个篱笆三个桩，一个好汉三个帮’。这两者之前毫无联系，因为朗朗上口的押韵，就让人产生联想，相互影响，成为似乎牢不可破的因果关系，渐渐成为理所应当。归根结底，这是一种原始的思维方式，人的意识容易受到外界的影响。当意识被影响之后，人的行为就自然而然发生改变。”

❑ 心智到底是如何运行的？

史蒂芬·温德尔在《随心所欲：为改变用户行为而设计》一书中认为，**人类大脑有两种不同的运作模式——理性模式和直觉模式。理性模式也就是“思维”模式，理性地分析问题，找到解决方案。**但这种模式容易受限，如人们短时记忆的数字一般不会超过 7 个。**直觉模式则是根据过去的经历及简单的经验规则产生判断，判断往往来自情绪感受及身体感知。**[2] 这两套系统平行独立而又相互协作，偶尔也会出现分歧。

人们的直觉反应一般建立在事物与过去经历的简单联系之上，通过日常建立的联系，引导人们每天的行为。当这种行为不断重复发生时，就形成习惯。对于如何形成习惯，如图 5-3 所示，美国《纽约时报》记者查尔斯·都希格（Charles Duhigg）在《习惯的力量》一书中进行了解释：**用户可以通过简单的重复来形成习惯，但是他们会遇到阻碍且不得不努力克服困难，当行为改变之后，会有事后**

1　苏珊·凯里 . 认知科学与科学教育 [EB/OL].1986.

2　史蒂芬·温德尔 . 随心所欲：为改变用户行为而设计 [M]. 北京：电子工业出版社，2016.

的奖励驱动重复行动。[1]

奖励对于习惯的养成非常重要。从时效性上而言，在行为完成的那一刻立即奖励为最佳；奖励能最好地增强线索提示和行为之间的联系。根据人与场景的不同，线索提示与奖励形成联系的过程也从几周到几个月不等；奖励对于人们的驱动力也可以持续很长时间，甚至在奖励消失后也依然有效。

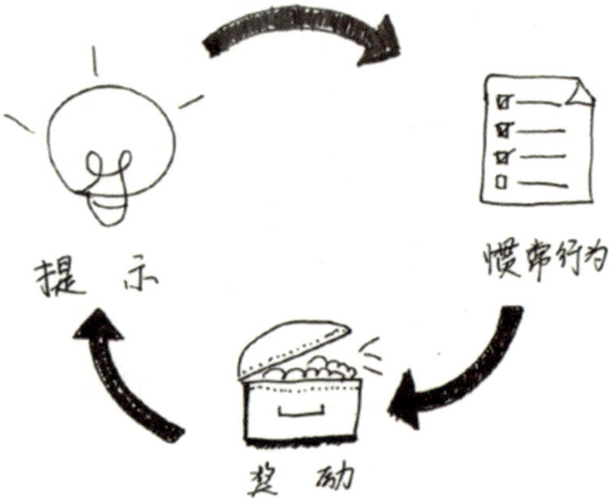

图 5-3 习惯形成过程解析

资料来源 :《习惯的力量》。

此外，根据史蒂芬 · 温德尔的研究，一些心理机制也可以用来解释人们在某种场景下的行为。

- 模糊效应：人们本能地反感对那些可能导致未知结果的事物做出判断，因此在不确定性增加时，大多选择放弃。
- 锚点效应：人们在进行评估时往往会不自觉地将最初的锚点信息作为参考依据。
- 选择超载：人在面对众多复杂选项时，不能总是理性地做出选择。

人们大部分的思维是自动的，并不是自主选择做什么，大多数行为都是被自己的直觉所驱动的。大多数时候人们都会依据习惯、直觉和认知捷径行动。例如，大脑总是尽可能避免工作，即使努力运转它；候选人根据面试体验来决定是否有必要加入这个雇主；人们通过他人对于某个产品、组织的喜好来评判价值；人们

1 查尔斯 · 都希格 . 习惯的力量 [M]. 北京：中信出版社，2013.

通过专家或获得的奖项来评判产品或行为价值，尽管不确定这些专家是否专业；周围的人做了某事，其他人也会倾向于这样做……

❑ 读懂员工的心智　改变员工的行为

员工行为设计需要基于对员工行为的研究，同时又不断创造和引导员工新的行为方式，它们相互影响、紧密相关。

首先，人力资源管理者需要对员工行为进行分析，在对相关数据进行收集、整理后，分析员工行为的规律。

其次，根据心智模型理论，以员工为中心的设计需要考虑员工的心智模型，比员工提前一步预知其接下来的行为，从而提供最合适的服务，这样逻辑就能和流畅的体验设计联系起来。那么，人力资源部门如何设计才能满足员工的需求？这就要从工作任务分析和员工习惯研究两个维度去思考，并将两者结合起来，深度挖掘员工的需求。如表 5-3 所示，通过设计改变员工行为时，需要注重四个原则。

表 5-3 设计员工行为的原则

原　则	内　容
极简原则	一件事越容易做，对方行动的可能性越大
美观原则	因为晕轮效应，如果人们喜欢某件事物的外观，他们会倾向于喜欢这个事物的整体
奖励原则	基于海豚法则，人们更喜欢那些有奖励的体验
承诺原则	令人激动或承诺过的行为，让人们更会去实施行为

以招聘为例，为了提升应聘到达率和录用通知的接受率，人力资源部门可以遵循以上原则。首先，简化招聘的流程，消除候选人面试过程中的障碍；其次，在制作录用通知和邮件时，遵循美观原则，给候选人留下良好的印象；再次，在快递录用通知时，附上一束鲜花；最后，在此前的面试沟通中取得对方的承诺，仅仅是口头承诺也至关重要。根据行为漏斗的原理，可以从体验和行为学的角度分析候选人流失的原因（见表 5-4）。同时，找出支持候选人积极行为的行动策略（见表 5-5）。

表 5-4 从体验和行为学角度分析候选人流失的原因

原　因	内　容
线索提示	没有提示或没有注意到提示，不能从环境中获取产生行为的提示
直觉反应	候选人不信任此雇主
有意权衡	候选人没有太大动力去行动，或者需要花费较大功夫
行为能力	候选人不知道怎么做，也不知道要做什么；候选人恐惧失败
紧迫感	其他紧要的事情打断了候选人的行为

表 5-5 支持候选人积极行为的行动策略

组成	要做的	尝　试
提示	用提示引起行动	告诉候选人行动是什么
	增强提示力量	扫清干扰
		选择多种提示方法
反应	增加信任	网站和邮件的美观性、专业性
	绕开本能拒绝	行动召唤按钮更加明显
评估	提高动机	增加与候选人联系的频率
		利用损失厌恶告知其之前的行为承诺
	降低行为成本	降低认知成本、选择负担
能力	增强逻辑性	引出实施意图
	降低失败成本	选择恰当场所，降低正式性
	增加可行性意义	强化员工价值主张
时机	提高紧急程度	框定文本避免忽略
	选择恰当时间	如行动前发出提示短信

例如，要让一个从不喜欢运动的员工形成积极运动的习惯，也要经过行为漏斗的五个阶段。同时，组织也可以将计划员工发生的目标行为进行步骤分解，这些步骤应该满足以下条件。

- 简单直接；
- 容易完成；
- 小赢：完成一种小任务后的感受；
- 完成后有意义的奖励；

- 使客户了解自己是否完成了任务；
- 遵循与设计心理学相关的一些原则，如简单、熟悉、美观等。

此外，组织也可以进行服务流程设计，对服务组织的资源结构和优化配置能力等进行综合策划。设计内容包括需求挖掘、服务定位、方案形成、方案整合等。同时，人力资源部门在主导这一项目时，还需要进行交互设计研究，即在界面与用户之间建立通道，帮助用户更简单方便地找到其想要的东西，而这个通道就是用户界面的交互设计。通过发现用户需求、提出设计方案、制作设计原型、制作交互说明、进行用户测试与评估，输出任务分析、界面流程图、线框图等交互设计文档。

❑ 善用羽毛原则，设计员工行为

"采用微小的方案去产生巨大的影响，这可以称为羽毛原则。因为一根羽毛看似简单，但它拥有的功能不少：隔离、驱使、满足、修饰、娱乐。"[1]

——斯坦福大学教授 B.J. 福格教授

B.J. 福格教授认为伟大设计的特点就是通过小设计发挥大作为。当可口可乐在美国诞生之后，其巨大的成功和蓬勃发展，引得竞争对手们纷纷效仿。他们对可口可乐的名称和标志略作改变，贴在瓶子上。面对大量的仿冒产品，可口可乐与制瓶商合作，要求制瓶商提交新瓶形设计方案：瓶子必须独一无二，哪怕在黑暗中仅凭触觉也能辨别出可口可乐，甚至仅凭打碎在地的碎片，也能够一眼识别出来。1915 年，可口可乐弧形瓶由印第安纳州泰瑞豪特的鲁特玻璃公司（Root Glass Company）设计并获得专利。直到现在，可口可乐的瓶子依旧是无法超越的一个设计，这就是小设计带来的巨大效应。

在员工体验设计上，能否从行为设计学中获取可用的灵感？如何从正面、积极的角度，通过设计流程、布局，从而不断改善员工体验？例如，企业在设计福利方案时，善用行为设计原则，针对目标客户进行分析。根据特定需求推出量身定制的福利项目，能为企业带来差异化竞争优势，提升员工满意度。

1　史蒂芬·温德尔．随心所欲：为改变用户行为而设计 [M]. 北京：电子工业出版社，2016.

健康福利项目不仅可以凝聚员工，还可以通过健康活动让员工获得更加优质与高效的工作和生活，因此，成为近年来很多企业推出的福利。但在真正实施时，却发现创意虽好，要让员工形成良好的运动习惯并不是一件容易的事情。员工常常以工作忙碌为借口不参加企业组织的一些运动，或者根本忽视此类福利。因此，这类福利项目虽然耗费人力和物力，很难见到成效，也会导致此类项目的失败。究其根本，人的行为其实很难改变，但是一些奖励、激励、赞赏手段可以让员工改变一些不良的行为习惯，从而大大提升福利方案的满意度。

针对健康福利方案变革，万科集团采取的是从最高管理者开始，自上而下地推行运动。万科集团是首个将管理层的奖金与员工的健康挂钩的企业，如果员工的体能和健康状况出现下降或不及格，管理层就要扣1%的奖金；如果员工健康状况达标了，也会有相应的奖励。因此，从健康活动这一福利入手，企业可以通过一些微设计改变员工的行为，让员工重新认识福利，提升对于福利的满意度和员工体验。**当人力资源管理者全心投入到员工需求的细致研究，并借助“设计和研究”的魅力，就能不着痕迹地发动一场行为变革的风暴。**

员工体验的方程式

2015年下半年，总部在美国硅谷的共享经济平台Airbnb设立了一个名称为“员工体验全球负责人”的新职位，负责推动“员工体验”的全面交付，代替了此前的“首席人才官”一职。此举将人才体验放在更重要的位置上，Airbnb也在全球各地发布关于员工体验的岗位。Airbnb解释说，这项任命体现该公司“工作也是一种体验”的管理哲学，确保和企业文化及“客户导向”理念相吻合。Airbnb认为，**只有先让人才成功，让客户成功才成为可能。因此，员工在公司中良好的工作体验是企业成功的前提。**

《2017年德勤全球人力资本趋势报告》显示，组织文化、敬业度，以及雇主品牌在2017年仍然是当务之急；员工体验依旧是2017年的主要趋势之一。80%的企业高管认为，员工体验非常重要（42%）或重要（38%），但是只有22%的企业高管表示，他们的公司在构建差异化的员工体验方面做得非常好；59% 的企业表示没有准备好或只做了些许的准备来应对员工体验这一挑战。**领导力、组织架构和团队、职业流动、学习、多样化、雇主品牌，以及人力资源服务均影响到员工体验**（见图 5-4）。

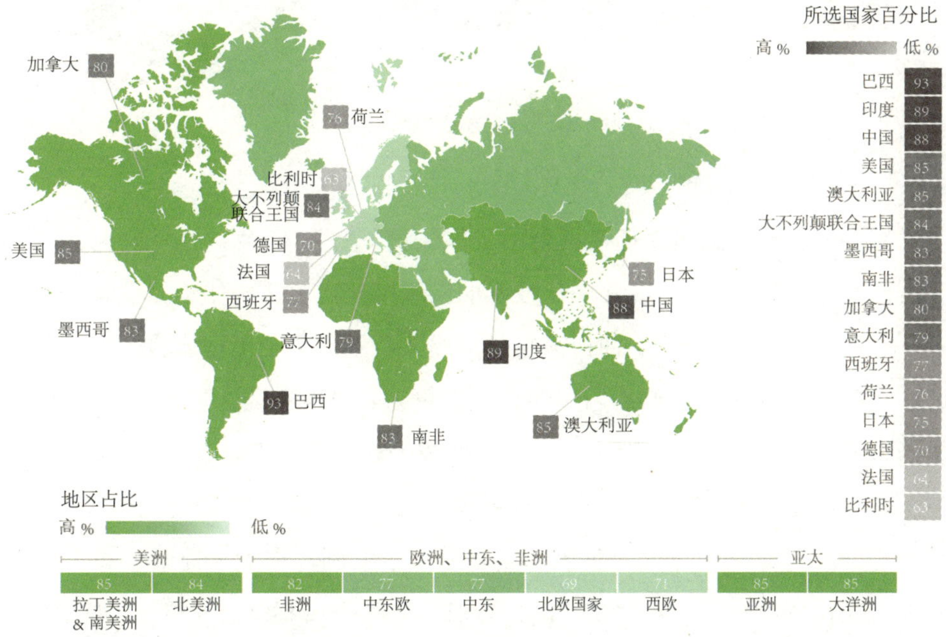

图 5-4　员工体验：调研对象认为这种趋势“重要”或“非常重要”的百分比

❑ 文化 + 技术 + 物理空间 = 员工体验

美国作家、未来学家雅各布 · 摩根（Jacob Morgan）提出了一个“员工体验方程”，即文化 + 技术 + 物理空间 = 员工体验（见图 5-5）。文化涵盖了公司的价值观、愿景，以及以此为基础的薪酬激励制度；技术则是公司用以提升员工沟通及工作效率、增强工作满意度的科技手段；物理环境则是指员工在其有形工作环境中的互动。该“等式”前半部分“文化、技术、物理空间”三大因素的综合作用，形成了员工在一家公司总体的体验。

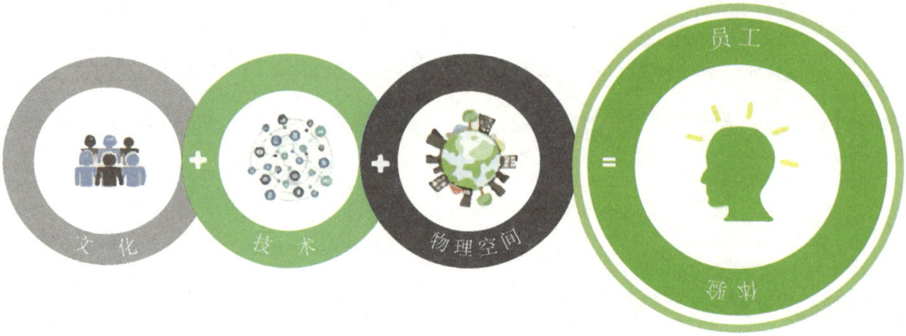

图 5-5 员工体验方程式

资料来源：雅各布·摩根：员工体验方程式，Forbes.com。

独特的文化能够为员工提供独特的工作体验。努力改善办公环境，员工的敬业度、创新性也会显著提升；数字化技术的应用则能实现员工体验的颠覆性变革。因此，企业推进数字化转型，拥抱数字化是提升新生代员工工作体验的必要条件。与此同时，IT 则在不断帮助人力资源管理者更为容易地实现这些体验。未来，人力资源管理者不仅是技术的使用者，还需要成为新技术的倡导者。

社交化、移动化不仅渗透人们生活的方方面面，也在改变着人们的工作方式。移动招聘、智能办公等方式为员工和企业提供了便利，也大大提升了员工体验。当企业将工作场所转变为数字化移动平台时，工作场所不仅会变得灵活多样，它还能与渴望获得灵活性与自主性的千禧一代形成共鸣。这些“数字一代”能在最熟悉的环境内开展工作，将大大提高工作效率、带动生产力、提振士气并能够更好地服务客户。

《2017 年德勤全球人力资本趋势报告》显示，人力资源和业务领导者们面临着需求和机遇来重新思考角色、结构、工具，以及用来设计并提供整合的员工体验的策略。如图 5-6 所示，**营造积极员工体验的因素包括有意义的工作、支持的管理层、积极的工作环境、成长的机会和信任的领导。**

在数字技术影响下，组织透明度不断增加，员工体验对于争取和吸引优秀人才愈加重要。因此，组织需要运用新规则来改善员工体验（见表 5-6），从整体上关注员工体验，考虑与员工满意度、敬业度、健康及与公司的一致性有关的所有因素。

图 5-6　营造积极员工体验的因素

表 5-6　员工体验：旧规则与新规则

旧 规 则	新 规 则
员工体验由年度敬业度调研来界定	员工体验被定义为对职场生活的整体观感，要求持续反馈、行动和监控
文化是公司网站上的一个主题，也可能在墙上，但不通过行为进行衡量或界定	变革、并购和其他重要举措期间，公司使用工具和行为来衡量、调整和完善文化
公司在招聘、学习、薪酬、敬业度和其他人力资源服务方面拥有一系列的人力资源领导者	公司有专人负责完整的员工体验，关注员工轨迹、体验、敬业度和文化
报酬、福利和奖励的管理关注标杆管理和公平性	报酬、福利、奖励和认可的设计旨在让人们生活得更好并平衡财务和非财务收益
平安与健康项目关注安全与保险成本的控制	公司有一个关注员工、员工家庭及其整体生活和工作体验的员工幸福综合项目
薪酬涵盖工资、加班费、奖金、福利和股票期权	薪酬还包括非财务回报：餐饮、休假、假期政策、健康和平安计划
员工自助服务被视为一个技术平台，便于完成人力资源事务和形成报告	员工体验平台经过精心设计，可移动，并包含数字化移动应用，基于员工轨迹的定制解决方案，以及支持和激励员工的持续沟通

资料来源：《2017 年德勤全球人力资本趋势报告》。

❑ 员工即客户，人力资源管理者要成为“员工体验架构师”

“设计思维是以人为本的利用设计师的敏感性以及设计方法在满足技术可实现性和商业可行性的前提下来满足人的需求的设计精神与方法。”

——世界顶级设计公司IDEO总裁提姆·布朗（Tim Brown）

设计思维更多地用于产品设计领域，但是其中最为关键的是在聚焦技术、产品本身之外，思考与关注人的需求和痛点，融合不同的视角去满足客户的需求。

美国斯坦福大学人生设计课程讲师大卫·埃文斯（David Evans）曾形象地描述过设计思维和人生的关系：工程思维教会人们如何解决人生中遇到的难题，商科思维教会人如何优化与提升人生价值，科研思维教会人如何分析人生中遇到的问题……而设计思维教会人们如何建造属于自己的人生。**设计思维不是专属于设计师的思维，它可以为任何人所用。**

如今，设计思维开始更多地出现在人力资源管理领域，人力资源管理者可以展开想象，运用设计思维开展创新的人力资源工作，结果将截然不同。德勤研究发现，**设计思维在一个组织中的重要性及组织对采用设计思维的准备度将决定组织的成长速度。人力资源须采取以员工体验为中心的设计思维。设计思维将人力资源关注点从建立制度流程转向全新目标：塑造简单、愉悦、有吸引力并带来高效产出的员工体验。**[1]

对于企业人力资源管理而言，企业不能像机器那样运作，需要注意与环境进行互动；企业内部各种制度及流程的建立是为了更好地为员工服务，而不是“为了流程而流程，为了制度而制度”，而忽略了员工在这些制度、流程中的真实感受。因此，设计思维与人力资源管理碰撞出新的火花，需要利用设计思维重新关注员工体验，运用新方法、新工具促成员工满意度、工作效率、工作愉悦度提升。

案例：宝洁：设计思维工作坊+“创客实验室”

作为快消品行业的巨头，宝洁在进行产品研发时，注重及时洞察消费者需求，并对产品进行创新，从而不断优化消费者体验。这种方式使得宝

1 德勤.2017年德勤全球人力资本趋势报告[R]，2017.

洁一直保持较高的市场占有率。与此同时，宝洁人力资源部门也将产品研发的思维应用到人力资源管理当中，将员工视为自己的客户，并深入挖掘员工的需求，从员工的角度出发，进行人力资源管理创新，从而激发员工的积极性，不断提升组织绩效。

为此，宝洁在内部设立了设计思维工作坊和“创客实验室”。在宝洁大中华区人力资源副总裁黄沁看来，设计思维的核心是由问题方解决问题。对于人力资源管理部门而言，员工就是问题方，人力资源部门需要提升员工的参与感，激发员工的创意，解决自身所遇到的问题。

在了解员工需求的过程中，人力资源部门动员各部门同事采访身边的员工，从而了解大家的需要。同时，人力资源部门通过提供设计思维的工具和方法，不断深挖员工需求，并帮助员工构思如何解决这些需求。

通过设计思维工作坊，宝洁推出一系列项目，如“弹性福利”——员工可以根据自身的实际情况，选择最适合自己的福利项目；“团 GO”——员工根据自身不同的兴趣爱好组成相应的兴趣爱好活动小组。

2016 年 4 月，宝洁人力资源部门又推出了“创客实验室”项目，项目组成员经常参加“咖啡谈话”，鼓励团队内部成员积极分享，并交流在项目实施过程中遇到的问题以及解决的过程，从而帮助团队其他成员学习成功的经验，从而不断提升自身的工作能力。

此外，“创客实验室”在第一期就诞生了三个项目，这些项目也得到了员工的积极响应，参与感不断提升。通过利用设计思维，宝洁人力资源部门在内部不断创新，激发员工积极性，并不断打破部门之间的边界，最终大大提升了组织的效率。

此外，**人力资源管理者还可以借鉴“产品经理”的思维，将员工视为客户，不断创新求变，提升人力资源管理的效率**。例如，腾讯的人力资源部门将产品经理的设计思维应用于人力资源管理的实践。腾讯在产品研发设计阶段（见图 5-7）包括三个核心要素。

- 用户画像：了解用户，厘清真正的用户及其核心诉求。

- 用户参与：在产品的整个生命周期中，让用户参与产品的创意设计到产品推出后的反馈、不断优化运营和迭代。
- 敏捷迭代：尽可能迅速而敏捷地推出产品，并不断迭代，能够容忍一定程度的“有损”的服务。

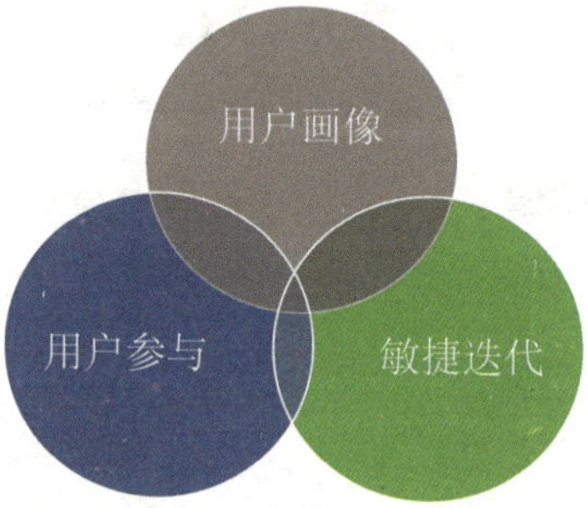

图 5-7 腾讯产品经理的设计思维

案例：腾讯以“产品经理”思维，创新人力资源管理

用户画像。腾讯人力资源部门利用“产品经理”思维思考员工的真实需求，并推出相应的举措来满足员工的需求。2011 年 6 月，腾讯宣布启动“安居计划”，将在 3 年内投入 10 亿元为首次购房的员工提供免息借款。工作满 3 年、符合相应条件的腾讯普通员工均可提出申请，最高可获得 30 万元免息借款。这个项目构想的过程则是“设计思维”的体现。

腾讯人力资源部门每年都会进行人才盘点，从中发现问题进而解决问题。2011 年，腾讯在进行人才盘点时，发现加入公司满 3 年的毕业生流失率很高。对于腾讯而言，毕业生入职 3 年内需要投入大量成本进行培养，这种高流失率无疑对未来的发展造成很大的影响。在进行离职访谈时，人力资源部门发现，很多员工对腾讯种种不舍，而离职后大部分都选择回到家乡（一般为二、三线城市）工作，原因是员工大多到了结婚的年龄，可以在家乡置房安家。由此，腾讯找到了主要原因，即毕业生高离职率的背后是员工无法在当地落户安家。那么，员工的核心需求即能够安居乐业。人力资源团队与管理团队讨论后，希望能设计合适的产品解决核心诉求，同时控制在公司可承担的成本范围内。最终诞生了“安居计划”：提供 30

万元免息贷款，帮助员工在当地安居乐业。实施 3 年之后，人力资源部门对申请“安居计划”的员工进行跟踪调查发现，员工流失率大幅下降。

用户参与。对于人力资源管理者而言，需要让员工参与人力资源管理决策。腾讯人力资源部门在制定员工缴纳住房公积金的比例时，选择让员工决定具体的比例。腾讯在公司“电子公告牌系统”上进行公开透明的介绍，表明公司愿意承担 14% 总成本，具体缴纳比例要通过员工集体讨论、达成共识。虽然在这个过程中，不同的员工想法不同，但最终形成几种不同的意见，通过大家的分析与激烈讨论，最终人力资源部门通过投票方式选出一个具体的缴纳比例，员工也更加乐意以这种方式参与。

敏捷迭代。依据这种思维方式，腾讯人力资源部门对绩效考核体系进行了变革。

腾讯人力资源部门对绩效考核在一年半的时间内进行了三次迭代。第一阶段：在人力资源团队内对绩效体系变革方案进行试点，范围覆盖腾讯 1.5% 的员工，共有 300 多位人力资源从业者参与。在这个过程中，发现变革方案设计过于理想，存在很多偏差和问题，并快速对方案进行优化；第二阶段：选择较大的业务部门进行试点，范围覆盖 10% 的员工，共有 3 300 多名员工参与。业务部门在实施变革方案的过程中，提出了疑惑及优化意见，人力资源部门及时对方案进行更进一步的优化，最终确定绩效体系变革的完整方案；第三阶段：在全公司进行推广。整个过程历时一年半，优化了 10 项规则，打造了一个比较完善的绩效管理工具，员工的认可度也不断提升。

因此，人力资源管理需要真正了解员工需求，让员工参与到人力资源决策过程中，并对方案进行快速迭代，才能真正改善员工体验。设计思维其实是一种对实验的开放精神。**人力资源管理者需要像设计师一样思考，将设计思维内化到人力资源管理实践当中，不仅能提高人力资源管理的效率，更可以改造组织、激发创新。**

很多成功的组织存在着根深蒂固的企业文化，组织拥抱设计思维意味着面临着一系列挑战：组织需要接受不确定性，因为没有人能够保证结果与预期完全一致；风险不可避免，需要在组织中创造鼓励冒险的企业文化，鼓励员工在不确定环境中勇往直前；企业管理团队要调整预期，设计思维并不是解决所有问题的万能钥匙。在大型的组织中，企业文化的变革需要时间慢慢沉淀。最后，设计思维并不是简单地拿来就用，组织实施人员需要经过专业的设计思维方法和工具的系统学习与培训，真正掌握设计思维的内涵和本质。

设计思维在人力资源管理方面的应用，常常是人力资源管理内部的种种变革项目。它常常受到阻力，因为人类抗拒改变，对未知存在恐惧，它摧毁着稳定、熟悉与安全感。但是在未来，远方会是此处所无法企及的惊叹！

第 6 章

学习与发展的未来：企业大学的终结

2025年，

企业大学只有5%的资源
用于课堂式培训，
80%的企业大学转型为知识工厂，
碎片学习成为主流学习方式。

HR的未来简史

当前，整个世界的经济发展与商业环境的变化更加充满不稳定性和不确定性，这种纷繁复杂的 VUCA 环境态势，势必对当前企业在激烈的市场竞争中如何赢得生存、实现卓越绩效提出了新的要求，同时也对企业灵活性、适应能力及快速有效的执行能力发出了警告。

而企业的适应能力与执行能力很大程度上取决于企业人才的知识储备和技能、取决于企业长期持续的学习力。由此，企业在这方面进行了大量尝试：企业大学蓬勃发展、组织学习的概念深入人心，就连企业培训都已经改头换面走向了广义的学习与发展……

但这只是现阶段企业学习的表象，表象之后又是另一幅景象：

- 企业大学在全球的风靡掩饰不了其在人才培育过程中越发微弱的效用；
- 从培训到学习与发展的概念也逃脱不了仅仅是一个名词转换的尴尬事实；
- 组织学习的理念再深入人心也最终臣服于为了培训而被动学习的宿命。

但是，这并不表示这些尝试与变化没有意义和价值，问题出在无论是组织学习的概念、培训到学习与发展的转变，还是企业大学的快速发展，其最终落地都回归到了原点——培训，而且是以“教”为中心的被动培训。这对身处于新的学习技术与学习方法辈出、人才学习需求特殊化与差异化的时代来说，似乎已经走向了终点。至少可以预见的是，企业大学在未来将走向“终结”。

传统课堂学习审判日的到来

“未来，企业大学必将走向终结。”这并非危言耸听，究其缘由，可以从企业大学的培训方式——课堂式学习进行剖析。

❑ 审判还是不审判，这不是个问题

传统的课堂学习，在本质上是以“教”为中心的学习：企业预先设定固定或指定的时间、地点与内容来开展培训，员工必须在指定的时间和地点进行学习。这就是现代企业大学的现实写照。

传统课堂式学习中“教”的要义是把信息、知识、理解或智慧通过语言（通常为授课）或书面（如教材）的方式传授给别人，是一种个人视角的公开展示。“教”在本质上属于一种单向交流，无关乎“学”，更不是以“学”为中心的——这与企业大学的初衷相左。

传统的课堂学习，很容易把人变得一模一样，评估的方式极为单一——考试。但是，在课堂之外的世界——现实世界，很少使用考试去判定人的能力。对员工的评价一般是根据其在工作中的表现进行的。在现实世界中，人们应该有能力运用已知信息解决现实问题，而且对人的评判通常就是依据这种能力做出的，而不是依据一个人可以输出多少灌输进去的东西做出的。

传统的课堂式学习情境下对学习者评估的结果只要求给出答案，而且是准确、唯一的答案，但现实世界要的却是解决问题，需要能够发现问题并找到解决问题所需要的资源。如果企业大学继续采取这种教授的学习方式，不仅收效甚微，甚至可能产生适得其反的效果。

学习是无边际的，在互联网时代，人们通过非正式渠道获取的信息和知识已经超过课堂的正式培训，从同事或同伴处获得知识与技能有时所能发挥的作用更大，学习的方式也不再局限于自上而下的传递。况且，“施教”只是作为一种学习的形式，员工没有必要采取同样的方式来学习不同的内容。

总之，传统课堂学习专注于以“教授者”为中心，忽视“学习者”的重要性、差异性，更缺乏灵活性与趣味性。在当下的时代，对于传统课堂学习而言，审判与不审判没有分别，因为审判日已经到来，结果更是触目惊心。

❑ 企业大学的终结：学习价值的回归

在过往的实践中，企业大学的操作方式就是传统的课堂式学习模式，企业确定时间、地点、学习内容，员工按照要求被动式地进行学习。不仅不是根据员工的时间、个性化的需求来组织企业的学习，而且单一刻板的课堂式学习方式已经不能在员工的“学”及提升员工技能水平与企业综合竞争力上发挥作用了，这就是现阶段企业大学的弊病。

2025年，

企业大学将大部分采用
翻转课堂方式，
课程内容交付将不再构建于课堂上，
而是在车轮上、沙发上、沙滩椅上……

在这个学习技术快速迭代、资源与信息爆炸的时代，企业的学习不应该发生在传统课堂上，而应该采用翻转课堂方式，在契合员工需求的基础上，将学习或课程内容交付于如车轮上、上下班的路上、茶余饭后、沙发上及睡觉前等碎片化和生活化的场景之中，如图 6-1 所示。

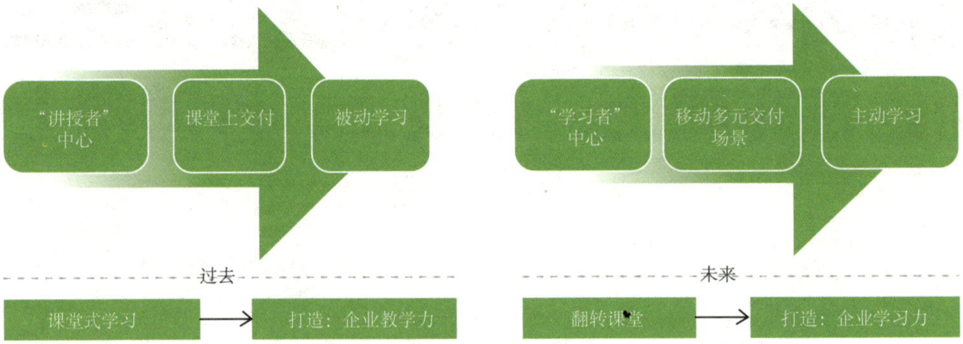

图 6-1 企业大学的课程与学习内容交付方式

因此，现阶段企业大学的存在是不"实"的，它造就的是企业更强的"教学力"而非"学习力"，这种性质的企业大学的终结很快会成为残酷的现实，但随着企业大学的终结，企业学习的真正价值才能回归。

构建知识工厂：内容生产流水线

❑ 企业大学终结的催化剂——内容陈旧

回望企业大学的发展历史，在最初的阶段，自通用电气（GE）在 1956 年创办克劳顿维尔学院（GE Crotonville）以来，企业大学因为能够给企业培养优秀而适用的人才，在推动并满足企业战略发展的人才需求方面的价值彰显。过去的 20 多年里，美国企业大学的数量快速增长，《财富》世界 500 强的企业有 70% 都建立了自己的企业大学（研究院），如国际商业机器公司（IBM）全球大学、西门子管理学院（Siemens Management Institute）、摩托罗拉大学（Motorola University）、惠普商学院（HP Business School）、麦当劳的汉堡大学（Hamburger

University）等。

企业大学能够为企业的人才培养带来巨大的价值，这类案例不胜枚举：通用电气克劳顿学院现在已经发展为全球顶尖的领导力学院，甚至可以比肩哈佛大学，为企业也为客户培育了大量的领导人才；汉堡大学为麦当劳公司培养了数以万计的专业经理人，对麦当劳全球化经营贡献显著……

但残酷的现实是，到了现阶段，企业大学不仅逐渐由企业的利润中心变为成本中心，而且在培养人才竞争力上的效果也大不如从前。深度剖析，正是学习内容迭代速度的缓慢加速了企业大学的终结。

过往实践凸显的是企业大学注重课程的频次、关注课程与培训的人数，虽然并非以学习为中心，也关注学习的成效，但忽视了直接影响学习效率和结果的学习内容，包括学习内容的更新、迭代速度、与时俱进、差异化、定制化和个性化。

例如，部分企业大学每年交付 260 天左右的课程，可其中大多数课程的内容并没有随着时间的增长更新、优化，反而是将既有课程不断通过实践进行标准化、体系化和成熟化，研究的是如何通过技术等方式让员工强制参与企业自导自演的学习活动中。这样的结果只能是课程的内容不符合员工的需求，在强制的情境下，员工被迫且被动地接受并不适合自己或自己并不需要的知识与培训。这不是学习，而是知识灌输，不可能激发员工的学习兴趣，更不可能促进员工能力的成长。

因此，以课堂式学习为主导并非现阶段企业大学唯一的弊病，陈旧的内容也是企业大学效果不佳的症结所在。

❑ 企业大学的未来画像：物理建筑的坍塌与知识工厂的诞生

以上分析了现阶段企业大学的课堂式学习形式的终结，以及企业大学价值日趋下降的症结所在。那么，未来新一代的企业大学、未来企业的学习应该以怎样的方式呈现？答案显而易见——组织内部的知识工厂。

在数据驱动、信息驱动、知识驱动和智慧驱动的当代，知识已经不是人们大脑中的信息，已经变成了环境本身。互联网上学习资源浩如烟海，但是对于员工而言，在如此庞大的信息、知识海洋中，明确精准地找到想要学习的内容、找寻到适合自己或需要的知识的难度远比想象中高出很多，这是当下员工进行学习时遇到的最醒目也无法避免的最大痛点，这为未来的企业大学提供了绝处逢生的最佳机会。

未来新一代企业大学可以在充分考虑和分析员工个性化学习需求的基础上，更多地帮助员工从互联网上海量信息中找出适合员工、符合员工需要的知识和内容，并进行加工与处理，将内容重组（建立新的内在体系），最终以浓缩的精华版学习材料或知识交付员工，将企业大学打造成企业专属的、专注于服务员工的、以员工为中心的知识工厂。

知识工厂打造的奥秘就在于人类的分工协作。现代经济学之父亚当·斯密讲过一个别针工厂的故事。生产一个别针需要 18 个环节。一个熟练的老工匠一天能做 20 枚别针。但如果把 18 个环节分成 18 道工序，每个工人负责一道工序，18 个人一天能生产 86 400 枚别针，平均每个人 4 800 枚。从 20 枚到 4 800 枚，生产效率得到了巨大提升。这同样适用于企业知识工厂的构建，尤其是企业学习内容生产流水线的打造，如图 6-2 所示。

图 6-2 知识工厂：内容生产流水线流程

未来，作为知识工厂的企业大学，其物理形态的建筑物，已经没有存在的必

要。从未来组织的角度分析，企业大学的物理象征物将不具有任何实际意义，将会坍塌。企业大学的未来呈现形态将是一个虚拟却又真实存在的知识工厂，这个知识工厂的成败将取决于企业学习内容生产流水线的水平与能力。

自我导向学习体系的构建

在商业竞争日益激烈的今天，传统课堂学习方式渐渐失效，企业学习已经逐渐呈现由"被动培训逐步走向主动学习"的状态，企业的学习也应该实现由过往"对应一门门课程转变为一组组学习活动"的质变。这就要求企业在组织学习过程中，不仅要以员工——学习者为中心，还需要引导和强化员工通过自我学习产生对于某些新业务、新技术的认知，从而产生一种自我导向的内驱学习倾向，而非通过传统的课堂式教学强加灌输。学习要更多地建立在学习者的内在动机和自我驱动上。

自我导向学习是由学习者制订计划和引导学习活动进行自我学习，也可以理解为由个体在他人帮助下或独自完成的学习活动，在这个过程中由学习者自我诊断各自的学习需求、拟定各自的学习目标，确定各自学习的人力与物质资源、选择并实施各自适当的学习策略，并评价自我学习成果的过程。自我导向学习对于学习者而言，要具备根据个体自我规划与进行学习活动的能力，包括制定实际可达成的目标、确定选择适当的资源、设计学习策略及计划评价程序等，要有能力自我决定学习的步调、风格、弹性与结构。

而作为具有高度自主性的、成熟的员工个体，学习的目的和动机通常十分明确，有继续学习、终身学习的巨大可能性和潜能，在实际的工作生活情境中更具备了积极主动参与学习活动的条件和动力，具备开展自我导向学习的基础。但是，成人的学习在某种程度上存在学习障碍与认知障碍：成人学习多发生在工作场所、社区、家庭等日常生活情境中，并以非正式学习形式展开。例如，成人很难有大块时间能够聚焦、专注且不被人打扰地学习。因此，**在构建自我导向学习体系之时，要考虑到学习者个人的学习特征，也需要考虑身处不同的学习场景**等。

自我导向学习体系的建构要基于学习者自身学习特征进行准确判断，属于视觉型、听觉型还是运动型学习者：

- 视觉型学习者偏好于将知识转化为文字、图片或图文信息；
- 听觉型学习者倾向于将文字信息变成音频，在心无旁骛的时候收听，且排除其他干扰；
- 运动型学习者表现为必须将知识跟某一流程结合起来。

现在的学习及未来的教学都是没有边界的，学习者可以定制个性化的学习方式，构建一种基于主体自愿、有目的、有选择，而且能够进行自我调控的、具有责任感的自我导向学习体系。组织在这一学习过程扮演的角色则是协助者与赞助者：提供必要的学习环境、资源与学习的机会，最终达成自我导向学习及组织学习的目的和意义。

值得注意的是，**由于组织形态和员工结构、未来人才特性的巨大变化，对于企业而言，培训与发展将不再是组织的义务，学习与发展将是每位人才的内在需求。在企业从学习的组织者摇身转变为赞助者的背景下，人才自我导向学习方式和体系的构建将对人才的学习发展带来极为深远的影响。**

认知设计：重构学习旅程与体验

在当前这个时代，产品的价格、实用性不再是一个产品的全部，能不能带给消费者一种愉悦的体验，开始成为消费者选择品牌的重要参考指数。而这种体验驱动的观念也逐渐对企业培训与学习领域产生了诸多影响。

首先带来的是理念上的变化，以前是以讲师为中心，现在更多以员工为中心；以前更关心培训的实施，现在更关注培训的实效；以前课程及学习内容的交付形式以课堂为主，现在逐步转向课堂之外，未来学习空间上将呈现翻转课堂式发展……

而长期以来主要从事的是以教学为核心的培训工作的企业大学，更需要关注学习者的学习体验，要深刻认识到：**培训能带给员工知识，但不能确保知识交付**

2030年，
由于组织形态和员工构成的
巨大变化，50%的管理者认为
培训和发展不再是组织的义务，
企业从学习的组织者
向赞助者转变。

的效果及知识迁移的水平，更没有真正意义上的内驱动的学习，也谈不上发展。

基于此，相较于传统课堂式学习的培训与学习方式，更具有互动性、场景性体验的培训方式——教练辅导（Coaching）与导师指导（Mentoring）也逐渐备受企业追捧（见表6-1），成为时下较为时髦的企业组织学习的方式。甚至还衍生出了“反向导师”的学习方式，如图6-3所示，让学习这一双向过程中的体验达到极致：能够连接新生代员工和具有丰富经验的成功人士，让双方互相交流和学习，不仅能够提升企业内部代际的互动、提升学习体验与效果，也是留住年轻员工的有效方式。

表6-1 教练辅导与导师指导对比分析

教练辅导（Coaching）：教练辅导是一种目标定向的一对一式的学习和行为改变方式，主要用来提高个体绩效、工作满意度和组织效能，可以围绕某一具体技能实施短期干预，也可以通过一系列不同方式开展一个较为长期的过程。教练辅导个性化强，辅导时间也相对集中，帮助学习者明确奋斗目标将有限的精力和时间合理地用于学习和目标实现上，教练经常能成为学习者的特殊朋友和值得信赖的建议者。
导师指导（Mentoring）：作为一种开发领导力的制度又被称为导师制，有正式和非正式之分。目前主要有三类：主流导师制、专业资格导师制和职业资格导师制。导师制的作用主要在于拓展学习者视野、为学习者提供挑战性任务，并帮助他们实现可持续发展，其目的主要在于提升学习者知识能力和领导技能水平；同时，导师指导还有心理支持功能，主要包括角色模仿、角色认同和人际关系处理等，目的主要在于为学习者提供社会情感支持，提升他们的社会认知能力等。
两者区别：导师大多不是学习者的直线管理者，教练则通常是他们的直线管理者；教练更关心学习者取得立竿见影的成果，导师更关注中长期效果，更加重视通过贯穿整个职业生涯的指导来提高学习者的工作绩效和领导力；导师指导本质上是一个支持性过程，而教练辅导是一个激励和提供帮助的过程。

此外，技术带来的进步是巨大的，在20世纪几乎每项新的发明都对培训与学习产生了巨大的影响，如虚拟现实（Virtual Reality，VR）、增强现实（Augmented Reality，AR）、混合现实（Mix Reality，MR）等技术（见表6-2）。由于其具有沉浸感（强烈的身临其境之感）和人机交互性特征，为学习者提供真实世界的体验，让学习者在更加灵活和安全的任何可能的工作情境中练习，在训练中获得真实的体验，并能够在虚拟环境中全身投入，进而快速有效地改善学习体验。

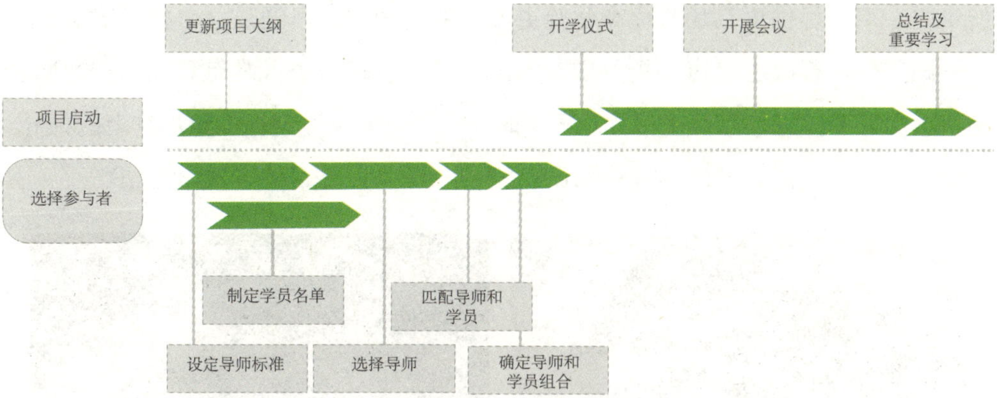

图 6-3　反向导师流程

资料来源：《人力资本管理》。

表 6-2　VR、AR、MR 解析

虚拟现实（Virtual Reality，VR）是利用电脑模拟产生三维虚拟世界，提供使用者关于视觉、听觉、触觉等感官的模拟，实时响应，并反馈到用户的五官，让使用者如同身临其境一般。
增强现实（Augmented Reality，AR）将虚拟的信息应用到真实世界，利用模拟仿真技术，将真实的环境和虚拟的物体无缝叠加到了同一个画面或空间同时存在。
混合现实（Mix Reality，MR）是指在虚拟环境中引入现实场景信息，在虚拟世界、现实世界和用户之间搭起一个交互反馈的信息回路，以增强用户体验的真实感。

将虚拟现实等技术运用于培训与学习的知名企业不胜枚举：

通用汽车利用谷歌眼镜培养操作工人。眼镜中不仅模拟出真实的工作环境，还能够在显示屏上提供附带的文本信息和操作指示，管理者可以在 Google Gadget 查看实时的操作情况，并及时给予反馈。

德国铁路公司（Deutsche Bahn AG）将虚拟现实技术运用在员工招聘与员工培养两大方面。通过虚拟现实技术眼镜在进行员工招聘时，候选人有机会在虚拟空间中体验他们所申请工作岗位的实际情况，从而提升人岗的匹配度，让企业的竞争力大大改善。同时，公司也利用虚拟现实技术让内部员工体验未来的工作环境，以便让他们做好准备，迎接挑战。

除了以上国外知名企业正在利用 VR、AR、MR 技术改变企业培训的轨迹外，中国企业 0glass 也已推出硬件产品 AR 智能眼镜 RealX 系列与工作辅助和培训系统 PSS，用来提供更具场景化和体验更友好的培训服务，通过 AR 技术对工业中的一线工作进行改造，可以提供实时指导、透明管理、个人教练和知识沉淀四大模块，实现工作流程和要求可视化，实时、实景、实境地进行工业操作上的指导、教学和管理，如图 6-4 和图 6-5 所示。

图 6-4 0glass 航空智能维修工作辅助

图 6-5 0glass 汽车维修智能化培训

资料来源：0glass 官方资料。

增强现实技术能够让学习场景无缝对接到工作场景中，两个场景无限接近直至重叠，如图 6-6 所示，能够真正实现即需、即学、即用、即评的学习与反馈效果；也实现了按需学习及工作辅导即培训，实现真正意义上的以体验为中心、增强互动性与实操性，激发员工的参与感。同时，还突破了以往培训数据单纯采集学习过程的信息的局限，利用增强现实技术，工作中的数据可以实时反馈到培训过程中，影响培训内容与方向，这种意义更为深远。

未来，全新形态的企业大学应该是一个以学习者为中心、注重学习者学习体验的“教、学、教练辅导”三位一体的知识工厂。下一代的企业大学应该是将学习者放置在全新的环境中，全方位提升学习者认知能力、帮助员工在认知和实践能力方面实现质的飞跃的知识工厂。

- 工作场景与培训场景无限接近直至重叠
- 即需、即学、即用、即评
- 工作辅导即培训
- 学习方式：按需学习
- 载体：AR智能眼镜

图 6-6　培训 3.0：增强现实技术培训

资料来源：0glass 官方资料。

大争论的结局：正式学习与碎片学习

❑ 正式学习与碎片学习

“喜欢学习，但讨厌培训”、“随时准备投入学习，但不喜欢被教授”的心态弥漫在社会环境中。这种心态的漫延背后是学习环境、学习态度、学习特征与方式的变化。

学习是一个生态系统，最有价值的学习常常是偶然发生的，工作的技能往往是隐性的、非结构化的。早在 20 世纪 50 年代，国际人力开发领域就进行了正式、非正式、非正规学习的区分，非正式学习至少占到了组织学习行为的 75%。这些学习发生在日常活动和程序的过程中，甚至在娱乐休闲中也能找到其踪迹。正如组织学习专家查理斯 · 汉迪（Charles Handy）指出的那样，最好的学习不是发生在教室里的学习，而是当事人在真实情境下对真实问题所发生的学习。

时至今日，随着技术的进步与发展、学习者特征的变化，非正式与非正规的学习被赋予了新定义——碎片学习，即利用碎片化的时间来进行的学习，其相对应的是系统化学习的正式学习的概念。碎片学习已成为主流的学习方式，其与正式学习的差异分析如表 6-3 所示。

表 6-3 正式学习与碎片学习差异分析

差异点	正式学习	碎片学习
学习地点	固定地点	无固定地点，可能发生于任何场景中
学习时间	明确的时间设定	无限定时间，随时随地，时间弹性大
学习内容	既定	无明确既定内容，具有很大的随意性
学习参与者	指导者、组织学习者、学习者	学习者个人，即使有指导者也不是单向传授，是与学习者形成互动关系
学习过程管理	组织作为学习发起人，承担管理监督责任	计划性与系统性弱
学习目标	明确的指导性目标	多数情况下没有明确的学习目标
单位时间效率	只强调固定时间内的效率	两种极端：较低或较高
典型事例	企业组织的课堂式培训与学习	日常交流

❑ 质的争论：缺失的环节——与学习方式无关

对于未来企业大学而言，构建知识工厂、打造内容生产流水线，也只是提升员工主动学习积极性及提升学习效果转化率和价值的重要目标与措施，但如何让这一套系统发挥效果？就回到了“如何学习”这个问题上了，就有了以上关于正式学习与碎片学习的争论，也就是不同学习方式的论争。

相较于系统学习而言，碎片化学习通常缺少一个完整的体系框架指引，多从相互间缺乏联系的大量细节材料中获取知识，学习材料的先后顺序大多是随机的，很难像一部系统的著作一样对一个知识领域进行全面的研究分析。长此以往，头脑中学到的是大量的、细碎的知识点，很多仅仅只是知识点的堆积，它们的来龙去脉、相互间的影响、背后的逻辑并没有梳理清楚，这些知识点之间的联系完全没有建构起来，也不容易形成整体的知识体系。在没有建立框架、对知识体系进行整合，以及没有建立知识点之间的联系时，这些知识是很容易被遗忘的。

而没有系统的知识，并不仅仅是碎片化学习面临的问题。其实，在对前沿学科的问题进研究时同样面对这个问题。在日常工作中，人们也会遇到新问题、新任务，需要了解和学习大量分散的、琐碎的资料、信息和数据，需要建立对问题和任务的全面认识才能找到解决方法。而在企业学习一贯的填鸭式教学的形态下，学习者也是在被动地接受知识的灌输，即使系统学习，也难以形成系统化的知识。

因此，这不关乎于学习方式，问题不在于输入的知识是系统性的还是碎片化的，因为输入到大脑中的都是零碎的知识散点，并没有形成知识之间的联系，更没有建立稳定的知识网络形成系统认知，问题就在于缺失了“将碎片化的知识点进行整合，进而形成完善的知识体系”的这一环节，一个将所教和所学内容变成系统化知识的“思”的过程。

值得强调的是，系统化学习并非不可取，因为虽然目标是提供系统化知识，但结果却极为不确定；也不是否定碎片学习的价值，只是它也存在难以系统化的难题。其根本是企业在推进组织学习中忽视了关键的环节“思”——融会贯通。经过“思”这一过程的加工，就能够让所学到的内容（大脑中的各个分散的点）在大脑中进行加工，分析每个知识点之间的结构、关系和脉络，进而在大脑中形成稳定的结构并形成知识网络、建立系统化知识结构，最终实现企业学习的目的：让员工学到的知识呈现系统化，并能够提升员工的综合能力水平。而这并不是由学习方式决定的。

关于如何将大脑中分散的各个知识点进行整合，首先要梳理出整体的知识框架，其次利用碎片化的时间开展碎片化的学习，把碎片化的知识整理在框架下，日积月累，就能形成比较完善的体系，如图 6-7 所示。

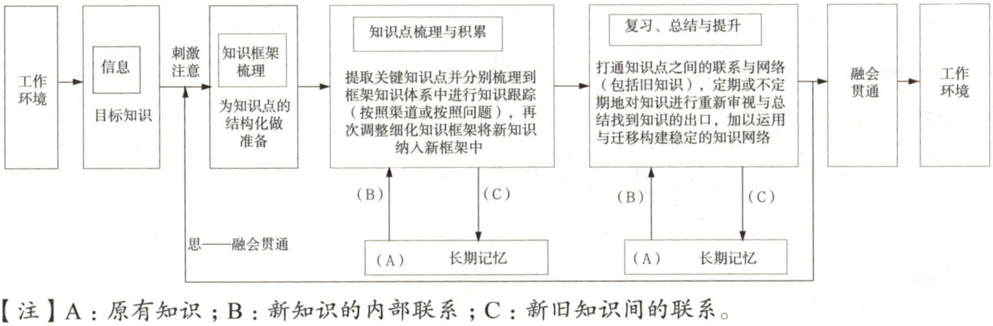

【注】A：原有知识；B：新知识的内部联系；C：新旧知识间的联系。

图 6-7　人才知识系统化流程

因此，**未来的企业大学需要跳脱学习方式的束缚，通过促进“思”，帮助员工将所学到的知识，最终形成神经网络，沉淀在人的大脑当中，这将是未来企业大学能够带来的更高层次的价值。**

就具体落地操作方面来说，翻转课堂模式是极为可取的方法。在传统的教学模式下，学习分为两个阶段，第一阶段是信息传递，通过培训师与学员、学员与学员之间的互动实现；第二阶段是由学员自己来完成的内化吸收阶段。**翻转课堂模式则重构了学习的流程，信息传递环节在课前完成，由培训师提供视频及在线辅导，内化吸收则通过课堂互动完成，让培训师了解学员在学习上的困难，给予有效的辅导，帮助学员进行知识转化。**也可以采取情境问题导向的案例教学，通过学习过程场域化，增强互动和学习者之间的相互影响，在提升学习体验的同时，提高学习效果和延续性。

例如，哈佛大学采用的案例式教学的实践，以通过系统化知识为前提来完成某个任务为导向的学习过程。这一推进“思”的落地方式，在企业中更有得天独厚的资源和环境优势，基于大量真实的情境，更容易实现在真实任务中的迁移，而学以致用的机会情境也会同步增多，更容易实现真正意义上的“在做中学”。

高频、新鲜、个性、多样的学习新时代

21 世纪是知识经济时代，是一个学习化社会，更是一个充满技术色彩、个性特征、多元需求的共享智慧型全新学习时代。**在这个时代，组织与人才学习的目的变得多元，学习方式层出不穷，企业也逐步由学习的组织者转变为学习与发展的赞助者与助推者。**

未来全新形态的企业大学，将借助于人工智能等新兴技术，通过知识流水线每天将高频生产出“海量”、“新鲜”的内容供员工和管理者学习，并实现“多样化”媒体形式的千人千面式“个性化”交付。

- **高频**：由于获取知识的手段和渠道更为多元和便捷，知识的生产速度和迭代水平非常之高。

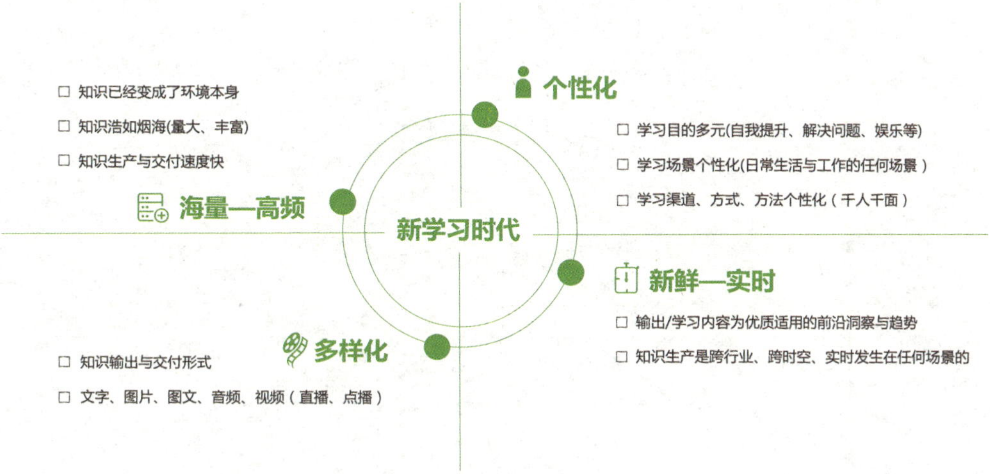

图 6-8 新学习时代的特征

- **海量**：能够更为便捷地获取知识，知识量大、繁多、五花八门、浩如烟海、扑面而来，也容易陷入两种困境即存在大量冗余垃圾信息，同时又找不到最为迫切需要的信息。
- **新鲜**：学习的内容和知识是紧跟时代、政治、经济、国家、社会、企业及个人发展步伐的，最新最前沿的观点、理念、分析、洞察和趋势等。
- **多样化**：新学习时代的多样化特征主要是指多样化的媒体交付形式，包括文字、图文、图片、音频、视频（直播、点播）。
- **个性化**：知识和学习的内容交付于个体时非常个性化：可以是文字的、图片的，也可以是音频的、视频的；可以是书面化、游戏化的，也可以是课堂化、情境化的；可以是结构化、系统化的，也可以是碎片化的；可以是非常正式的，也可以是非正式的；可以是团体式，也可以是个人独占式的；可以是多种方式并行的……总之，新学习时代学习内容是千人千面式交付的。

因此，未来新一代全新形态的企业大学将顺应这个学习时代独有的特征，以学习者为中心，关注学习者的学习体验，集合“教、学、教练辅导”为一体的、有着独特内容生产流水线的知识工厂，这将是企业大学的必行之路，也将成为未来组织学习发展的主流趋势。

2025年，
借助于人工智能，企业大学的
知识流水线每天高频生产出海量、
新鲜内容供员工和管理者学习，
并实现多样化媒体形式的
千人千面式个性化交付。
DIGITAL
LEARNING
HR的
未来简史

第 7 章

认可与激励的未来战略

2030年，
由于雇佣形态的变化，
80%工作岗位的薪酬
不再按照月度发放
而是实时结算。

未来的整体回报

为了应对愈发激烈的人才争夺战，各公司不断优化员工报酬结构，一种新的薪酬制度——整体回报也应运而生。这个全新的概念并非简单的“新瓶装旧酒”，而是人力资源管理的一次革命。2000 年，世界薪酬协会（WorldatWork）颁布“整体回报”的定义手册，规定整体回报包含三个主要的内容：薪酬、福利及工作经验的丰富。工作经验的积累与薪酬和福利紧密联系，甚至有时互相交迭。经过不断的完善与充实，整体回报形成了一个更为全面的概念。

整体回报是全面考虑员工的各种需求，针对员工所付出的时间、技能、努力和成果所给予的各种货币性及非货币性回报。2015 年，世界薪酬协会对其进行了最新定义，将整体回报分为六个部分，如图 7-1 所示。

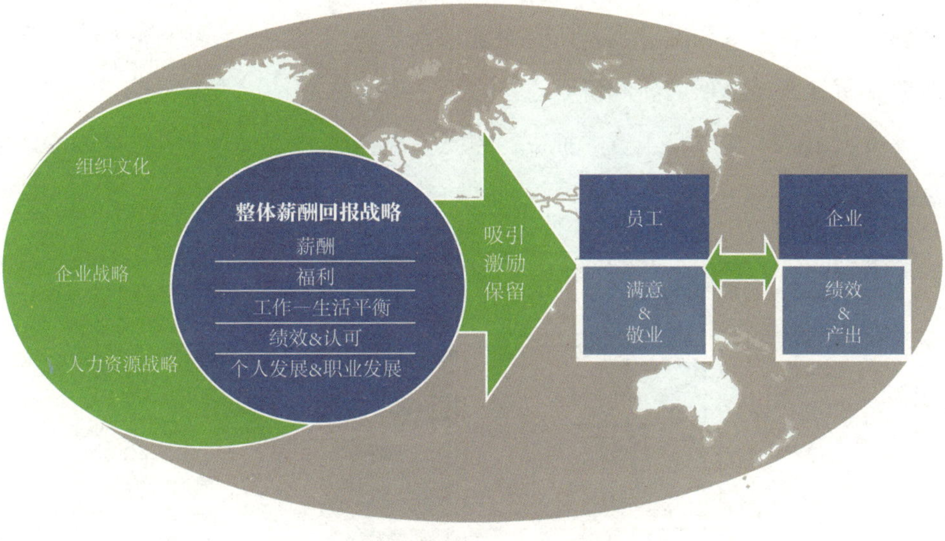

图 7-1　世界薪酬协会整体回报模型

薪酬（Compensation）：为员工提供的服务（员工付出的时间、努力和技能等）所支付的薪酬，包括固定工资及根据不同绩效确定的可变薪酬。

福利（Benefits）：福利项目包括健康保险、就业保险、退休保险等，作为员工获得的现金薪酬的补充，为员工及其家人提供保障。

工作与生活的平衡（Work-Life Effectiveness）：企业设计的政策、项目和实践帮助员工在职场上获取成功的同时兼顾家庭生活的幸福与和谐。

认可（Recognition）：对员工的行为、努力或业绩表示认可或给予特殊关注的正式和非正式的项目。这些项目同时强化那些帮助企业战略获得成功的行为。

绩效管理（Performance Management）：绩效管理包含设定期望和目标、评估、反馈和持续改进。它使公司、团队和个人的努力保持一致，以实现业绩目标，获得成功。

人才发展（Talent Development）：为员工提供机会和工具帮助员工提升知识和能力，实现长期和短期的职业发展目标。

光辉合益（Korn Ferry Hay Group）认为，整体回报包含基本工资、短期、长期激励、福利、津贴和情感奖励，如图 7-2 所示。光辉合益研究发现，外企通常将重点放在如何提升激励方案上，侧重于短期激励，而内资企业更多关注长期激励的部分。员工福利部分则是所有企业都聚焦的问题。人口红利消失、职场结构改变、留任意愿降低的新经济常态下，企业中每离职一位员工会给企业带来相当于该员工 15 ～ 24 个月工资的损失，包括重新招聘与培训、专业技能损失、客户满意度损失等。

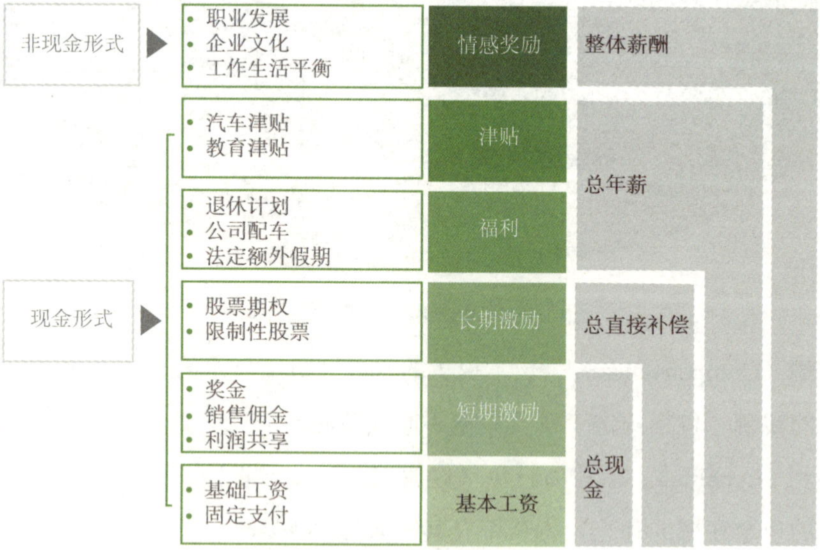

图 7-2 光辉合益整体回报模型

整体回报适用于公司整体战略、组织文化和人力资源战略的大环境。有效的整体回报战略能提升员工的满意度、敬业度，从而产生企业所期望的绩效与业务成果。由于纳入了更多非物质报酬和激励，整体回报体系比传统薪酬体系更能吸引优秀人才。事实上，大量的内在薪酬激励，如为员工提供良好的培训和晋升机会、吸引人的企业文化、良好的团队合作氛围和对员工的激励和认可等，这些非货币化的隐性薪酬激励因素，可以显著降低企业的人工成本，而且还可以对货币化薪酬激励起到有力补充。

互联网时代，平台化组织崛起，传统的“公司 + 雇员”这种延续了 100 多年的组织体系正在被打破。移动互联网对行业的冲击正在挑战组织的创新与变革能力，人才在组织中的地位变得举重若轻，尤其是创造性人才为组织所做出的贡献，将决定组织的生死存亡。**个体价值崛起时代，未来将不再是组织雇用员工，而是员工雇用组织。**因此，为人才提供能激发创意和成效的激励机制将显得尤为重要。创新组织激励模式必须综合考虑整体外部环境及人才激励规律，审时度势，让组织华丽转身。

❑ 回报的即时性

传统的组织回报模式通常注重考核员工绩效，并在其基础上给予相应的反馈和奖励，大多数管理者并没有意识到这一反馈和奖励机制对于员工和企业的意义，不过是按部就班遵循绩效流程的要求而已，且通常是半年或一年才做一次绩效反馈。然而，**在速度制胜的移动互联时代，传统模式显然无法满足人才的需要——员工反馈和激励周期需要“即时发生”。**如果反馈或激励不是在事后即时提供，需要等待半年以上才能得到反馈意见或激励表扬，激励就失去了应有的效果。因此，**组织需要更具敏捷性，激励体系需要即时性，即时奖励符合企业期望的员工行为，才能最大化激励效果。**

❑ 回报的个性化

传统的薪酬福利设计以全体员工为基础，体现的原则是以岗位付薪，薪酬经理的主要职责是确保工作回报的公平性，在全职工作模式下，这样做是有一定道理的。但是这也为管理者带来了不少麻烦，他们必须详细记录员工的工作表现，保证奖励覆盖大部分中间群体，很少区别绩效、能力或员工个人意愿方面的差异。在移动互联网时代，回报方式应与不同类型员工的需求内容相匹配。随着千禧一代逐渐涌入职场，他们不再仅仅关注能拿到的薪资和享有的福利。作为自由的一代，他们不愿意服从权威和管制，更为追求工作本身的乐趣、工作的自由度及成就感，所以对于他们的薪酬激励也需要符合其偏好。

此外，**随着在世界范围内自由职业者的崛起，需要工作回报更加个性化。在超职场环境中，全职员工也越来越像自由职业者，期望企业能够提供个性化的回报方式。**虽然全职员工的方式不可能像自由工作者那么灵活多变，但是人力资源部门也可以做出一些重要改变。

❑ 回报的创造性

新时代下，快速变化的外部环境要求员工必须具有创造性。创造性工作在日后将成为主流，这种工作的特点就是产出无法预知，更需要人的创造力和探索能力，而这一能力的激发有赖于组织内部设立的激励机制。开放自由的环境将极大激发人员的创造力，因此，组织需要将工作的支配权交还给员工，让他们在适度的自由空间里尽情发挥才华，实现“**工作本身就是激励**”的效果。正如著名未来学家、趋势专家丹尼尔·平克所说：“要想让人们负责任，必须确保他们对自己的工作内容、工作时间、工作方法和工作团队有控制权，这是达到这个目标的必经之路。”所以当企业将工作内容、时间安排的权力授权给员工时，会发现员工的创造力得到了极大释放。

❑ 整体回报的未来趋势

《2017年德勤全球人力资本趋势报告》表明，员工将工作中发生的一切作为影响工作场所之内和之外日常生活的一项综合体验，包括总体的身体健康、情感健康、职业健康和财务幸福感。未来报酬、福利、奖励和认可的设计旨在让人们生活得更好，以及平衡财务和非财务收益。公司有一个关注员工、员工家庭及其整体生活和工作体验的员工幸福综合项目，薪酬除了涵盖工资、加班费、奖金、福利和股票期权外，还包括非财务回报：餐饮、休假、假期政策、健康和平安计划。

盖洛普公司在一项历时 25 年、涉及 8 万名经理人和 100 万名员工的研究中，得出一项结论：吸引员工到一家企业来的是公司本身，包括企业文化、薪酬福利、雇主品牌等，而当员工决定离开一家企业时，则主要是因为在直接上级手下工作感觉很糟糕，心情不愉快。据盖洛普统计，**70% 左右的优秀员工流失都起因于直接上级。**显然，员工并非按照经济收入理性考虑去留决定，工作过程中的感受成为影响员工敬业度的主要因素。整体回报所强调的重点已经从原来单纯的薪酬和福利扩展到工作体验，包括员工在工作过程中所体会到的尊重、快乐、价值及进步等多方面因素。因此，企业要重视愉快的工作氛围、重视对员工的激励和认可、员工职业发展机会及良好的组织文化等软性因素，形成吸引、培养和留住人才的现代企业机制。

如今，**“幸福感”（Wellbeing）的定义也已经改变。**它不再是企业为员工提供茶水间、餐饮服务和健身房这么简单。对于更多的公司来说，“幸福感”意味着财务、精神和情感因素的综合结果。财务问题可能是员工在工作中面临的最大压力。公司的敬业度和幸福计划项目品牌传播至关重要。品牌不仅是一个沟通策略，更是一种提高员工敬业度的策略。员工如果能与公司提供的这些项目建立心理上的连接，那么他们更能够深入理解公司的意图及意识到他们从项目中的所有受益。对于跨国公司来说，推出全球性的品牌项目，还要注意到一些颜色和符号在不同的国家和地区所代表的不同含义，这些内容都要考虑到。

2017 年初，福布斯发布了 2017 年全球人力资源发展新趋势，其中一大趋势就是职场健康和员工福利将成为吸引顶尖人才的关键。很多公司制订健康计划来降低缺勤率和吸引人才，并节省医疗保险费用，而员工在过去的几年中也变得更加有健康意识。2016 年只有不到一半的美国员工说他们的公司支持员工的福利并帮助他们保持健康的生活方式。与 2016 年相比，2017 年与健康有关的员工福利增加了 58%，健康福利提高了 45%，在 2017 年这个趋势将持续。因为公司意识到工作压力是员工面临的最大健康问题，所以他们投资为员工创造一个更放松、更健康的环境。员工身体不健康会引起旷工、人员流动、工作效率和士气低下。投资于健康项目可以展现公司真正关心其最重要的资产——人。研究也表明工作场所健康项目可以创造一个健康快乐的工作环境从而降低公司的成本。美国 Officevibe 公司总结了关于企业健康的一些事实，如图 7-3 所示。

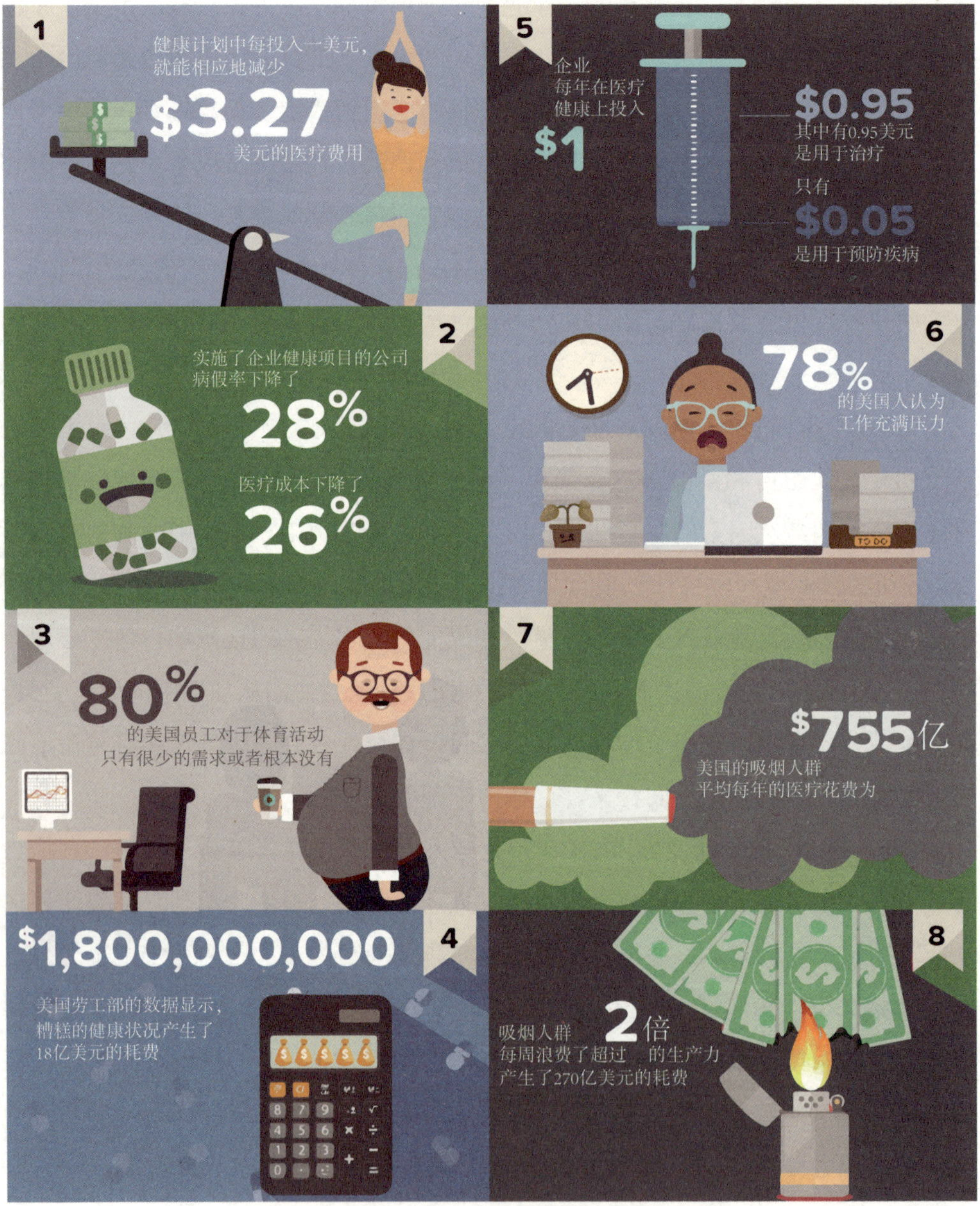

图 7-3 关于企业健康的十大真相

图 7-3　关于企业健康的十大真相（续）

资料来源：Officevibe。

薪酬和福利正在急剧变化，不断变化的劳动力态度要求人力资源重新审视公司提供的现有福利及工作环境。公司认可与激励投入正在改变，从传统的认可项目（如个人服务年限）向结果驱动项目转变（如质量指标、关键绩效指标）。**未来，雇主会在整体回报奖励中提供更多无形的奖励内容，包括职业发展、成长和工作自动化；雇主将重新重视员工健康和疾病管理；雇主会通过多样化的薪酬支付项目将员工绩效与其整体回报直接挂钩；更多的组织会提供带薪家庭休假计划及灵活的工作时间。**

组织必须持续进行团队沟通。持续跟踪调查有利于帮助人力资源部捕捉到任何即将到来或改变的趋势，这样组织就可以快速反应。**年度敬业度调查已经过时，通过成立小团队持续跟踪员工反馈以获得真正驱动团队工作动力的内部信息是更好的方法。**确保员工理解公司提供的关于整体回报相关内容的项目所存在的意义，同时，让员工了解这对公司业务产生的益处并不是坏事。因为一个健康快乐的员工也是一个更加投入和高效的员工。对员工好也意味着对公司业务好，对团队的投资就是对公司的投资。

此外，还要确保整体回报计划涉及公司所有层次的员工。如果因为某个不满的团队成员或高管而导致员工敬业度提升缓慢，结果就会得不偿失。确保计划中有执行奖励，并且得到一线经理或地方管理部门的支持，考虑建立筹划指导委员会来推进项目执行。最后，有一些简单的小技巧可以提升员工的满意度，如图 7-4 所示。

图 7-4 提升工作满意度的 15 种简单方式

资料来源：Officevibe。

解码激励体系

怨天尤人吗？99.9% 的人永远对自己有不满意的地方。恨铁不成钢吗？

50% 的员工，投注的心力只要保住饭碗就好。不过，著名的“马蝇效应”告诉我们，再懒惰的马，只要身上有马蝇叮咬，它也会精神抖擞，飞快奔跑。天下没有无法被激励的人！

过去世界不是平的，工作在美国的程序员和工作在印度的程序员薪水可能相差 10 倍，但是，当工作开始在全世界范围内流动时，这种不公平现象将不复存在。在未来，相同水平的人无论身处在地球上的哪个位置，他们的薪酬水平将趋同，这在过去不可想象的事情，在未来会成为最平常的事情。

企业过去在激励员工方面过度依赖物质奖励，而员工希望的激励却是长期性的。在反对过分依赖金钱因素来进行激励方面，管理大师彼得·德鲁克指出：“经理人必须真正地降低物质奖励的必要性，而不是把它们当作诱饵。如果物质奖励只在大幅度提高的情况下才产生激励效果，那么采用物质奖励就会适得其反。物质奖励的大幅提高虽然可以获得所期待的激励效果，但付出的代价实在太大，以至于超过激励所带来的回报。”

当工业走向 4.0 时代时，各类产品的生产成本也大幅降低，人们通过工作追求物质奖励的需求会降低，转而追求工作本身的意义，对于工作给自身带来的心理回报的要求越来越高，对于不同的人而言，需求层次和内容也不同。根据马斯洛需求层次理论来看，员工所处的需求层次不同，需求内容就不同。对于身处高位的人来说，如阿里巴巴的董事局主席马云，他工作的主要目的已经不是追求金钱，而是基于更高层次的自我实现需要了。当人才处于马斯洛需求层次理论更高层次的需求时，对尊重、自我实现等心理层面的追求，即工作本身给他们带来的心理回报将更加关注，而通过工作获得物质奖赏的需求则变得不那么重要。

美国人力资源管理协会在 2013 年进行的员工激励与认可调查研究表明，在人力资源专业人士所面临的最重要挑战中，员工敬业度和企业文化管理排在了第一位和第三位。中智关爱通认为，激励计划可以有效帮助企业提升员工敬业度和促进企业文化发展。满意的员工和敬业的员工有什么区别？满意的员工一般是指完成本职工作、追求个人成功和实现自我承诺。敬业的员工会超越本职工作、追求集体成功和实现相互承诺。对于企业来说，一个满意的员工是向企业所求并获得自己期望的东西，而敬业的员工在向企业所求之后会给予企业同样的回报。员工福利强调“雨露均沾”，可以解决员工满意的问题，而员工激励强调“多劳多得”，可以解决员工敬业问题。通常，绩效考核针对的是员工工作结果，而激励计划针对的是员工工作过程中的工作动力。员工工作动力增强，也意味着敬业度提高。

中智关爱通梳理了一些国际权威机构关于认可与激励方面的研究和调查结果[1]：

- 美国人力资源管理协会的调研表明，86% 的新员工在他们入职的 6 个月内就会决定是否长期服务于该企业。**决定离开的员工中 79% 的人表示，在工作中缺乏及时的认可和表扬是他们离开的主要原因**。
- 美国激励机构 O.C.Tanner 的调研表明，当员工在工作上的出色表现获得认可后，80% 的员工会因为受到鼓舞而主动承担更重要和更困难的工作；83% 的员工会因为就职于所在的企业而感到自豪；85% 的员工会有留在这家公司的强烈愿望。当企业赋予员工主动激励的权利时，他们整体敬业度提高 170%，满意度提高 140%，创新能力提高 294%。
- 美国《员工健康和幸福指数》调研显示，**经常获得认可或感谢的员工，他们的平均幸福指数为 7.2 分**（满分为 10 分），**而很少或从未获得认可或感谢的员工，平均幸福指数仅为 5.36 分，两者相差了 1.84 倍**。相较而言，幸福指数高的员工在企业平均就职时间会长 2 年。
- 《全球数量与质量研究》显示，从员工平均每月提出建议的数量来看，采用有效激励机制的企业，员工平均每月提出 3 条意见，而缺乏有效激励机制的企业，员工平均每月只提出 1.8 条建议，相差近两倍。而从提出建议后的成效来看，采用有效激励机制的企业，员工提出的建议中有 87% 被采纳，而缺乏有效激励机制的企业，员工提出的建议中只有 54% 被采纳。

❑ 国内企业激励状况和满意度水平

中智关爱通于 2017 年 1 月进行了“员工认可、表彰与满意度调研”，调研对象包括中国各地共 2 233 名员工，总结了**员工激励具有的四大作用与价值：助力企业提高员工敬业度、保留人才、落实企业文化和提升员工的创新能力**。国内企

1 中智关爱通 .2017 中国员工激励市场现状与趋势 [R]. 2017.

业传统的员工激励形式大致包括荣誉颁奖、薪资 / 奖金、股权奖励、评级认可、培训深造、公司特权、晋升机会等。中智关爱通的调研发现，**员工对激励的整体满意度比较低，非常满意的只占 10%**，如图 7-5 所示，**这为国内企业敲响了警钟，企业迫切需要重新审视对现有员工的激励机制，并制定全新的激励方案**。在被调研的员工中，97.49% 的员工表示，如果企业能及时认可并奖励他们在工作中的优秀行为，他们的工作积极性会提升如图 7-6 所示。

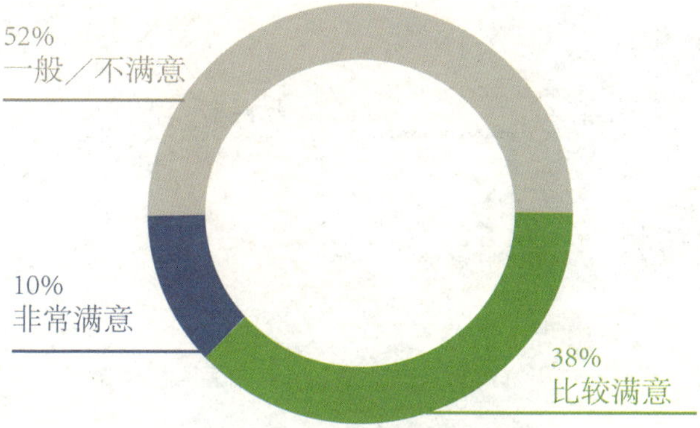

图 7-5 员工对激励的整体满意度

资料来源：中智关爱通。

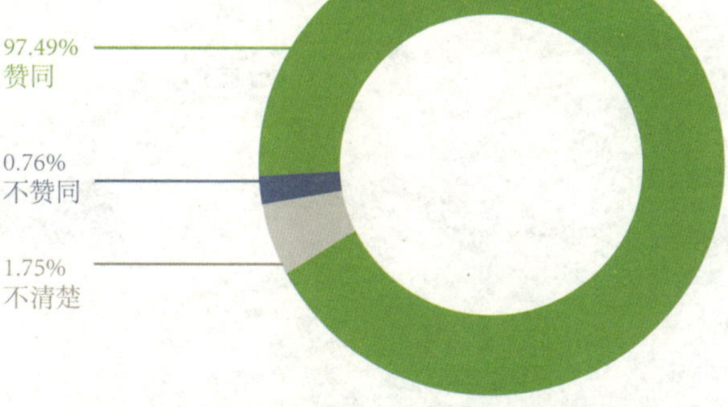

图 7-6 员工关于企业认可对其工作效率提升的态度

资料来源：中智关爱通。

认可是提高员工满意度的有效方式之一。在世界薪酬协会与 ITA Group 联合发布的报告《2017 员工认可趋势》中，认可被定义为："一种自发的感谢形式或通过实施结构化或计划性项目来表达对员工的赞赏并实现预期的绩效。”**员工认可已经被证实是员工敬业度的首要驱动因素，甚至比财务激励的作用更强。**聪明的经理了解员工认可的重要性，给予员工诚实、频繁的赞赏。通过认可你的员工创造更和谐的企业文化。

加拿大 Officevibe 公司的研究表明，大部分的美国人辞职是因为没有感受到被欣赏。关于员工认可你可能确实不了解一些事实，如图 7-7 所示。

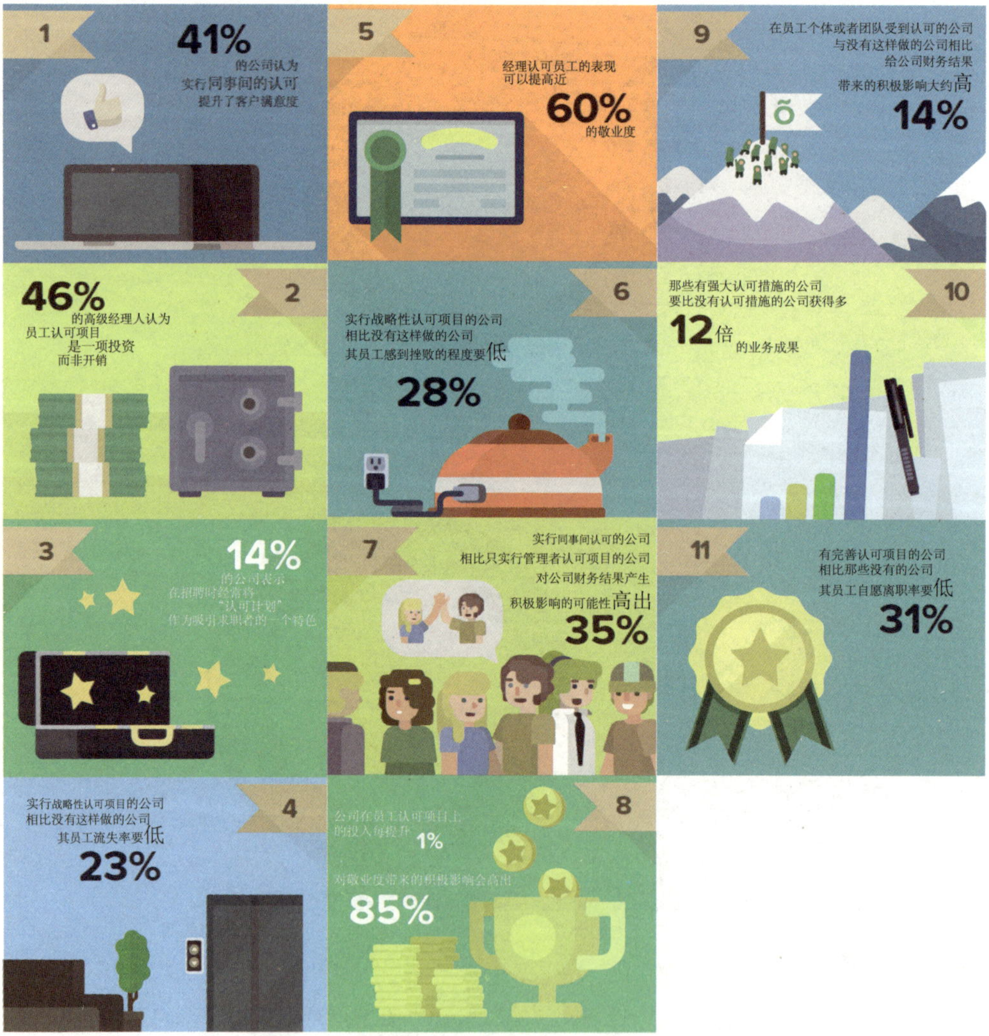

图 7-7　关于员工认可你不知道的 11 件事

资料来源：Officevibe。

什么情况下要对员工进行认可？以下十大理由你可能没有想到，如图 7-8 所示。

图 7-8 什么情况下要对员工进行认可

资料来源：AwardsNetwork。

❑ 数字化时代的认可与激励

认可是对员工的行为、努力或绩效的强调与肯定。认可满足了员工渴望通过努力取得成就并获得赞赏的内心心理需求，公司可以通过强化某些有利于企业成功的特定行为，激励员工在工作中取得成就。除了与绩效挂钩的个人加薪或晋升等手段外，上级提供的及时、具体、真诚的认可和赞赏也能够达到让员工感受到激励的效果，而且成本更低，企业管理者必须学会在日常工作中有效地赞赏和鼓励员工。

企业还必须在传统的薪酬和福利之外，寻找能够对员工进行奖励和认可的个性化方式。中智关爱通的调研表明，73% 的员工喜欢用精神奖励的方式对同事表达认可，只有 27% 的人选择了物质奖励，如图 7-9 所示。这说明员工在获得认可时，更注重获奖经历所带来的喜悦和荣誉感。而且在奖励品方面，员工更加偏爱非现金奖励，如图 7-10 所示。

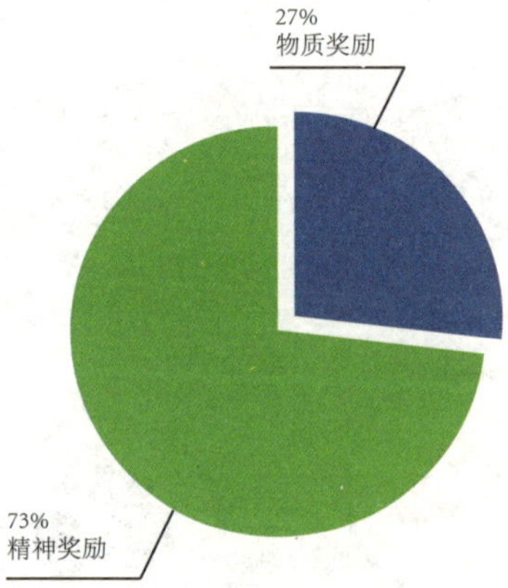

图 7-9 员工表达认可的方式

资料来源：中智关爱通。

图 7-10 员工偏好的奖励品方式

资料来源：中智关爱通。

认可与激励将更加实时化。传统的激励方式如员工会议、纪念墙、员工年会、机构简报、团队午餐、公司官网、宣传栏等方式大多集中于线下模式，传统手段已经很难再创新，无法吸引员工兴趣。在未来，认可与激励将更多借助互联网平台等创新应用方式来实现。例如，由于平台兑换礼品非常方便，一些企业在员工在线培训平台上设置积分兑换奖品模块，鼓励大家通过学习课程兑换喜欢的奖品，或者进行学分总排名，定期给高学分学员发放小礼品以示鼓励，实现激励员工不断学习。这种微认可和微激励的方式运用到内部人才管理上效果明显，可以做到真正意义上的实时化认可与激励，强化人才的正向行为，让员工可以不断通过挑战获得小惊喜，拥有更多的幸福感和满意度。在未来，通过整合多种项目集中到互联网平台或移动应用上，员工不仅可以快速了解到各种认可与激励项目，获得更佳体验，人力资源部、直线经理和员工沟通起来也更顺畅，实现实时沟通和反馈。

认可与激励将从单向激励走向360度化和立体化。在过去，一名员工获得的认可与激励更多来自工作关系中的其他人，如上司赞扬和同事认可，但是在未来，组织对员工的认可与激励可能通过更多的数字化手段来实现。未来，企业基于软件系统和机器的激励，会成为更加常见和重要的事情。例如，在阿里钉钉移动应用上，考勤打卡功能里面还有一个早到榜排名，可以看到公司全员上班最早的前十名员工，所有人都可以给这些员工进行点赞；还有一个钉钉运动的功能，可以看到公司全员的个人排名和部门的排名，每个人都可以给其他同事或部门点赞、互动，排名靠前的同事或部门可以获得不同类型的勋章。通过这种360度立体化的方式认可和激励企业期望的员工正向行为。

认可与激励将从内部激励扩展到外部激励。在未来，员工的认可与激励将**囊括更多外部客户的点赞和认可。**例如，香格里拉酒店（Shangri-La Hotel）有一个项目叫作“令客户喜出望外活动”，就是通过入住酒店的客户反馈对表现优秀的员工进行肯定和赞赏，来实现员工认可与激励。

案例：香格里拉酒店“令客户喜出望外活动”

“使客人喜出望外”活动是一项奖励计划，它的目的是表彰和奖励为了达到使客人喜出望外而付出额外努力的员工。香格里拉酒店认为，在员工的工作当中使客人喜出望外是公司事业成功的法宝，公司鼓励员工保持和发扬这种工作热情和工作表现。公司的全体员工都可以参加这项活动，奖项包括月度使客人喜出望外团队、高级俱乐部、最高级俱乐部和季度最佳服务团队奖。

如何了解员工的“额外努力”

1. 感谢函。这是在酒店员工之间表达谢意时使用的表格。

2. 致谢卡。这是供外部客人填写的表格，它放在客人能看到及拿取的区域，如前台的柜台、餐厅的等候区等地方。

3. 客人意见表。这是放在客房内给住店客人填写的表格。

4. 我听到的好人好事。这是由部门总监填写，然后提交副总经理或总经理签名的表格。

5. 员工意见。

❑ 未来需要更加关注中基层员工群体的认可与激励

光辉合益的研究发现，在非销售人员绩效奖金设计中，企业普遍给予高管更高的封顶奖金，相比其他层级的员工高10%，如图7-11所示，这意味着企业更期望激励高管群体，带领企业实现高绩效。

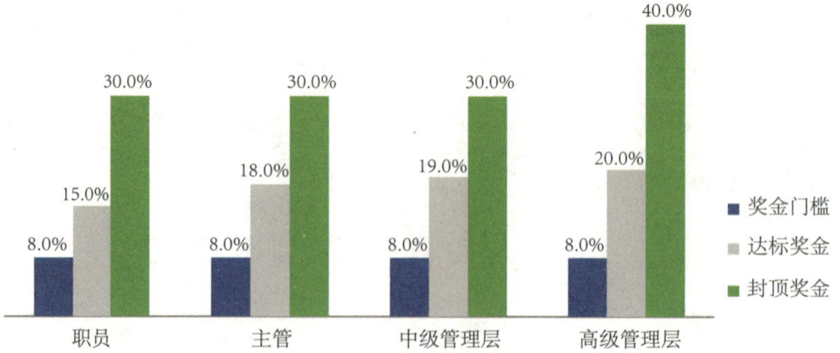

图7-11 非销售人员绩效奖金设计

而中智关爱通 2017 年对中国员工的调研发现，在所有参与调研的受访者中，对目前激励机制表示满意 / 比较满意的高层占 58%，而中层和基层却均有超过 50% 的员工表示对目前激励机制不满意或感受一般，如图 7-12 所示。可见，**中基层对现行激励机制的满意度明显低于高层的满意度水平**。因此，如何提高中、基层员工对激励的满意度是未来企业制定激励方案时需要考虑的重点。[1]

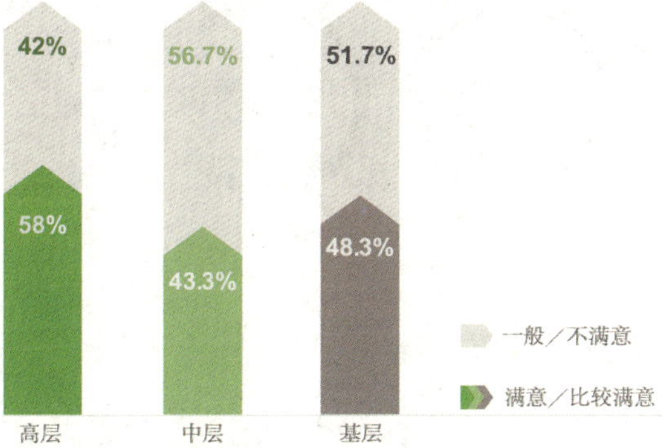

图 7-12 不同层级的员工满意度

针对造成员工对现行激励机制满意度不高的主要原因，中智关爱通研究发现，各层级对现行激励机制普遍参与度不高。高层对激励的及时性和激励品的吸引力存在困扰；中层对激励的及时性和结果公开性有所疑问；基层对激励的公平性和奖励的频次有所质疑。此外，国内员工获得认可的概率普遍较低，其中，基层员工被认可的概率低这一问题尤为明显。而且，近 50% 的中基层表示：会注意到同事的优秀表现，但是找不到合适的方式给予认可，[2] 如图 7-13 所示。

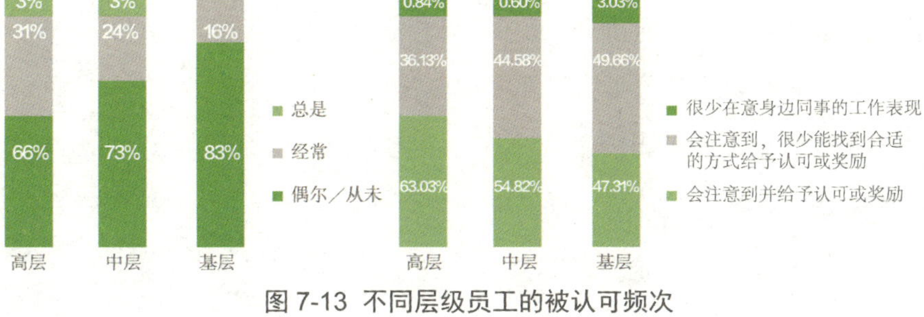

图 7-13 不同层级员工的被认可频次

1 中智关爱通 .2017 中国员工激励市场现状与趋势 [R]. 2017.

2 同上。

中智关爱通调研还发现，**84.34% 的基层员工表示愿意并希望给予同事认可，需求远高于中层的 74.40% 和高层的 66.39%**，如图 7-14 所示。所以，各种迹象都表明企业在未来要特别重视中层和基层员工的认可与激励，制定符合他们需求的解决方案，才能最终达到员工的整体满意，提高员工忠诚度，实现组织稳定和发展。

图 7-14 不同层级员工对认可的需求

❑ 如何认可和激励千禧一代

随着越来越多的年轻一代员工步入职场，如何管理新生代员工，提高新生代群体的忠诚度、控制流失率等，为管理提出了新的课题和挑战。新生代员工期望较高，注重自我实现，自主性强，渴望获得认可与尊重。同时，新生代员工喜欢比较宽松自由的工作环境；渴望在快乐和平等的工作氛围中工作；喜欢做自己可以选择的工作；渴望工作获得肯定和认可，而非经常遭受管理者的批评指责。因此，企业管理者在新生代员工的管理方式上面临更高的要求和挑战。

光辉合益调研发现，**发展机会、尊重认可和薪酬福利已经成为年轻员工留任的三大“绊脚石”**，如图 7-15 所示。如何实现企业和员工的期待动态平衡成为关键挑战。

中智关爱通洞察了激励的未来发展趋势：80 后、90 后已经成为职场的主力军，必须把握他们对激励的需求和偏好才能保证激励的参与度和效果。国内的 80 后、90 后这一年龄层相当于美国的千禧一代。美国人力资源专家 Amy Hirsh Robinson 通过研究发现，千禧一代对激励有以下几个方面的要求：[1]

1 中智关爱通 .2017 中国员工激励市场现状与趋势 [R]. 2017.

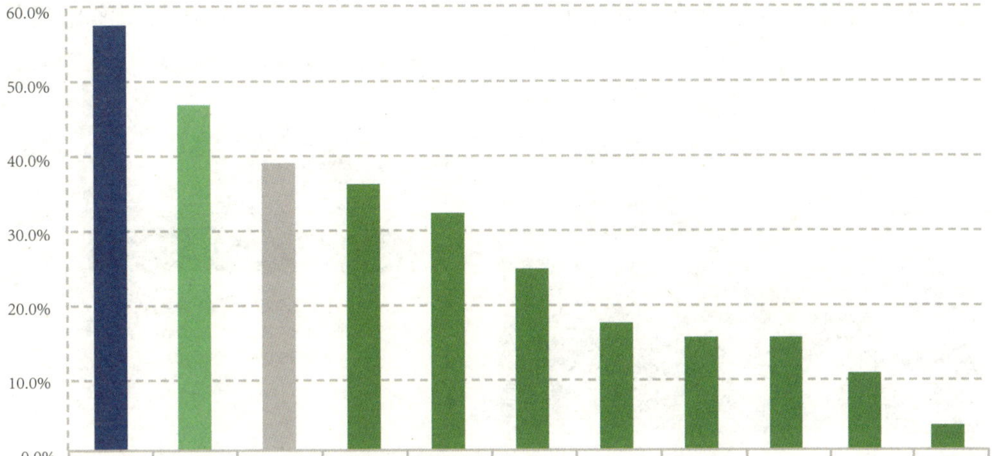

	发展机会	尊重与认可	薪酬与福利	对领导者的信心	清晰和有希望的方向	职权与授权	培训	工作架构和流程	绩效管理	合作	质量和客户导向
关注比例	57.8%	46.9%	39.1%	35.9%	32.8%	25.0%	17.2%	15.6%	15.6%	10.9%	3.1%

图 7-15 影响年轻员工留任的主要因素

资料来源：合益集团中国趋势报告——2015 年第二季度。

- **激励规则、实施过程、结果的透明性。**千禧一代希望能在平等的基础上参与到激励项目中。
- **激励与企业的战略相联系。**千禧一代期望能清晰了解企业的战略，从而将自己的工作与企业战略目标联系起来，工作起来也会更有方向感和动力。而企业文化是企业战略目标的具体展现，因此，把企业核心价值观和激励联系起来，认可符合企业核心价值观的优秀行为是极具吸引力的措施。
- **激励公开性与可见性。**千禧一代期望优秀表现可以得到上司和同事的公开认可。因此，通过一个全员可见的线上平台对员工的优秀表现进行及时认可与激励是一个不错的选择。
- **重视平等获得激励的机会。**企业将激励权限授权给基层员工，最大范围内扩大激励覆盖范围，使千禧一代在平等基础上认可同事也获得他人认可，这是激励项目获得高参与度并取得让企业满意效果的基础和保障。
- **个性化的认可。**员工激励与认可要善于创新，因循守旧已经不能满足千禧一代的个性化需求。对千禧一代的认可要针对他们的具体工作行为，而不是千篇一律的认可和感谢，他们希望在奖励品上拥有更多选择权。各种实物礼品和电子卡券的积分兑换机制对于企业来说是不错的选择。

企业也可以专门成立“员工认可日”，让认可更具仪式感。美国激励机构 O.C.Tanner 总结了员工认可的十大新创意，如图 7-16 所示。

图 7-16 员工认可的十大新创意

图 7-16　员工认可的十大新创意（续）

识别福利缺失的环节

现在市场流行的主流福利和津贴包括法外带薪假期、补充医疗、死亡保险等。光辉合益认为，不同的行业对于福利与津贴都有不同的侧重点。其研究表明，越是基层的员工，其福利占比越高，达 18%，如图 7-17 所示。这与薪资基数和薪酬配比相关。目前中国的福利占比达到整体薪酬的 25%。其中有 90% 的公司

HR的未来简史

2030年，

90%的企业
采用弹性福利解决方案，
并实现员工福利的
高度个性化。

会与员工进行福利沟通，但只有 34% 的企业会与员工进行具体的福利价值沟通。员工很难真正感受到公司提供的福利带来的实际价值。

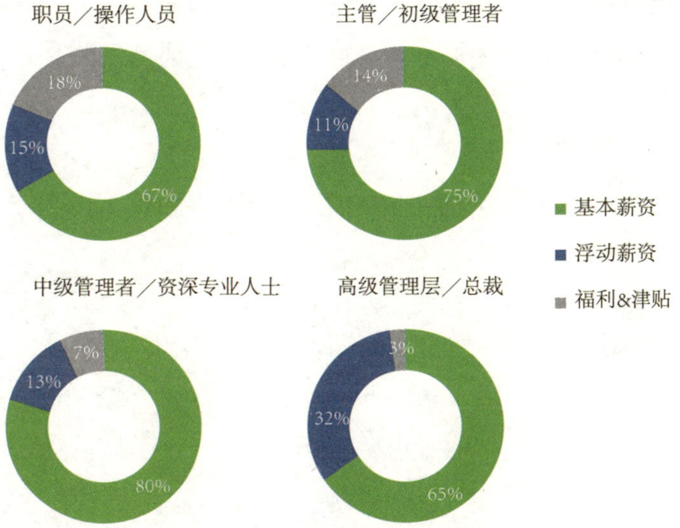

图 7-17　不同层级员工薪资福利占比

资料来源：光辉合益（Korn Ferry Hey Group）。

为什么企业的员工福利方案无法实现企业预期的理想结果。美世达信认为，主要问题与企业如何执行（或未能执行）福利方案有关。美世达信在《2016 走进福利》调研中，针对有效的福利方案是由哪些主要环节组成的展开了研究。调研收集了 12 个亚洲国家和地区，总计 654 家企业的反馈，调研发现：

- **福利无用武之地。**65% 的企业认可员工福利对业务发展的支持作用，但只**有 12% 的企业认为员工满意现有福利。**
- **员工数据束之高阁。**96% 的企业已经开始收集数据，但仅有 45% 的企业真正开始使用这些数据。
- **福利设计走入歧途。**85% 的企业人力资源部门在设计福利方案时过度依赖市场对标数据。
- **缺乏福利战略规划。**89% 的企业人力资源部门在制定福利方案时缺乏明确的战略或计划。
- **员工对福利缺乏了解。**53% 的企业每年仅进行一次福利方案沟通。

- **福利非常重要。**61% 的企业表示，福利作为整体薪酬战略的一部分，非常重要。然而 70% 的企业在制定福利战略时遇到困难。
- **劳动力老龄化。**37% 的企业发现他们的员工年龄在变大，但福利沟通的方式并没有因为年龄结构变化而导致的不断变化的员工需求来量身定制。

❑ 福利的三大缺失环节

美世达信的研究还发现了福利缺失的三大环节，如图 7-18 所示。

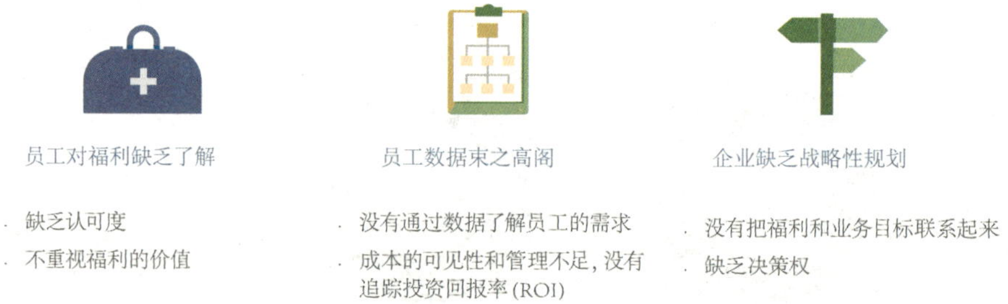

图 7-18 福利缺失的三大环节

资料来源：美世达信：《走进福利：识别缺失的环节》。

员工对福利缺乏认知、未正确使用福利（员工数据束之高阁）和没有明确的战略规划路线图（企业缺乏战略性规划），这些“缺失的环节”导致当前的福利方案没有达到企业和员工的期望。首先，如果员工对公司福利不熟悉或不认可，福利方案就不能实现人才吸引和保留的作用。缺乏沟通导致员工对福利价值的认可度降低，则无法实现提高员工满意度和认可度的最高福利目标。其次，如果企业不主动了解员工具体需求及相关成本，则无法做到控制成本并提升员工满意度。可靠的数据可以保证员工福利不偏离公司发展目标。大多数企业没有使用，或者没有正确使用数据来了解员工真实需求或评估福利的效果，人力资源部就难以针对福利做出有效决策。最后，大多数企业表面上有福利目标，但实质上缺少关于未来的具体规划图。员工福利管理无法与预期目标有效连接起来。企业为什么难以制定有效的员工福利方案？美世达信研究发现，原因在于企业对福利的管理过于机械，如图 7-19 所示。

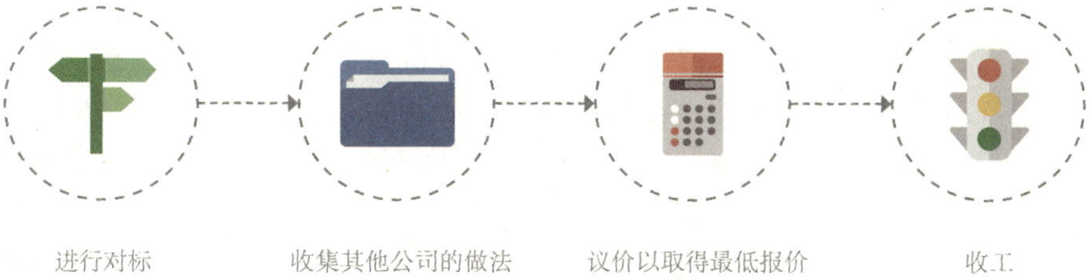

图 7-19　企业对福利的机械管理过程

资料来源：美世达信：《走进福利：识别缺失的环节》。

企业年复一年重复如图 7-19 所示的不变的无效流程，毫无任何实质效果。员工往往将企业通过这种方法做出的改变误认为试图降低成本，而没有真心为他们着想，从而失去对企业信任。而企业在做出这些改变时，也没有考虑可能造成的其他方面影响，例如员工敬业度和整体薪酬战略。但是这两个方面的工作正是员工福利的主要目标。结果导致了一系列连锁反应并留下了很多问题。此外，美世达信调研数据还发现三个重要内容，对企业和人力资源管理者有重要的启示，如图 7-20 所示。

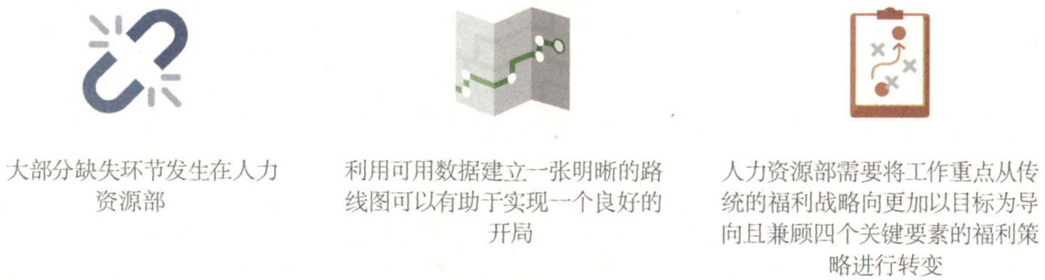

图 7-20　员工福利的三大重要发现

资料来源：美世达信：《走进福利：识别缺失的环节》。

传统福利设计的思路是把精力放在市场对标、供应商谈判和市场询价上，但成功的员工福利方案设计，需要付出更多努力。企业必须了解当今的需求和挑战。更为重要的是，企业必须能够预测掌握自身员工的发展趋势、变化的业务目标、竞争隔绝和合规性。企业还必须清楚地意识到，今天所做的任何变化都会对将来产生影响，人力资源部现阶段面临的挑战往往是由过去的错误方法造成的。[1]

1　美世达信 . 走进福利：识别缺失的环节 [R]. 2016.

第 8 章

混沌中探寻生机：绩效管理的未来

HR的未来简史

2030年，

只有20%的企业继续使用KPI作为主要的绩效考核和管理手段。

人类从不缺乏一颗预测之心，但多数人的察觉力是相对滞后的。正如凯文·凯利说的“未来已来，只是尚未流行”。管理者可以试着从察觉力敏锐、拥有预测思维能力的人们那里汲取营养，探究未来人力资源管理环境中看似不可思议的“悖论”：比如组织越领先，越可能更快接近灭亡。

未来也许无法完全预知，但人类总是可以借助方法：**通过不同视角和预测的思维方法做到一定程度的预测**，如图 8-1 所示。研究者菲利普·泰洛克在《超预测：预见未来的艺术和科学》中告诉我们，最终预测未来的，未必是天赋异禀或具有灵异能力的人，而是使用预测的思维方式和思考方法的人。[1] 这些思维方法包括将复杂、困难的问题分解成小的、可以解决的部分即问题分解分层方法，以最直接的方法迅速解决问题的“费米方法”，概率极小却刚好发生的“概率思维”，以及通过一系列事实、证据、信息、数据找到强相关性，用概率来判断预测对象的未来走向等。

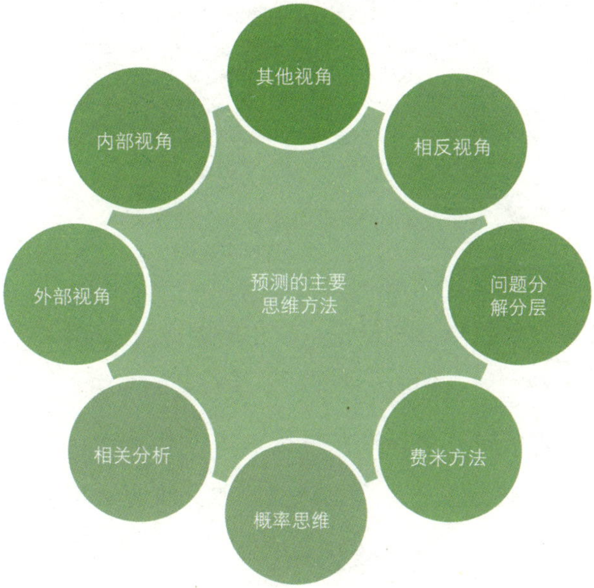

图 8-1　预测的主要思维方法

从外部视角来看，在这场与时间和机器赛跑的竞赛中，组织环境中将充斥着

1　菲利普·泰洛克. 超预测：预见未来的艺术和科学 [M]. 熊祥，译. 北京：中信出版社，2016.

全职员工、自由职业者与机器人的混合体，工作被分解、扩散甚至脱离。一切变得混序与开放，这是一个人力资源的管理难题与机遇。如何避免在周遭暗流涌现的“黑暗森林”中迷失方向？这需要一个全新的规则。

防止盲点，进行自下而上的全员创新就是最重要的规则之一，且最为显著的变化是，组织的管理者需要为其在“创新”这个大目标框架下调整管理战略和方法。

无论企业大小，都面临着很多盲点，尤其是当企业的关注点过于狭隘时，就很容易出现盲点，如图 8-2 所示。

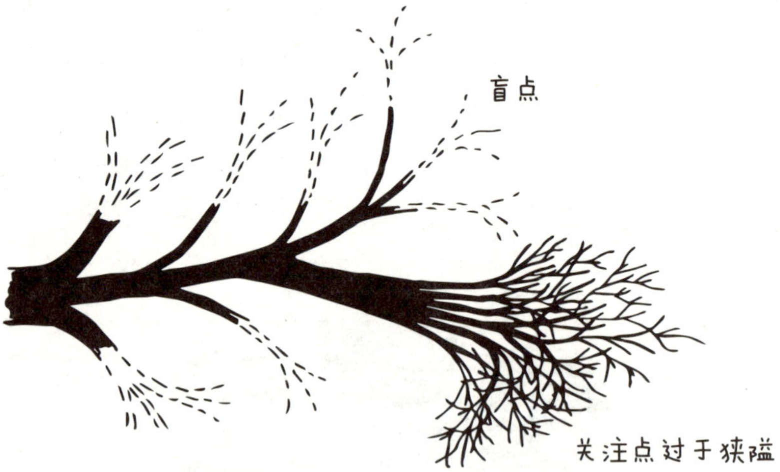

图 8-2 企业关注点狭隘造成盲点

资料来源 :《互联网思维的企业》。

2017 年，虽然 4 岁的微信支付正一步步紧逼成长了 14 岁的支付宝，但若干年前，微信的这一“盲点”就可能导致移动支付被阿里巴巴硬生生地啃掉一大块骨头。支付宝的全球布局战略一直在进行 ：2017 年，支付宝母公司蚂蚁金服宣布未来两年将提供 60 亿元来帮助联盟成员推进无现金进程 ；2017 年 2 月，支付宝在首屏显要位置正式上线“收钱码”功能，将无现金支付覆盖到路边摊、水果店、杂货铺等移动支付“盲点”场景 ；美国当地时间 2017 年 5 月 8 日，蚂蚁金服与 First Data 的合作，将为支付宝在美国市场的拓展打开大门；仅仅在欧洲地区，包括荷兰、摩洛哥在内的 12 个国家已与支付宝达成合作协议。截至 2017 年 6 月 9 日美股收盘，阿里巴巴股价大涨 13.29% 至 142.34 美元，总市值达 3 623 亿美元，一举超过腾讯（3 223 亿美元），成为亚洲市值最高的公司。这就是盲点的代价，无论企业大小，都是企业难以承受之重。

为了避免“盲点”带来的惨重损失，组织除了外部收购和模仿复制以外，内部开始疯狂地发动创新，鼓励所有成员探索机会，创造价值。这场战役是从下至上的，如图 8-3 所示。离用户最近的人往往能够更前瞻地去提炼总结用户的需求。管理者需要让员工表达意见、支配资源，共享利益。用华为创始人任正非的话说，“让听得见炮火的人来调动资源”。同时，管理者需要与用户结盟，管理者需要与员工共享利益、共享公司的未来。[1]

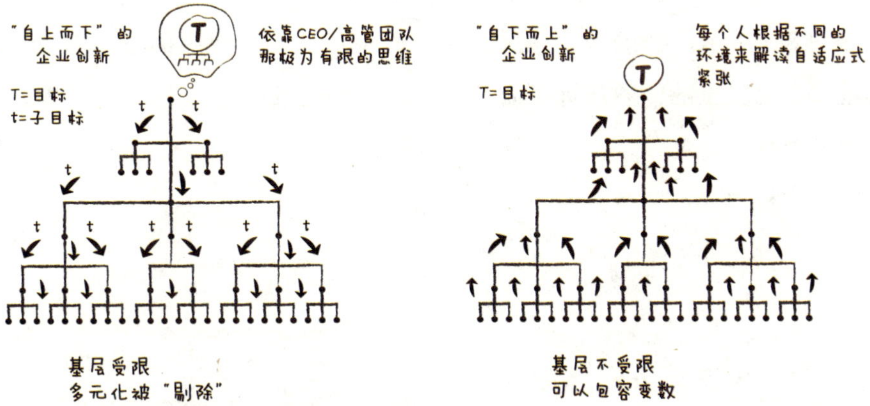

图 8-3 “自上而下”与“自下而上”的企业创新

资料来源：《互联网思维的企业》。

自下而上的创新必不可少，包括基层员工在内的所有员工到处去探索创新机会。腾讯十分擅长在企业内部进行左右互博。它的产品哲学是：将竞争消化在内部，通过鼓励内部竞争，减少外部冲击。只有在内部竞争中胜出，才能在竞争的狂流中胜出。QQ 与微信、QQ 钱包与微信支付、企鹅影业与腾讯影业、腾讯新闻与天天快报都秉承了腾讯喜欢的内部竞争模式。

于是，企业需要员工像蚂蚁一样离开蚁巢，目标自定，从四面八方找寻食物。绩效管理的变革就是在这样的环境中酝酿而生的。在这个过程中，管理者不再妄图对成员进行控制，转而弱化管理，且不给出具体的绩效指标，只给目标，工作

1 马成功 . 重新定义组织：用户如何与企业联盟 [M]. 北京：机械工业出版社，2016.

过程和结果由员工探索，如图 8-4 所示。在绩效管理的过程中，关注员工工作所达成的工作成果。管理者不做预设，利用效果思维鼓励员工利用资源，自由表达和创新，达成各种可能的目标和成果。

图 8-4 因果思维与效果思维

资料来源：《互联网思维的企业》。

如图 8-5 所示，**在绩效管理过程中，给予员工“边界内的自由”，这个边界不再是过去意义上的绩效指标，而是目标。**员工在目标红线内均不算越界。只见树木不见森林的管理常常强调指标，忽视目标和员工工作成果呈现。员工在这种绩效管理过程中，通常会更关注各项指标的达成和评分，而忽视了企业和个人真正的目标。

图 8-5 边界内的自由

资料来源：《互联网思维的企业》。

工业时代外部环境相对稳定，对效率的要求有时会高于对解决复杂性问题和创新的要求，于是普遍的做法：用流程来管理业务，员工被镶嵌在流程的每个节点，且被指标捆绑，被量化反馈。未来，关于绩效管理变革的争论可能仍会继续。但可以确定的是：当组织变得愈加开放，边界界限逐渐模糊，一些个体不必再如过去那样通过公司、单位来提供知识产品、专业特长，转而以点对点的方式直接向客户售卖服务，如表 8-1 所示。在开放的组织环境下，此前被管理的对象未来会愈加具有自我领导的能力。自驱力在崛起，组织及其贡献者愈加被用户价值驱动而非领导力驱动，追求创新成为企业战略重点。脸书、亚马逊或中国的百度公司、阿里巴巴集团、腾讯公司，它们的绩效目标不仅仅是利润，更多的是用户、用户的数量、留存率、活跃度、获得客户的成本等。它们的绩效模型是以用户为核心而展开的，而非商品为核心。

表 8-1　不同时代的企业战略和绩效管理侧重点

	企业战略重心	绩效管理侧重点
传统的工业时代	效率	流程、指标
未来组织	创新	模糊、混沌

优步和传统的出租车相比，优步从用户的角度全新思考其服务体验。优步司机可以在目标任务下，选择帮用户开车门、提供矿泉水和纸巾、手机充电宝等服务，绩效考核者从管理者转变为用户，更为客观。通过“目标”这个意图指令，成员可以自由解读和选择，如何具体执行目标和呈现哪些结果。正像彼得 · 德鲁克所说的“每个人都是自己的首席执行官”。美国经济趋势基金会主席、著名思想家杰里米 · 里夫金先生在《熵：一种新的世界观》一书中提出经济上的“低熵文化”即“工人管理的自治企业……是人们拥戴的经济形式”。[1] 这种自组织根据创业的需要在网络上自主整合各种资源。

改革后的绩效管理如图 8-6 所示，它提供的是意图指令即一套概括的愿景，让小的工作单位可以自由解读和选择如何具体执行。对于极端复杂的工作，工作输出很难标准化，组织就只能勉强进行员工技能的标准化。在未来更加复杂的组织环境中，尤其需要组织内部不断地进行相互调节，让基层人员去试错，创造最小化可行产品，进行快速迭代。**相互调节的基础就在于让大家看到全貌，看到大方向，并且不断地沟通、反馈与协调。**这就需要新绩效，因为它并不完全坚持刻板的量化标准且目标可变，还倾向于方便沟通，而非考核。如图 8-7 所示，任务越加复杂且越加追求速度和准确率时，沟通渠道需要越加网络化，以确保沟通在组织内部是顺畅的。

1　杰里米 · 里夫金 . 熵：一种新的世界观 [M]. 吕明，译 . 上海：上海译文出版社，1987.

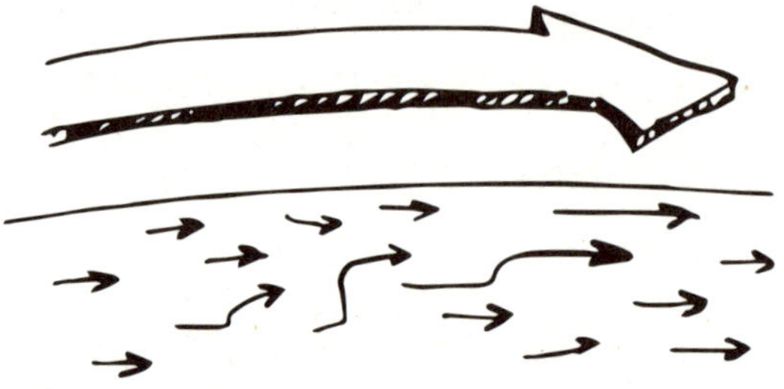

图 8-6 意图指令

资料来源：《互联网思维的企业》。

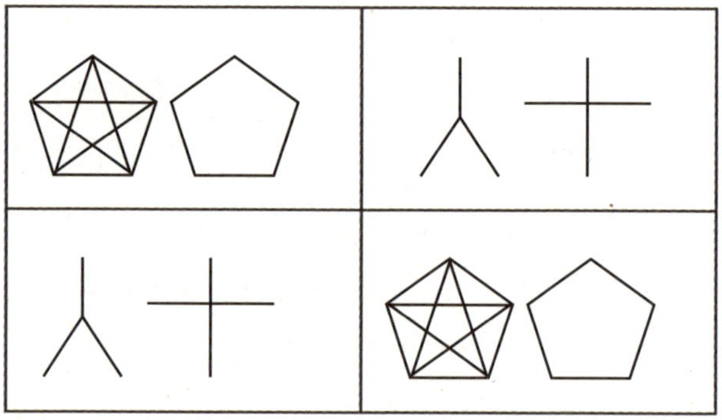

图 8-7 沟通效率、任务复杂与沟通架构的关系

资料来源：理查德·达夫特，《管理学》。

关于绩效管理变革的争论：涂了口红的猪还是猪

关于绩效管理变革的争论，最近几年内，废除绩效管理和考核首当其冲。最开始的表现通常是绩效管理和评估常被员工怨声载道。会员制顾问组织 CEB 调查发现：75% 以上的业务经理、员工及人力资源主管认为绩效评估的结果是无效或不准确的。更可怕的是，调查显示，绩效评估会挫伤员工士气和工作积极性，

甚至包括企业中的高绩效员工。而对于中国的大中型企业来说，每年组织为此花费的成本却数以百万计。而且，绩效考核目标的设定、年终评估、全员广泛评价和校准，以及庞大的沟通，很多企业的人力资源管理者苦不堪言。

革了绩效考核的命？对此，一直有两种截然相反的态度。通用电气之前是推崇强制评级制度的代表。通用电气前首席执行官杰克·韦尔奇曾推行强制评级制度。通用电气人力资源主管苏珊·皮特斯认为传统的强制评级制度“更多地变成了一种仪式，而不是推动公司前进的举措”。正方认为绩效评估是组织和员工进行的一场对话，反方认为这种对话其实是不公平的、是具有强制性的。但是，被很多人忽略的问题是：正方和反方其实都有达成一个共识，那就是双方都十分肯定绩效管理过程中，组织内部的对话和沟通。其实，不管采用哪种方式，绩效变革的目标和关键并不在于是否要革了绩效考核的命。因为企业永远无法摆脱绩效管理和考核。现实中，走在绩效管理前端的那些优秀企业在实践中更多地采取了：对过去绩效管理和考核的一种变革，而非简单地去绩效考核而已。

绩效管理问题的产生，除了工具、人以外，还有最为重要的企业文化。难道放弃绩效评估就意味着完善的基层民主制度完美代替了公司的等级制度？这是自欺欺人。最危险的现实心态是：很多企业的管理者妄图通过绩效管理工具来改善企业绩效。妄图改善企业绩效，不如从过去强制的对话转向公平、透明的对话，更能有效地反映到绩效改善这个结果上。斯蒂芬·阿姆林目前担任全球性的企业应用软件和解决方案提供商思爱普（SAP）全球增值团队（Value Added Team）的负责人，他认为从人性的角度看，取消绩效评估至少是违背直觉的，并谈论了自己对于埃森哲取消绩效评估是出于实际运营需求的看法。

正是由于商业时代的变化加速导致的复杂与模糊性，越来越多的组织正处于对创新的渴求之中，在绩效管理领域试图进行改革。**未来的绩效管理需要个体把目标和关键结果等要素完整地勾勒出来，影响员工和用户直接接触，获得用户直接反馈。**新的绩效体系时代需要企业在更小的尺度下对个体员工进行差异化管理，管理员工与企业的共同期望，营造员工之间充分交流和精诚协作的氛围。

追根溯源：从关键绩效指标到目标和关键结果

目标和关键结果（Objectives and Key Results，OKR）根植于宽松的企业管理环境和培养创新的土壤中，是未来两三年内最容易被企业所实施的绩效管理变革倾向。关于目标和关键结果，更像是管理者再一次向彼得·德鲁克所创立的目标管理体系（Management by Objectives）致敬。未来，会有越来越多的组织去关注组织内成员的目标和关键结果。因为它本身的特性和本质至少比传统的关键绩效指标（Key Performance Indicator，KPI）在未来更适用于开放型组织和企业创新。如表 8-2 所示，**关键绩效指标主要是衡量工作人员工作绩效表现的量化指标，而目标和关键结果主要是定义和跟踪目标及其完成情况。**

表 8-2 关键绩效指标与目标和关键结果的定义和特质

英文名称	KPI（Key Performance Indicator）	OKR（Objectives and Key Results）
中文名称	关键绩效指标	目标与关键成果
定义	衡量工作人员工作绩效表现的量化指标	定义和跟踪目标及其完成情况
本质	要我做的事	我要做的事
关注	指标和奖惩	目标和关键结果

此外，如图 8-8 所示，第一季度提升客户满意度 90%，这就是关注绩效结果的管理方式；而目标和关键结果则是在提升客户满意度的目标下列出 3 项主要的工作结果和 4 项工作任务。

图 8-8 关键绩效指标与目标和关键结果示例

国内已有少数的公司开始希望变革，如关注目标和关键结果。上述变革其实已经在很多公司绩效管理变革实践中获得了成功。这也是未来市场上越来越多的企业开始将目标和关键结果作为绩效管理思路的原因。一些创业型企业都在沿用谷歌的“目标和关键成果”。对于目标和关键成果，先有目标，再量化关键结果，最后去实现。目标和关键结果制度源于英特尔，在谷歌创办不到一年时，被投资人约翰·多尔引入。据投资人介绍，在谷歌，团队、管理人、普通员工层面均设立目标和关键结果，每个季度，员工接受 4 ～ 6 个考核。季度末会对目标和关键结果考核实施打分，分值从 0 到 1.0。一般的分值为 0.6 或 0.7。并且，目标和关键结果评分全部公开。评分并非职务晋升依据，但通过评分，员工可以了解自己所完成的工作。

简单地讲，实施目标和关键结果的过程并不算复，谷歌实施目标和关键结果的过程，如图 8-9 所示。

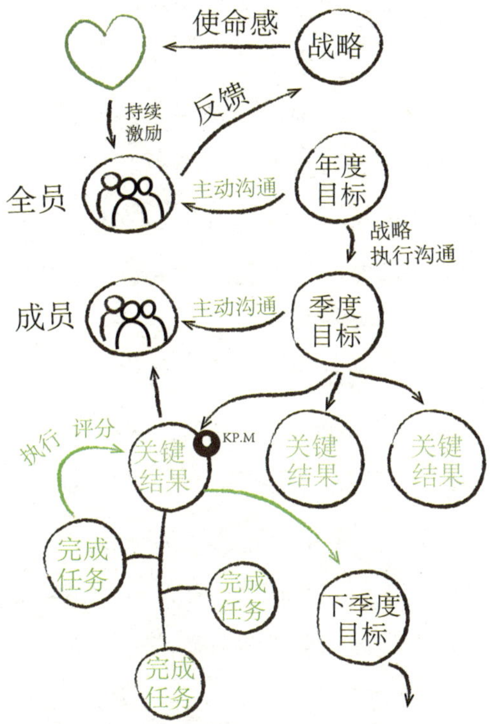

图 8-9　谷歌实施目标和关键结果的过程

首先，从战略开始确定年度目标、季度目标，设定的年度和季度目标应当和全员充分沟通，并把这一过程视为一个激励过程。其次，从季度目标到关键结果进行分解。每项季度目标都应该合理分解为少数几项关键结果（不超过 5 个）。每个季度，团队和个人花点精力把这几个关键结果找出，是非常值得的。再次，从关键结果到行动计划。每项关键结果就会派生出一系列的任务，交给不同的同事负责。关键结果负责人相当于一位项目经理，他应当是团队中重要的成员，能够调度和影响企业资源。企业需要将权力给他，并保持他和企业决策者之间绝对通畅的沟通。当然，项目经理也可以有自己负责的任务，或者鸟瞰项目下的所有分解任务。最后，是执行和评分。每季度对“关键结果”的完成程度进行客观打分。关键结果的达成度就是评分，分值可以从 0 到 1。0.7 ～ 0.8 分是不错的结果。

人们对于目标和关键结果到底还有哪些真实态度？正如约翰·多尔所说，“想法是珍贵的，可是却相对简单。执行才是一切”。一些公司并没有强制要求全公司上下执行目标和关键结果，但在工具上是支持制定的，在实际执行时其思想也是目标驱动的，如脸书。知乎创始人周源被问及“过去企业管理中有什么是很想做好，却没有做好”这一问题时，他这样回答：“一开始对目标和关键结果估计的比较乐观，希望能更快地见到一些变化。我们第一次做目标和关键结果讨论的时候，才觉得这事可能还需要至少半年的时间。因为最开始对这件事情的理解是很不一样的，有些人就觉得这是我们公司要搞关键绩效指标，其实大家内心都很抵触。”

其实，**目标和关键结果一直都没有与关键绩效指标对立，两个都只是工具而已。**关键绩效指标更多地给人一种“环节感”，一些人可能并不喜欢。周源认为最重要的一点是要时刻明确公司的愿景是什么，他认为公司的愿景不会发生太大变化，但目标却会。“作品感”才是创业公司唯一的文化，个人的行为方式、价值观可以不一样。管理需要保证每个团队、每个人的工作尽量是完整的。目标和关键结果不完全能解决这个问题，但是最起码能把这个事情完整地勾勒出来。

但关键绩效指标粗暴却是经典的，它不会消失。《数据化营销》认为优化线上线下营销资源，需要创建关键绩效指标。[1] 很多关于“关键绩效指标”话题的书籍经久不衰，在实践中，无数企业因关键绩效指标受益。通用电气倡导的这种模式以年为基础，对员工进行“审判”和“排序”。绩效层次被强制按一定比例划分，比如激励先进的 10%，淘汰后进的 10%。虽然索尼曾因关键绩效指标文化而一蹶不振，然而关键绩效指标文化却在华为、阿里巴巴等企业一直流行至今。关键绩效指标流程十分清晰明了，目标和关键结果则关注创新者的响应。前者的流程化、系统化，关键在于系统设计者是否能对流程及产能完全了解；而目标和关键结果则更为关注流程的参与者是否与组织同心同德。两者没有好坏之分，只是目标和关键结果在创新需求的复杂环境下，似乎更容易在未来被频繁利用。

先看看通用电气做了哪些变革？如表 8-3 所示，通用电气现在已经放弃以往的淘汰排在最后的 10% 的评估方式，并使用了一款名叫“PD@GE”的应用软件来进行工作反馈。员工会得到一份具体的短期工作目标清单，经理会经常与员工讨论工作进展情况。员工还可以随时通过该应用征求反馈意见。每年年底，经理依然会与员工谈话，不过他们更多地扮演教练的角色，指导员工如何最好地完成自己的目标。

表 8-3　通用电气绩效管理变革的实质

通用电气的变革	工作反馈应用软“PD@GE”	短期工作目标清单	放弃淘汰 10% 的评估方式	讨论工作进展，通过应用征求反馈
实质	工作结果呈现	关注目标	放弃“强制对话”	强调沟通与反馈

问题 1：目标和关键结果中的 O、K 具体是指什么？分别设置几个较为理想？

研究：目标和关键结果，代表着我需要完成什么和如何完成。目标代表着对公司和个人是有意义且具有一定抱负的。目标关键结果应是可测量的，有时间和数量的约束。最佳实践鼓励设置 4 ~ 6 个目标，每个目标下，设立 5 个或更少关键结果。

1　科恩 · 保韦尔斯 . 数据化营销 [M]. 李文远，译 . 北京：当代中国出版社，2016.

实践：符合研究，在谷歌，员工每季度接受4～6个目标和关键结果考核。

问题2：目标和关键结果是否适用于所有类型的企业？

研究：适用。大企业中，每个人目标明确且透明，了解他人是如何为组织创造价值的。谷歌成功应用目标和关键结果，实现从40名员工增长为40 000名员工。目标和关键结果还能成为企业保留顶尖人才的有效工具。对于中小企业和服务型企业而言，员工被同一个目标驱动，并了解团队中其他人如何支持企业运作。

实践：从实践的角度看，对更注重持续收入的岗位，需要硬性标准来保证指标完成，关键绩效指标有时也会比目标和关键结果更适合。

问题3：反馈的时间多久较为合适？

研究：通过每年或半年进行一次的频率进行反馈对于快速变化的商业环境来说显然是不合适的。

实践：多数企业按季度反馈，或者更为频繁。

问题4：目标和关键结果是否应该和绩效评估及赏罚挂钩？

研究：是否测量目标和关键结果在组织中还是一个有争议的话题，但是目标和关键结果是否应该和绩效评估挂钩的答案是确定的，那就是："不。"

实践：这一问题在企业具体的实践过程中，有正反两种态度。例如，德勤之前正在重构绩效管理系统，做法是取消 360 度测评、年终总结以及令人生畏的评分制。德勤高管艾什利·古铎介绍了德勤重构绩效管理系统的动机和方式：管理者每周与员工沟通一次，注重潜力而非过去的结果。其绩效管理目标就是驱动绩效而非评估绩效。

问题 5：目标和关键结果的评分是否公开？

研究：是。

实践：是。例如，在领英，所有人都能够知道每个人的下一步工作是怎样的，以及每个人过去都做过什么。领英鼓励经理把目标和关键结果分享给下属，同事之间也可以横向分享。在豌豆荚，所有的个人绩效内容及级别都是全公司共享与公开的。这对于很多中国公司来说是不可想象的。这些企业评分公开的原因并非简单地模仿谷歌和微软的目标和关键结果。

目标和关键结果是可以解决一部分关键绩效指标的缺陷的，并在企业中获得了一定的成功。这在于一是倡导关键结果必须服从于目标；二是目标和关键结果倡导绩效不作为升迁依据。员工甚至可以在做的过程中更改关键结果，但这些结果必须是服务于原本目标的。

全球领先的网络解决方案供应商思科取消传统的年度员工敬业度、满意度调查，增加了实时、双向沟通与反馈。并且，去除绩效评分并关注发展，提倡从“绩效评估”到“绩效发展”，重视日常绩效沟通。此外，企业还赋予员工给员工发奖金的权力。新的绩效管理变革获得了成效，企业当年营业收入增长了 5%，市值增长 15%。

目标和关键结果很可能是一个永恒的框架，但实施它的方法会过时，并非是静态的，它需要现代化。这种进步的过程需要供应商和企业共同完成。

如图 8-10 所示，在目标和关键结果进化和发展的过程中，关键绩效指标会与之共存。2030 年，预计只有 20% 的企业继续使用关键绩效指标作为主要的绩效考核和管理手段。**在混沌时代的绩效管理，其实是目标和关键结果精神的演进，通过研究和预测，那个时代的绩效管理之镜是：管理者需要进行一场真实与理性的博弈，一边是理性的“神”在布道即工作最好的报酬就是工作本身。另一边是真实情境的“魔”，不停煽动你放弃，逼迫管理者将目标与过程进行追溯与重用，不停地进行反馈，以实现持续性绩效；绩效团队的研究要容忍与迭代，重视小数据与小失败；拒绝被埋没，组织可以成为微型专家的聚集地；重混团队和资源：敏捷性员工的绩效管理；信任成为不可承受之轻；蝴蝶效应在发生；绩效管理的智能与超级智能预示人类的疯狂。**

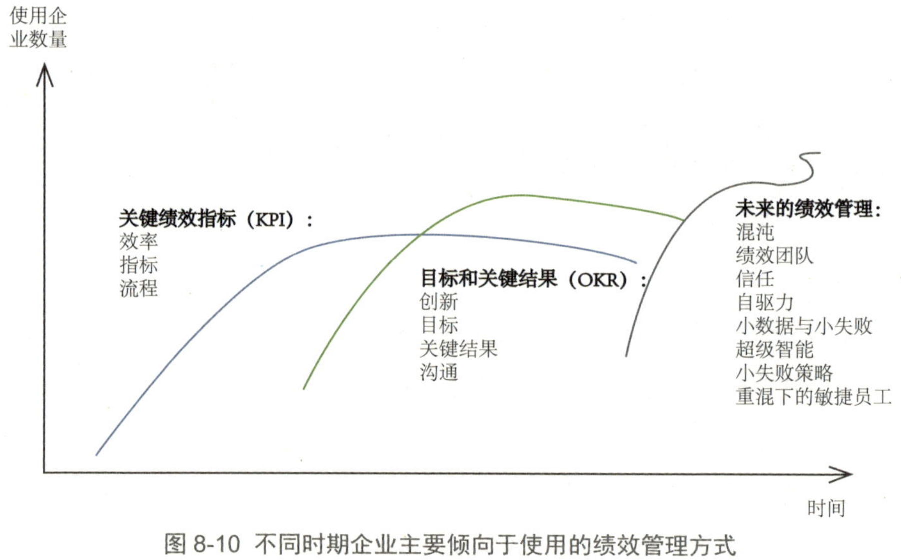

图 8-10 不同时期企业主要倾向于使用的绩效管理方式

❑ 真实与理性的博弈

在绩效管理方面，至少在以下方面会发生变化。其中，《2017 年德勤全球人力资本趋势报告》中关于绩效管理趋势的描述中提及三点。第一，建立组织绩效团队。安排团队访问、分析和学习业绩优秀的团队、项目和制度体系的运作方式。通过检查企业的岗位头衔、奖励机制和职业生涯通道，该团队可引领业务单元规划更加灵活、自下而上的发展道路。第二，验证新型沟通工具。德勤建议考虑如Workplace、Slack、Basecamp、Asana、Trello、Workboard和其他技术，然后将其标准化并投入使用，作为企业核心人力资源管理系统的补充。第三，采取持续的、基于反馈的绩效管理模式。

人力资源管理者在绩效管理方面究竟会如何面对未来这些变化？

为了实现“有组织的混沌”，管理者放弃了严格的“控制”，未来会转向对高绩效团队的衡量，并涌入对这些人员行为、态度的大量研究。这些标准中包含了正式员工与企业外部人员的协调和沟通过程，出现更多关于那些在高绩效团队中，正式员工与企业外部人员所表现出的一系列能力，如更有可能探索机会、系统性地搜索和处理信息、表现出乐观主义精神和战略灵活性。

管理者会更为关注绩效的发展和学习，而不是评估。学习的目标针对知识和能力建立，而不是近期绩效的提升。通过对绩效目标和结果的学习，反过来再继续有效利用未被开发的领域，对绩效起到促进作用。

科学巨人迈克尔·法拉第曾经说过：“工作最好的报酬就是工作本身。”人类有发现新奇事物、进行调整、施展才能及探索和学习的内在倾向。而金钱作为行为的外部奖励时，员工很可能失去对该活动的内在兴趣。

如图8-11所示，著名的索玛立方块实验通过三天对A和B两组人员的“奖励设置”，统计两组人员参与比赛用时。其中，灰色线条表示A组，绿色为B组。第二天对A组人员给予奖励后，A组用时比B组快，但第三天取消了奖励设置后，A组用时速度慢于第一天，B组却高于第一天。而且，A组第二天得到奖励后，虽然当天休息时研究和学习的时间是多于B组的，但第三天其学习时间却大大减少。

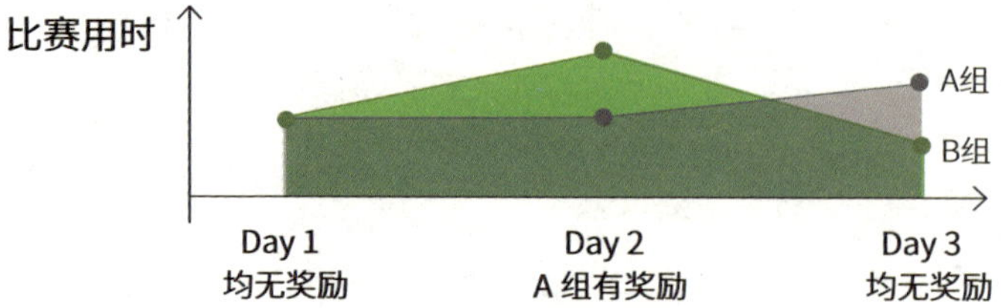

图 8-11 索玛立方块实验

员工沉迷于自己所做的事情，像被催眠一般，这种工作时的“最佳体验”状态，用心理学专业术语是心流。它一般出现在当人需要做的事情与能够做的事情高度匹配时。这也是人力资源管理者期望员工所呈现的工作状态，可以称得上绩效管理的最高追求。

表 8-4 从目标和关键结果的设定、奖励机制和沟通机制几个方面显示了新绩效管理如何在企业实践中落地。

表 8-4 新绩效管理如何在企业实践中落地

目标设定	关键结果的设定	奖励机制的配合	沟通机制
有野心，激进 综合评估，衡量要素广泛、清晰、公开、透明	符合 SMART 原则 必须直接指向目标，完成结果就达到目标 一个目标关键结果，一般不超过 4 个 员工直接参与设定	弱化排名，不与奖金直接关联 创新型人才：年度评估与薪酬分配分开；薪酬水平实现内部及外部公平；提高工资占比 “既然—那么”人才：出其不意；非物质奖励；有针对性的财务性奖励	沟通无障碍 上下一致 有据可依

在与新绩效管理的奖励机制配合上，针对不同岗位和工作分类的人才有不同管理方式。如图 8-12 所示，对于创新型人才而言，可以将年度评估与薪酬分配分开进行，将绩效考评和薪酬分配的时间分开，避免人才将两者进行直接关联。但是，对于创新型人才，尤其注意的一点是：由于人才本身的稀缺性，管理者一定要争取实现其薪酬水平在内部和外部是公平的。其中，对创新人才可以提高基本工资占比，如果在发展期，需要设计高于市场平均水平的薪酬。[1]

1 甲骨文 . 管理的最高境界是“被催眠”——OKR 在企业中的具体实践及注意事项 [R]. 2017.

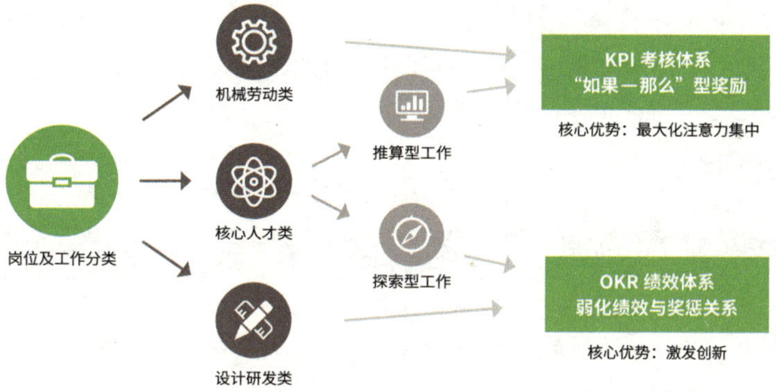

图 8-12 不同岗位及工作分类使用不同管理方式的优势

资料来源：甲骨文（Oracle），凯哲（HRoot）：《绩效管理的最高境界是“被催眠”？——OKR 在企业中的具体实践及注意事项》。

对于关键绩效指标制度下的“既然—那么”型员工的奖励，则是在人们完成一项任务后出其不意地给出，但不是承诺性、重复性的；甚至也可以考虑非物质或现金奖励，提供具体的、鼓舞性信息。有针对性的财务奖励仍旧会收效显著。例如，设有一项特殊的“董事长奖”，颁授给每年度对公司绩效做出卓越贡献的成员。人力资源管理部门可以接受来自参与过公司项目的各个团队针对某个卓越团队典范或个人典范进行的提名。利用基于公司人力资源愿景的标准，经过一个专门小组的评选，最终选出的成员会在一次颁奖晚宴上获得表彰，以及在整个公司内部和地方报纸上得到广泛宣传。此外，他们还有机会在年度人力资源研讨会上介绍自己的最佳实践。

人力资源管理者可以借助最新技术，清晰地看到新技术驱动的绩效变革成果是什么样子，如何用技术来推动绩效管理真正成为帮助企业战略执行的工具。以企业在战略执行过程中存在的绩效管理问题：对绩效结果无话可说为例。如表 8-5 所示，在绩效管理解决方案中，可以系统科学地列出一系列胜任力和绩效表现，而非单一的绩效指标和评分等级。

在过程的追溯与重用中，交流就是领导力的塑造。绩效沟通是绩效管理的灵魂，很多绩效管理问题的产生可以在绩效沟通实施环节进行改善和解决。新技术可以作用于绩效目标沟通、绩效辅导沟通、绩效反馈沟通及绩效改进沟通等阶段，如在很多的绩效管理解决方案中，员工在手机移动端能够清晰地看到各级目标，随时查看日程、决定和工作成果，跨团队清晰地审查绩效表现和结果，适时调整评估结果等。

表 8-5 新绩效管理解决方案列举

主要目标	问题列举	列举解决方案
将技术推动的绩效管理真正成为帮助公司战略执行的工具 改善绩效管理全过程的沟通辅导	1. 绩效沟通过程中：对绩效结果无话可说 评价内容无价值和意义 无法覆盖所有维度和方面 无法给出对于绩效结果的建议	科学的胜任力知识体系意见，列出尽可能多的结果供选择
	2. 绩效评估有不合规的地方	自动评估非合规性，并进行纠正建议
	3. 无法回忆出过去的绩效表现，包括重要细节内容	手机端随时查看日程、决定和工作成果
	4. 绩效沟通过程中：评估同事是一件艰难的事情	及时了解每位同事的评估结果和变化
	5. 评估不应该只是绩效经理的事情	360 度评估
	6. 绩效沟通和评价过程中：无法确保绩效考核和奖励客观和公正	跨团队清晰审查绩效表现和结果，适时调整评估结果
	7. 无法事无巨细进行结果跟踪	已做、所做、需要做的任务清单清晰明了
	8. 无法确保员工持续地聚焦于目标	手机端清晰呈现目标，并便于修改工作目标

资料来源：思爱普（SAP），凯哲（HRoot）：《去绩效还是新绩效——绩效管理的未来是什么？》。

团队管理者与团队成员间更加常规的互动交流。这种互动可以关于员工个人的工作表现，管理者认为的员工的优势领域与待改进领域，以及短期的努力方向和长期的目标，还应该包括员工从其自身角度表达的期待。

其实大多数人力资源管理者对认可反馈的概念及收益比较有共识，但如何做都还在摸索。

一些优秀企业在绩效管理变革中，尝试了下列实践。

案例实践

- 可以请多位股东一起来评价绩效
- 在绩效评价过程中，需要评价学习的行动和成果
- 当成员在过失的事件之后进行剖析并吸取教训，则进行奖励
- 可以向那些预见到了能力需求及学习策略的管理者颁受“特别表彰奖”
- 要让成员对结果做出解释，但不要处罚探索过程中失败了的实验性举措
- 产生有影响力的创意，要靠设置类似“英才中心”来完成。在英才中心，新的创意被应用，可测量的绩效改善被实现
- 对于领导者和管理者而言，需要强化管理者对学习的重视。需要检验：领导者能够在多大程度上教别人学习，领导者需要学习如何辅导及推动

管理者在摸索过程中，最大的难点是反馈频率增加，中基层管理者可能并不买账，员工也觉得费事。所以要在工作任务已经很繁杂的工作环境中，增加管理动作，必须要有像微信一样无压力感的工具。将形式绩效转变为持续绩效，让管理者目标和员工工作咬合在一起，让绩效管理成为日常工作而不是年度工作。这一观点在《2017 年德勤全球人力资本趋势报告》中被印证。其中有提及建议企业采取持续的、基于反馈的绩效管理模式，并认为定期反馈可使员工不断地重设目标、完善项目，并对其所做之事感到自豪。员工问卷调研工具可以使管理层获得对自身业绩的即时信息，增加透明度。而形式绩效和持续绩效两者是有差别的，如图 8-13 所示。

持续性绩效解决方案通常有以下几个特点：完全移动化、目标与任务关联、反馈与干预、报告自动输出、将评估过程做到至简至真。

❑ 绩效团队研究容忍与迭代：“小数据”与“小失败策略”

管理者要容忍未来绩效管理中的不确定性，以及接受一定程度的试错成本。其中，小数据成为突破口之一。未来组织的愿景是迭代的，而非一开始建立一个宏大的计划。**随着团队成员彼此陌生的情况机会增加，管理者需要正视绩效管理团队前期绩效可能不良的事实，并在必要情况下接受一定程度的试错成本。**而且，

小数据通常是格式化的，像整齐划一落下的水滴，而大数据则更为杂乱无章，是一条无边无际、无限蔓延的数据之河。

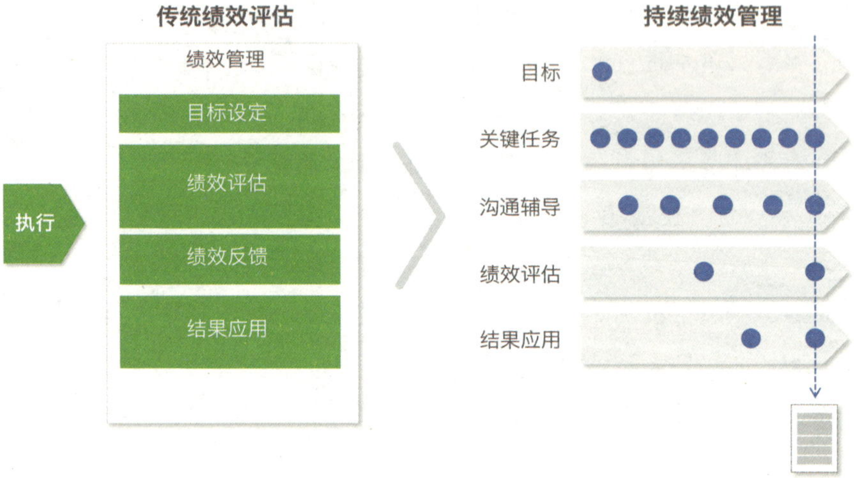

图 8-13 传统绩效评估与持续绩效管理的差别

资料来源：思爱普（SAP），凯哲（HRoot）：《去绩效还是新绩效——绩效管理的未来是什么？》。

但是，混沌并不代表无章可循或无从下手。全球首席品牌营销专家马丁·林斯特龙所著的《痛点：挖掘小数据满足用户需求》作为《福布斯》商业必读书之一，谈及一个观点："找到痛点，不用研究几百万名顾问，只要研究 10 个人就够了。"如图 8-14 所示，企业管理者可以挖掘小数据来满足需求。杰出的市场理论家弗里德里希·哈耶克指出，经济中最有价值的一部分知识是分散在个人手里的。而且，小数据通常是格式化的，像整齐划一落下的水滴，而大数据则更为杂乱无章，是一条无边无际、无限蔓延的数据之河。

图 8-14 小数据与大数据

虽然是小数据，但马丁·林斯特龙的观察几乎是事无巨细的。这样做的结果是，“他能够全面了解用户文化上的特色、民族特性、生活习俗、工作和生活状态、心理状态等。这些信息早已融入用户的日常行为中，多数时候，由于身处其中习以为常，用户反而不太容易用语言表达出来”。[1] 这些都是别人习以为常或有时会完全忽略的事情，需要管理者能够敏锐地捕捉。

在过去，团队内部是熟人组织，绩效优秀的团队往往成员之间有一定了解或磨合过一段时间。未来，由于组织中可能出现多个随需而组合的“团组”，成员之间彼此陌生，在绩效管理中，管理者要容忍成员在前期可能出现的绩效不尽如人意的地方。对组织绩效管理变革的建议是，先小步向前挪动，不要冒险跨大步前进。别对企业管理者的绩效管理能力抱过高期望，或者期望渐进式成功战略能迅速取得显著成效。

❑ 拒绝被埋没：微型专家聚集地

文学经典《瓦尔登湖》(*Walden*)作者亨利·戴维·梭罗曾说：“如果与周围的人相比，某人能写出更好的书，做更好的布道或做出更好的捕鼠器，那么即使他生活在树林深处，世人也会蜂拥而来。”它就好比优秀的人才会很自然地被企业“找寻”，而且，别的优秀人才也会被他的同类所吸引。

绩效目标和企业价值观成为吸引无边界组织人才、推动未来绩效的关键因素。可以说，**完美的目标、价值观及共事的人群等所有因子的集合就像数学中的一个概念渐近线，一条曲线无限接近但永远不会与之相交的直线，代表着一个永远无法达到的完美极限，**如图 8-15 所示。“有很多人之所以愿意去伸手企及永远无法拥有的东西，正是因为他们在追求过程中享受的快乐大于实现的快乐，这也是最吸引精英人才的地方。要成为超级专家，就需要走上专精的道路。”[2]

而精英人才创新的过程往往极度依赖从前创新的结合和重组，人们能接触到的概念库越广泛深入，创新的机会也越多。“人类若想利用自己的聪明才智继续

1 马丁·林斯特龙 . 痛点 [M]. 陈亚萍，译 . 北京：中信出版社，2017.

2 王建国，吴斌 . 云工作时代 [M]. 北京：中信出版社，2016.

跟摩尔定律赛跑，组合式创新是最好的方法。”[1] 管理者会继续探索如何拥有更多可行的方式配置不同的应用程序、机器、任务和流通渠道，创造无穷的新流程和新产品。

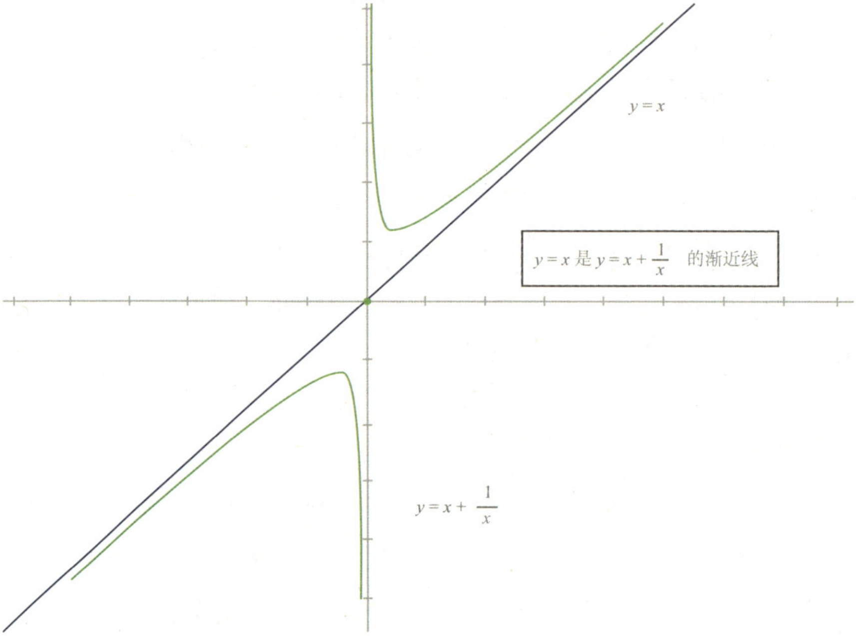

图 8-15 渐近线

未来到底是个怎样的时代？技术学家托马斯 · 马隆将未来称为高度专门化时代。数字技术助长了专业知识的规模，我们所有人都能从这些天赋和创造力中受益。“在技术的帮助下……人们可以创造无数不同的市场，市场的数量是没有上限的。原则上，在数千万个截然不同的、都能创造价值的领域，数千万人里的每个都可以成为绩效最优者，甚至顶级专家。把他们想成宏观市场里的微型专家吧。”[2]《云工作时代》指出人类进入互联网信息社会，具备自我管理能力的自燃型工作者将在未来继续受到尊重和欢迎。他们自主决定工作内容和工作时间，自主选择合作伙伴，虽广泛征求别人意见，但最终一定自己拿主意，他们对工作结果负责。相比一个经常加班但总干不出业绩的员工，一个不经常到办公室却能出色

1 埃里克 · 布伦乔尔森，安德鲁 · 迈克菲 . 与机器赛跑 [M]. 北京：电子工业出版社，2014.
2 同上。

完成任务的员工可能对公司更有利。[1]

❑ 重混团队与资源：敏捷性员工的绩效

新商业时代的增长逻辑、跨界重混已经成为一股强大的颠覆性力量。正由于工作者的形态出现了多样性，绩效管理方式开始出现差异。如图 8-16 所示，有按照绩效指标考评的工作形态，工作者 A、B、C 分别对各自的绩效指标负责；工作者 A、B、C 可以分别按照各自的工作目标和结果负责；工作者 A、B、C 可能短期被调派到他人的项目和工作岗位上，A、B、C 的工作出现了流动；也可能出现这样一种转变：过去有三位工作者需要对接的工作由于客户需求、资源整合和工具的支持，三项工作任务均统一到工作者 A 身上。

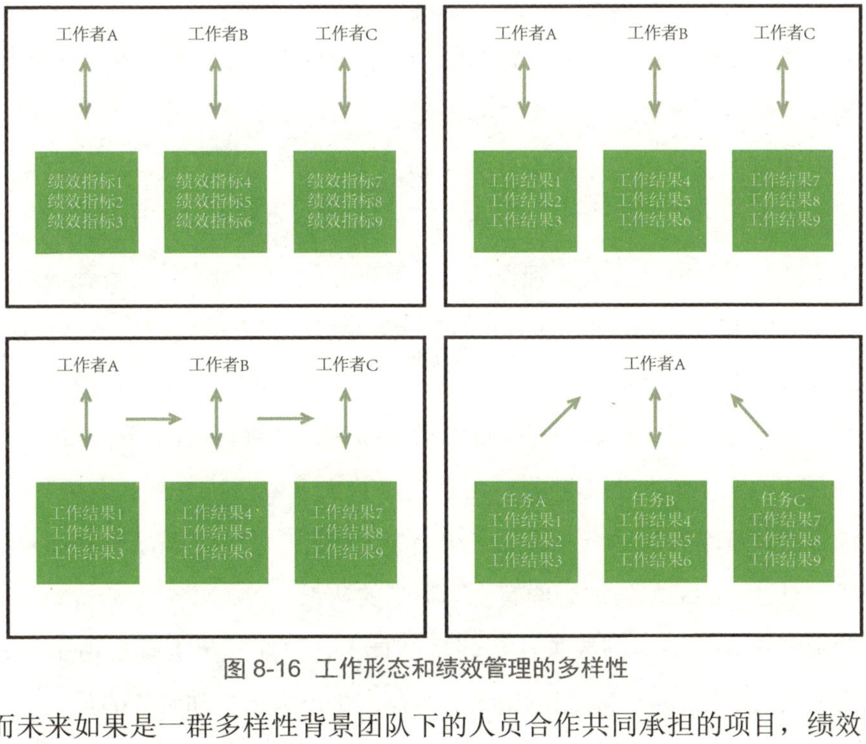

图 8-16　工作形态和绩效管理的多样性

而未来如果是一群多样性背景团队下的人员合作共同承担的项目，绩效目标的制定需要比以往在吸引力、挑战性、基本的明确性上有更高的要求，从专注于可衡量的短期经营成果开始。毫不奇怪，加强高层领导力和超前思维决策力是另

1　王建国，吴斌．云工作时代 [M]. 北京：中信出版社，2016.

一个首要任务。领导者需要拥有引导人们及其组织发展的敏感性，并善于利用智能技术，才可能在未来的绩效管理中不被机器取代。

这样来说，绩效管理流程需要变得更简捷，以使团队管理者和团队成员都乐于参与绩效管理。它还需要更多的灵活性，使之既适用于持续的长期目标管理又适合短期任务团队的绩效管理。但是真正的挑战或许还是来自如何让经理对此引起足够的重视。《与机器赛跑》一书中提及："每种新产品，都在为下一轮的管理者奠定更好的基础。新的数字业务，往往来自对前人观念的重组，或者对其加以混合。"[1] 在评估组织关系时，需要坚持确定共同价值、治理合作关系、分享共同价值这三大原则。例如，寻找有潜力的组合。《麻省理工斯隆管理评论》与德勤咨询共同完成了对 3 700 名公司高管、经理和分析师的调查，并得出：未来数字化运作的机构需要依靠两种人才模式来维持运营，一种是核心员工，另一种是灵活的"按需招募的人才"。虽然，美世在《2017 年全球人才趋势研究报告》中指出：中国的人力资源管理者并不认为"零工经济"在未来两年内会对企业造成很大的影响，但中国的领导层可不这么认为，他们之中有 3/4 的人预期这会对企业产生重要影响。

一方面，对于流动性人才管理的绩效管理原则，公司应重新审视核心员工价值，确保人才有一定程度的战略自主权，能为指定的目标完成任务、贡献力量，为组织的长期战略发展树立目标、引领方向。另一方面，对于通过数字平台招聘的人才，平台可根据工作流程和技能需求的改变来调整自己的规模；或者需要公司培养员工，在他们身上不断投注资源。尽管大多数公司更喜欢选用其中一种，但可以将两种策略有机结合。员工若想提高工作的自主性，需要和最高决策层多加沟通，对公司的战略发展方向有更为清晰的认识。

管理者在未来尤其需要关注那些敏捷员工、顾问式员工等自由工作者的绩效，而不仅仅是核心员工。因为未来对组织产生巨大贡献和价值的员工很可能来自灵活性员工或敏捷性员工，如图 8-17 所示。而且，人类对工作安全的传统观点、雇主承诺和职业发展路径在不断发展，除了传统的全职工作，很多员工都在选择

1 埃里克·布伦乔尔森，安德鲁·迈克菲．与机器赛跑 [M]. 闾佳，译．北京：电子工业出版社，2014.

敏捷工作。根据《任仕达职场 2025》的调研显示，47% 的受访公司和 57% 的受访员工表示，到 2025 年，企业的“贡献者”将不是“雇员”而是绩效表现更好的敏捷员工。任仕达将敏捷员工定义为“那些进行临时的、合同式的、顾问式的或自由职业工作的人”。[1]

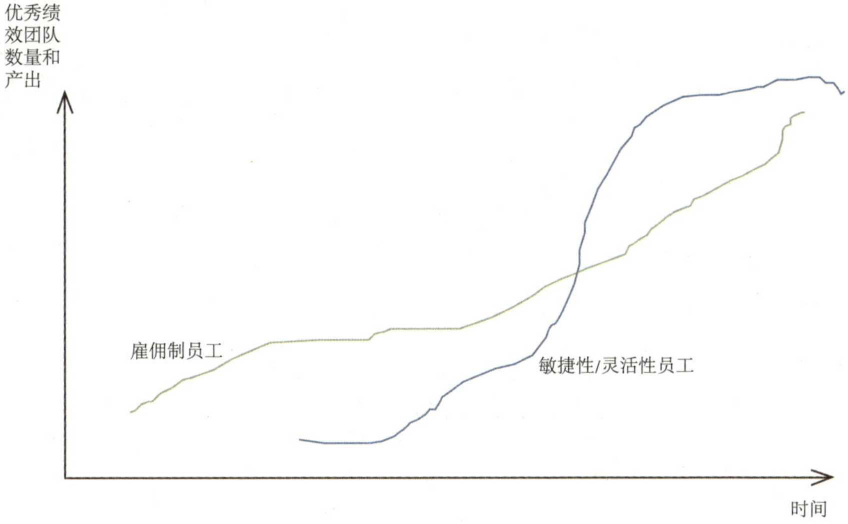

图 8-17　雇佣制员工与敏捷性 / 灵活性员工未来优秀绩效团队数量和产出情况

❑ 信任和领导力，不可承受之轻

在未来的工作时代，增进联系、建立信任是经济规则的核心。“信任是一种非常特殊的财产，只能在一次次的交流和互动中缓慢积累，不能立竿见影，却可以因一言不合便瞬间消失。”[2] 而培养信任关系的重中之重就是解决信息不对称问题。政治经济学家约瑟夫 · 熊彼特称杰出的领导要能创造性地破坏，还能大胆地建造，更能接受局外人的建议。[3]

对于人力资源管理者而言，未来尤其需要具备的能力是亲和力，它是影响力的通道：亲和力能建立信任感，促使人们沟通并吸收彼此的观点。学者埃米·卡迪、

1　任仕达 . 任仕达职场 2025[R]. 2016.

2　王建国，吴斌 . 云工作时代 [M]. 北京：中信出版社，2016.

3　同上。

苏珊·菲斯克和彼得·格利克的研究表明，那些让人觉得很有能力但缺乏亲和度的人常招人嫉妒，这种情绪既包含尊敬又带有敌意，好坏参半。发挥影响力和领导能力，首先需要从亲和力开始。[1]

未来组织边界模糊后，人们以团队方式工作，在从职能型向团队型转变的组织中，许多管理计划和过程都会纳入富有创造性的沟通机制。在这种混沌组织的过程中，企业需要召开一系列大会来解释团队的概念、目标及涉及的方面。然后，人力资源经理人单独召集团队成员进行多次的“系统会议”，以了解成员对于绩效管理和评估问题的看法。并且，在日常的工作中，管理团队要建立交互式数据库，以便数据库内的任何成员都能够提出问题、做出评论和进行表达。这就像一个成员和成员、成员和组织之间的“虚拟对话”。这样，未来的员工是更乐于改变的，乐于为组织贡献更高的绩效。最新的绩效管理和沟通技术成为企业未来发展的基本配备。未来在淡化边界的组织中，团队成员彼此的磨合，以及团队和企业内部管理者之间的连接，使得绩效管理的反馈频率势必增加。而且，管理者需要在工作任务已很繁杂的工作环境中，减少因为增加管理和沟通动作而带来的额外时间成本。

专注于高管搜寻的人力资源解决方案公司光辉合益在高绩效管理因子的研究中发现，工作职能和技术性对于高绩效表现的作用虽然十分重要，但它们不是区分高绩效和普通绩效的因子，如图8-18所示。**领导力因子才是关键区分指标。**虽然，不同生活方式的人员彼此竞争与合作，不同状态下的人员在不同项目中游走切换，延展了服务的宽度和深度，恰恰构成企业的活力源头。很显然，不存在百分之百客观和公正的绩效管理体系，因为要评估的是人，并且进行评估的也是人。所有和人类交互和人类缺点相关的偏见都可能发生。反馈流程让员工感到沮丧还是备受鼓舞并非取决于绩效管理的理念基础和哲学。最重要的仍然是经理的人才开发能力及作为领导的人格魅力，这些决定着员工的去留成败。

1　埃米·卡迪，马修·科胡特．打动人心：影响力的潜在素质 [EB/OL]. 哈佛商业评论（2013-07-10）. http://www.hbrchina.org/2013-07-10/1349.html.

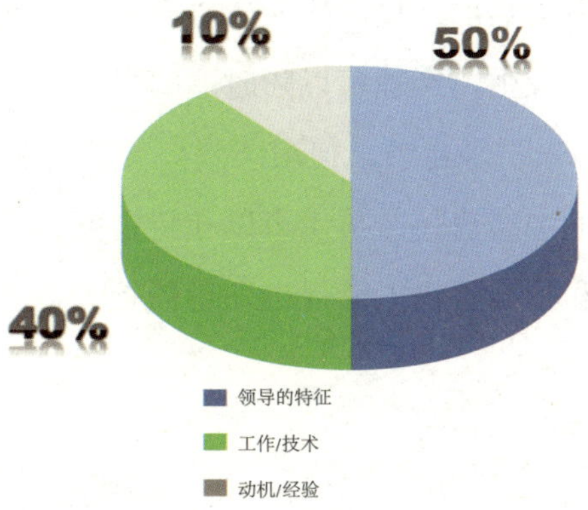

图 8-18　区分高绩效和普通绩效的因子影响比重

资料来源：光辉合益,《卓越领导力》(Best-in-Class Leaders)。

蝴蝶效应

绩效管理动力系统中，其初始条件下微小的变化就可能带动整个人力资源管理系统产生连锁变化。这本身就是一种混沌现象。绩效管理的变革可能使得薪酬管理、学习与发展系统均发生连锁反应。而且，绩效管理发展与其他人才管理体系的各部分在过程发展中存在定数与变数。

绩效管理领导者要明白这实际上反映了员工对公平的看法。虽然组织可能无法彻底改变薪酬策略，重要的是他们需要采取措施来解决员工的这些情绪。

有助于转变报酬体系的实践建议：一是把报酬建立在绩效和能力的基础上；二是在组织上下分享报酬；三是利用非财务报酬。现代社会一般将固定底薪、能力薪酬和绩效薪酬作为成员报酬体系。目前一般的原则是：底薪不超过总体薪酬的 60%。这样可以迫使人们重视成绩和发展。这就需要企业需要具备能够追踪绩效和能力表现的评价系统及一个分配程序。

员工拥有一些创新想法时如何进行落地？德勤会将这个想法分成三个不同的部分，放到全球德勤的网上平台。员工在看到这个想法时会提出很多的概念，其中抽取 3 ～ 5 个最优内容，并鼓励员工继续保持，给予他们 500 ～ 1 000 美元的奖金激励。这 3 ～ 5 个概念中最终的获胜者则会获得 5 000 ～ 10 000 美元的奖励。这样的方式会提炼出优秀的概念，而这将成为未来德勤发展的一个原型。

绩效和学习发展有着天然的连接，企业未来会更加关注绩效的学习发展。在设定目标和分解目标的过程中，经理可以随时追踪目标过程，并且帮助有问题的同事。而且，沟通窗口内嵌于平台中。使用绩效信息板，经理可以发现绩效问题，从而采取纠正措施。借助沟通窗口，员工可以在特定商机或活动环境中发起实时指导对话。情境式沟通和指导不仅能够促进期望的行为，还能影响业务成果及提高业绩。

❑ 人类的疯狂：绩效管理的“智能”与“超级智能”

管理者未来需要更加关注人类的脆弱，它的来源之一：可能超乎想象的强大外部入侵者智能机器。高端玩家如何胜出？玩家胜出的关键在于练就超高技能的读心术。打破预设，会呈现太多未被充分开发的领域。因为在大多数情况下，员工个人实际上拥有第一手的信息或任务，而且，有时会不得不手动创建文件。人工智能（Artificial Intelligence，AI）概念在 20 世纪 50 年代很快被提出。人力资源管理领域的智能服务（Intelligence Service）可以取代上一代员工自助和经理自助的全新人力资源服务技术，不再通过设定复杂和僵化的流程来规定员工和经理的服务动作。

数字化未来大行其道，如应用于绩效管理，会出现一些比现在更为准确和智能的可实时对人才进行反馈和考察的工具，新算法包括通过对现有人才的数据分析看出未来他是否有可能成为一名高潜力者，谁会辞职，谁会是高绩效者。例如，思爱普智能服务的每日头条可以预测主动离职风险：评级为 3 的高绩效员工最有可能主动离职，其他依次为评级为 5 的员工、任期时长少于 1 年的员工等，如图 8-19 所示。图 8-19 中将主动离职风险因素的重要性由高到低排列，并分别用灰色、橙色和红色分别显示离职风险因素的重要性。

市场竞争处于优势地位的企业往往会通过合理的数据管理，比较基础数据，确定数据和绩效的相关关系进行趋势分析。经理更多的是根据确切的数字进行管理，而不是凭空猜想。处于优势竞争地位的企业善于利用基础数据，确立关键指标，并确定劳动力管理问题如员工绩效问题产生的根源。同时，这些组织还会配置先进的劳动力管理工具监测那些对业务领域起到关键影响的指标，并即时提供给经理关于绩效数据或其他关键数据（如成本、产出、质量等）的可视报告。

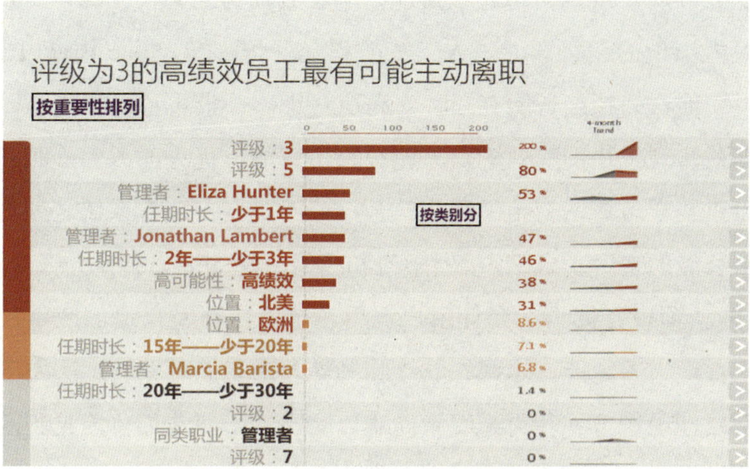

图 8-19 智能服务预测主动离职风险

资料来源：思爱普（SAP），凯哲（HRoot）:《未来 e-HR 领域的员工服务分水岭——智能服务 VS 自助服务》。

今天的“智能”，只是“开始”，因为随着复杂数据的产生及采集量呈现爆炸性增长，数据源非常多元化，如图 8-20 所示。如此多元化的数据可能产生很多不可能的事情，而我们现在所创造的东西，实质上只是处于开始的阶段。

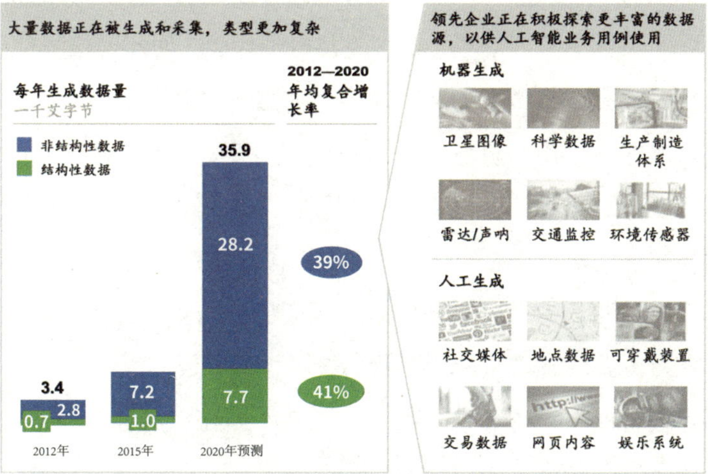

图 8-20 多元的大数据

资料来源：麦肯锡：《机器的崛起：中国高管眼中的人工智能》。

未来的智能在涉及领域的范围、质量和深度上，一定是超级疯狂且超出人类想象的。那么最后会得到何种超级智能？学者波斯特洛姆（Nick Bosreom）认为未来最有可能出现的超级智能是人工智能和全脑仿真（Whole Brain Emulation），尤其是前者。他认为超级智能有三种，高速、集体、素质超级智能。[1]

对于绩效管理模块的机器学习与超级人工智能，优秀的人力资源的技术供应商会选择将机器学习算法与传统程序结合，而不是要在现有系统之外再搭建一个专门做人工智能的平台。未来，**机器学习和超级智能的能力会作为云平台（Cloud Platform）的一项核心能力，允许用户调用。**企业在开发自己的应用时，并不需要写代码来实现人工智能，这跟谷歌、脸书等人工智能玩家的做法如出一辙。

由于网路和组织方式获得超级智能难以实现，最终我们可能见到的是一个比人类更为聪明，并且结算能力超快的智能体。[2] 人工智能先驱和认知科学专家皮埃罗·斯加鲁菲在《人类2.0：在硅谷探索科技未来》表示："今天人类延伸自我最让人印象深刻的方式就是发展出能够改变生命本身的技术，未来将是有机世界和合成世界的联姻，正如未来一定是人类和机器人的联姻。"

错过提高员工绩效的绝佳机会到底是什么？战略分析与决策层，更多的是跟很多传统的战略分析、经营分析层面的方法论相似，最大的差异是数据来自大数据和令人类无法想象的"超级智能"。而超级智能服务需要思考的是如何作用于雇员全生命周期的各个重要阶段，如何改善雇员体验，如何连接事件并进行预测，企业如何收益于共享服务带来的成本减少。在这一过程中，人力资源管理者需要冲破存在的技术壁垒：需要将招聘、入职、试用期、培训、绩效、发展、离职等数据打通，冲破信息孤岛。同时，智能服务驱动的人力资源管理自动化变革成功与否的关键还在于既需要数据点之间的连接，更需要事件和行为的连接。在绩效管理的"大数据"海洋中，需要利用超级智能能剔除更多无效信息，将绩效管理要素与整个人力资源管理要素能"超级智能匹配"。

面对"超级智能"对管理领域的影响，会不会违背当前新绩效改革中所关注

1 波斯特洛姆，超级智能 [M]. 张体伟，张玉青，译 . 北京：中信出版社，2015.

2 同上 .

的增加人与人之间的沟通和互动？出于这样的担心，超级智能会更加交互化、个性化和参与度，并且，需要研究分析和引导。**数字化平台交互界面预示着未来人力资源管理者不需要制作幻灯片，而是直接利用数字化的交互平台来完成报告的统计、呈现和说明。**

管理者需要提防机器至上的“幻觉”，人类从来都不应该因为新技术的出现而忘记自己的天生能力。因为面对强大的变化和未知如“超级智能”，人类不可能袖手旁观、置之不理。最终获得控制权的超级人工智能还可能是增强的人类，而非冰冷的机器。以上也许能给我们在陌生、混沌、无条件的情况下解决某些问题的思路。但最重要的是，我们预测的对象，要随着出现的相关性的证据和事实，不断进行相应的修正和调整，遵从事件 A 发生条件下事件 B 发生的概率即贝叶斯定理（Bayes’ theorem）。早在 18 世纪，英国学者贝叶斯曾提出计算条件概率的公式来解决如下问题：假设 H[1], H[2], …, H[n] 互斥且构成一个完全事件，已知它们的概率 P（H[i]）, i=1, 2, …, n，现观察到某事件 A 与 H[1], H[2], …, H[n] 相伴随机出现，且已知条件概率 P（A/H[i]），求 P（H[i]/A）。而遵从贝叶斯定理，就需要人类克服认知偏见，不断调整和实践。正如科普及解密类纪录片导演詹姆斯 · 巴拉特所称：“在某些时候、某些特别的情况之下，智能并非不可预测。可出于我们将要探讨的诸多原因，高级到能够以人类同等水平进行智能行动的计算机系统，绝对是无法预测、难以理解的。”[1]

1　詹姆斯 · 巴拉特 . 我们最后的发明：人工智能与人类时代的终结 [M]. 闾佳，译 . 电子工业出版社，2016.

第 9 章

大数据与人工智能的入侵

2030年，

采集监测设备、传感器、智能分析技术的成熟，全体员工的满意度和敬业度可以实时感知，员工的行为变得可预测。

作为最经典的营销案例之一，“啤酒”和“尿布”这两个看上去并无关系的商品，摆放在一起进行销售却获得了很好的收益，其奥秘就在于巧妙地利用了年轻父亲各种购物需求之间的关联性。而如今能够有效挖掘这种关联性及其价值的最有力工具非大数据莫属。之所以称其为大数据，是因为在这次数据浪潮中，数据的特征发生了前所未有的变化。根据国际商业机器公司（IBM）的概括，大数据具备的几大特点为大量（Volume）、高速（Velocity）、多样（Variety）、低价值密度（Value）、真实性（Veracity）。当海量数据席卷而来，数据分析与数据利用的方式也正在发生颠覆性的变革。自 2012 年以来，“大数据”这一概念在商业和企业管理领域迅速兴起，各行各业都已成为大数据的应用场景，人力资源大数据或基于大数据的人力资源管理也成为人力资源圈子里的热门话题。

与此同时，**2016 年，大数据、云计算等技术支撑人工智能产业爆发，或许将成为下一轮技术变革的核心。**《2017 年德勤全球人力资本趋势报告》中对人工智能技术给全球企业人力管理带来的影响进行了深刻分析。德勤通过对 140 个国家的 1 万多名企业领导者、人力资源部门领导者进行调查后发现，41% 的受访者表示已经全面实行认知技术和人工智能技术，另有 35% 的受访者表示正在开展试点项目。

采纳人工智能技术之后，机器学习的能力和速度都将远远超过人类，机器完成工作的速度和质量都在提升，这将给人力资源管理带来新一轮的冲击。员工敬业度依然是企业需要关注的最重要问题之一，未来的员工敬业度需要以新的姿态呈现。作为人力资源三大支柱之一的人力资源共享服务中心，在不久的将来会实现机器人化，人在人力资源管理工作中的地位似乎变得岌岌可危。未来，由于大数据与人工智能的入侵，势必继续在人力资源部门产生更多的震荡。

满意度、敬业度调研即将随风而逝

美国奥辛顿工业公司的总裁曾提出一条“黄金法则”，即如果企业关爱客户、关爱员工，那么市场就会倍加关爱这家企业。“客户”是指企业的外部客户，“员工”

则是企业的内部客户。哈佛大学的一项调查研究也表明：员工满意度每提高 3 个百分点，客户满意度就会提高 5 个百分点，而利润可增加 25% ～ 85%。**与员工满意度紧密相关的是员工敬业度，它是反映企业是否能站在员工角度前瞻性地提高员工满意度的晴雨表。**2016 年，德勤的调研表明，将近九成的企业（85%）认为敬业度重要（38%）或十分重要（48%），如图 9-1 所示。

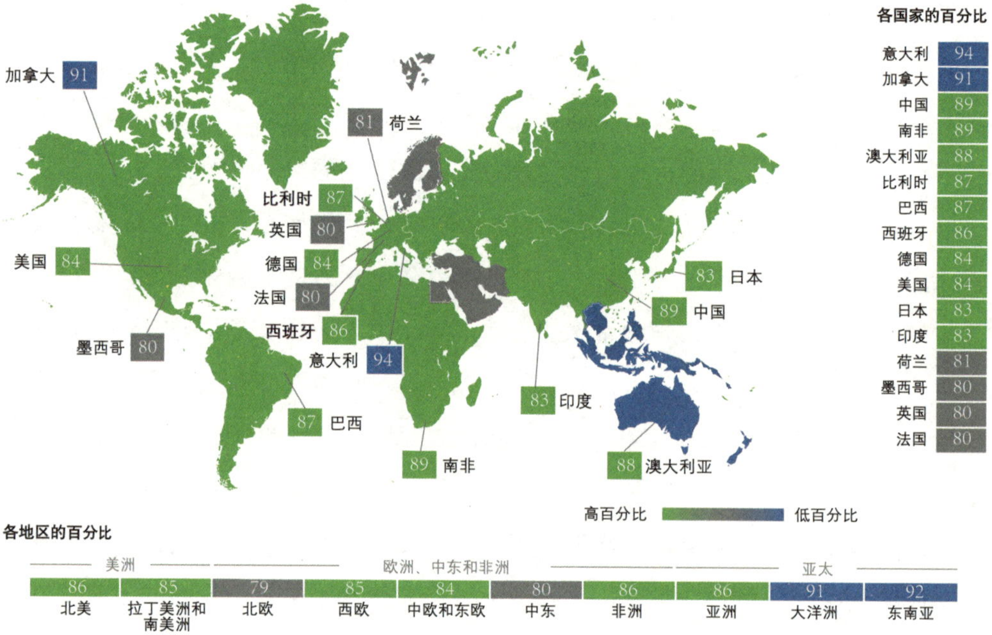

图 9-1 敬业度：认为该趋势“重要”或“非常重要”的受访者百分比

然而，如今的公司正变得更加扁平化，组织未来的发展趋势将是由小规模、自我驱动的团队运营组成的，这就对敏捷性提出了高度的要求——组织要及时响应员工的需求。因此，过去那些曾经让管理者引以为傲的通过调研问卷开展的年度或半年度满意度、敬业度调研，一方面漫长的反馈时间跨度已经无法满足员工，另一方面也很难捕捉员工的真实想法。据推测，**到 2025 年，99% 的企业将不再开展问卷式员工满意度和敬业度调查。未来，组织的人力资源部门对员工满意度和敬业度的关注，必须以全新的姿态呈现。**

HR的未来简史
2025年，
99%的企业不再开展
问卷式员工满意度
和敬业度调查。

□ 关键在于实时感知员工的情绪

今天的你我/怎样重复昨天的故事/这一张旧船票/能否登上你的客船

不管是现在，还是未来，提升员工满意度与敬业度都将是一个永恒的话题，而准确感知员工的情绪是提升员工满意度的关键。未来，**年度或半年度满意度、敬业度调研之所会成为历史，就是因为它缺乏及时性，难以捕捉员工当下的真实情绪，如同一张过期的旧船票，只能望船兴叹。**

随着现代生活与日俱增的压力，抑郁、孤独、挫败如同病毒一般萦绕着人们，极易对人们的工作效率和生活幸福感造成负面影响。而在透明度不断增加以及新生代影响力不断扩大的数字化世界里，**员工期望获得富有成效和吸引力且令人愉快的工作体验，他们期待组织能够对其情绪的变化和需求做出实时响应。**

为了解员工在一天工作中的情绪状态，美国在线退休保险公司（Ubiquity Retirement + Savings）在员工考勤设计上下了一番功夫，他们的员工每天下班的打卡与传统意义上的不太一样——在公司门厅内一共有5个按钮可供选择，如笑脸代表当天工作愉快，而苦脸则代表工作时感到悲伤等，每次的打卡记录其实是对他们日常工作情绪“储蓄”的一种记录。这并非是该公司人力资源部门借考勤之便实行的一种强迫行为，而是为了利用这些数据展开分析，结合员工的日常工作内容与表现，追踪激励员工的因素，以便及时提供相应的解决方案。

当然，**如果未来的工作场所能够出现一只时刻陪伴自己的“大白”，将是人们无比乐意的。**如图9-2所示，大白是美国迪士尼动画《超能陆战队》中的一个虚拟人物，是一种充气充电型机器人，体态略胖，性格呆萌又善良，胸前有十个反映不同程度的按钮，能够时刻、温柔体贴地感知主人的情绪变化，并且能够做到关怀备至。

图 9-2 电影《超能陆战队》中的虚拟人物大白

电影中的场景并非那么遥远，在现实世界里，人们也一直致力于感知人类情绪的技术研发和实践。2014 年，孟加拉国伊斯兰大学科技学系的专家设想通过研发一款足够智能且能与人类情绪进行互动的电脑系统，**让电脑键盘感知用户的情绪，从而做出相关的干预，避免因为沮丧、失意或其他促使人们分心的负面情绪影响工作效率。**最终该研究通过对电脑键盘的按键力度分析和文本模式分析结果，取得了一定进展。未来，这项技术也可以应用于实时通信 APP。

面对拥堵的交通系统，出行的人们极易产生“路怒”情绪，这对需要开车去办事的员工来说就更加没有良好体验了。2017 年 5 月，情绪识别公司 Affectiva 则开发了一款**车载情绪探测系统，通过一款聚焦于驾驶人面部的摄像头来识别车主的面部情绪，其系统内置的能够深度学习的人工智能则可及时探测车主情绪的细微变化，**并通过自动调整车内温度、发出建议或警告信息，来调节车主的心情。目前，国内也已经出现了较为成熟的技术来实现对人们情绪的监测（如以下案例所示）。

案例：海妖情感计算引擎

海妖情感计算引擎（EmoKit）是一款由中国初创科技公司开发的关于情感计算的免费应用程序编程接口，可以进行情绪的识别、优化、表达，是人工智能的核心基础设施之一。

判断人类情绪的数据大致可分为两类，一类是人的主观意识可以控制，即可以伪装和掩饰的，如语音、表情、笔迹等；另一类是普通人的主观意识不能控制的，如心率、皮电等。只有对这两类数据形成多模态的识别，才能更准确地识别用户的情绪。而海妖情感计算引擎可通过APP、穿戴设备、智能家居、车联网、机器人等途径采集人的情绪，其情感算法基于专家模型，通过机器学习不断提升精度。还可根据用户的情绪匹配音乐等内容，帮助用户优化情绪，解决情绪问题，这是该产品的一大优势。

海妖情感计算引擎研发情感计算的过程经历了6次算法升级，前5次分别为量表测评、心率和呼吸测评、纵向的学习和训练测评、情绪细化（从原来的5种情绪增加到了24种），以及表情和笔迹的情绪识别。海妖情感计算引擎现在是第六代，一方面是在判断用户的情绪之后，基于单一事件背景进一步识别用户的意图；另一方面是将语音、表情、视觉行为、文本等进行多模态的拟合，包括声纹、智能手表、手环等监测的心率、表情识别等。

海妖情感计算引擎在商业应用领域用途非常广泛，其在精神压力智能筛查装备、公安审讯实时分析预警装备、司机情绪和疲劳度监测干预系统、情感联动无操控智能家居系统、金融信贷面签风险评估机器人、呼叫中心坐席情绪监控和满意度分析方案、幼儿性格发育倾向性预测软件、承认免疫系统损伤预警软件等中均可使用。据悉，目前该技术已在军警、教育、金融等领域实现了很好的商业落地。

未来，情感计算与人工智能的结合，将致力于不断优化人际情感，将冰冷的机器变成温暖的大白。

图9-3所示的是情感计算引擎较为常见的应用场景，有飞行员情绪监控、智慧酒店升级改造、呼叫中心情绪考核、学生情绪监测等。在可以预见的未来，**这项技术也能够运用于人力资源的员工管理场景，如将其纳入员工援助计划（Employee Assistance Program，EAP）项目的有机组成部分**，接入一些可穿戴设备并与组织管理后台数据库相连接，让组织实时感知员工的情绪，并及时做出相

应的解决方案。

图 9-3 情感计算引擎的应用场景

资料来源：翼开科技官网。

此外，利用人工智能技术实时感知员工的情绪，也能不断改善员工满意度和敬业度调研的准确性。企业因此实时提供反馈信息，能够帮助公司分析员工的主要驱动力，提供预测性的见解和改善方向。美国实时员工敬业度平台 Glint 将人工智能技术引入员工敬业度管理，通过应用软件实时记录超过或低于基础分的人数，并对存在问题的团队发出警告提示。该应用软件还设有评论区和计划板块，员工可以对团队表现提出建议，并制订解决方案。

❑ 建构实时反馈系统，提升员工敬业度

《2017 年德勤全球人力资本趋势报告》显示，文化和敬业度是员工体验的关键内容，领先企业正对员工体验的关注进行延伸，包含从潜在雇主的第一次接触直至退休及退休后的整个职业生涯。**未来，工作环境再设计、员工幸福度及生产**

力系统也将逐步成为人力资源部门的职责范围。

数字化人力资源是未来发展的一大趋势即通过对大数据进行分析，帮助企业人力资源管理者建立实时感知的能力，从而颠覆传统的周期性调研与分析。例如，企业可通过重新设计技术分析团队，从而搭建数字化驱动的企业分析解决方案。这些新型解决方案，无论是重新开发，还是嵌入新型数字化解决方案中，都可以使企业在发展的进程中根据需求进行实时分析。

德勤研究发现越来越多的人才分析项目正从“引领”模式转向“推动”模式。在该模式下，分析团队所要做的不仅是创建模式和项目，更是要研发仪表盘和工具来帮助经理和员工了解相关的实时数据。德勤可为客户创建一个“人才管理仪表盘”，该仪表盘采用10种不同的衡量标准来分析团队敬业度和绩效，并将此信息传达给全公司的人才管理仪表盘的所有团队领导和资深管理人员。通过分析研究，德勤指出了当前的人力资源服务与数字化人力资源之间存在的八大区别（见表9-1）。

表9-1 当前的人力资源服务与数字化人力资源的区别

当前的人力资源服务	数字化人力资源
分散的事务和流程	人力资源一体化平台（政策、流程、系统和运营）
网页浏览器系统	移动优先的应用
从纸质表单到网页表单	数字化设计
基于流程的设计	以人为本、体验导向的设计
SLAs（服务水平协议）	实时进行
定期报告	实时互动仪表盘
人力资源（或共享）服务中心	运营中心
附带数据分析	数据分析一体化平台和仪表盘

资料来源：《2016年德勤全球人力资本趋势报告》。

借助技术的力量，利用意见反馈工具也可以帮助员工获得实时反馈，这种反馈将能大大提升员工的敬业度和员工体验。如图9-4所示，一个集成式的反馈工具应该包括年度调查、脉冲调查、匿名反馈、绩效考核、绩效评估、离职面谈等功能，囊括客户满意度、雇主品牌、社交媒体监测和招聘广告等。未来，将员工体验的整体策略自动化，追踪把握员工的职场生命周期，并且发展如“反馈体系”这样的技术对于企业来说至关重要。

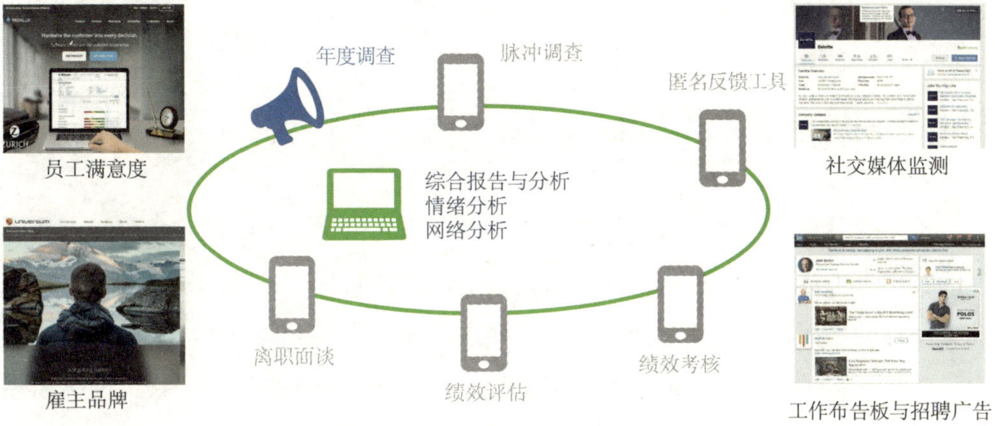

图 9-4　企业反馈系统的构建

资料来源：德勤：《2017 年人力资源趋势 11 大预测》。

虽然这些反馈工具都具有价值，但在现实中，相关领域的市场仍然是分离的，关注端到端员工体验的理念仍然新颖。由于目前相关的集成工具较少，组织必须将处于各自独立运作的人力资源部门和技术经理联合在一起，共同商定提升员工敬业度和体验的方案。

此外，针对组织向来非常棘手的绩效管理，现今广泛流传的以排名、评级为基础的绩效管理很大程度上是在损害员工敬业度，**领先的组织已经废弃了年度绩效考核，替换成持续不断的绩效反馈和指导，用以不断促进员工发展。**有效反馈既能认可和赏识员工所做的贡献，又能让员工了解如何促进自身职业发展，并最终提高员工敬业度。如果提供反馈的方式不正确，反而会降低员工的绩效水平。管理者不宜直接指出员工的错误，而应提供适当的信息，在使员工意识到自身有待改进的同时，提高自我完善的信心。这也是未来绩效评估与考核工具设计中需要考虑的。

德勤特别指出，组织在进行反馈时需要特别注意以下两点：一是提供持续反馈，帮助员工提交或请求反馈的工具通常与电邮系统及其他生产力工具相结合，可形成持续进步的闭环；二是提供即时信息，定期的团队调研帮助管理者评估团队敬业度和效率，借此用以评估管理者。定期的敬业度或员工动向调研会给出洞见，帮助了解团队表现不佳或不高兴或受挫的时间及原因。[1]

薪酬数据报告的跃迁

根据全球性管理咨询公司光辉合益的一项研究结论——替换一个离职人员所需的费用平均等于 6 个月的薪水，那么组织投入时间和精力制订正确的薪酬计划，其重要性则显而易见。薪酬回报机制是促进组织人才保留和个人业绩提升的一种有效工具。薪酬管理是一项专业性极强的工作，尤其对于数据的认知、理解和分析是其中的关键。对于传统组织的薪酬管理，熟练运用外部市场数据和内部管理数据，进行分析、对标、诊断、趋势预测是对薪酬专业人员的基本要求。**学会用数据说话也是薪酬专业人员和人力资源工作者在企业中提升话语权的重要武器，**而能够用数据说话并与业务部门在一个平台上对话，成为卓越的业务伙伴，才能力证人力资源部门的真正价值。

然而，**随着自由职业者浪潮的崛起，未来全球将变成一个统一的劳动力市场。**一位顶尖的 IT 从业者，可能他身在印度的班加罗尔，却在为美国的公司工作，其薪水可能也随之跃升了 10 倍。此时，**传统的区域性行业年度薪酬数据报告的意义就大为降低，同时也对未来的人力资源管理提出了挑战。**

❑ 薪酬大数据：组织吸纳各方优秀人才的万能密钥吗

薪酬是组织吸引和留住各层级人才至关重要的因素。薪酬管理必须讲究内部的公平性和外部的竞争性，外部的竞争力是指针对外部市场与公司报酬政策和操作的分析。外部竞争力分析的重要内容之一即考察公司薪酬在行业、地域间的竞争性。通常来说，企业往往无法独自完成行业薪酬分析报告，需要借助外部专业报告获得行业薪酬洞察，从而为薪酬工作与人才管理工作提供一些思路。**在某类**

1 德勤 . 2017 年德勤全球人力资本趋势报告 [R]，2017.

人才稀缺的情况下，组织通过获取行业薪酬报告数据，从而制定具有市场竞争力的薪酬策略以吸引顶尖人才无疑是明智之举。

例如，领英联合人力资源咨询公司怡安翰威特发布的《2016 年中国互联网金融人才白皮书》显示，通过对比分析了互联网、金融及互联网金融之间的人才现状。2016 年，中国金融行业人才数量在 50 万人以上，互联网行业人才在 10 万～ 50 万人，如图 9-5 所示。而相比之下，互联网金融作为新兴行业，人才数量只有 1 万～ 5 万人。其中，懂得金融产品与业务的相关知识，又要具备互联网的思维与技术的“复合型”人才更是凤毛麟角。因此，互联网金融公司需要不断向银行、科技公司人员递出橄榄枝，提供的薪酬待遇也水涨船高。

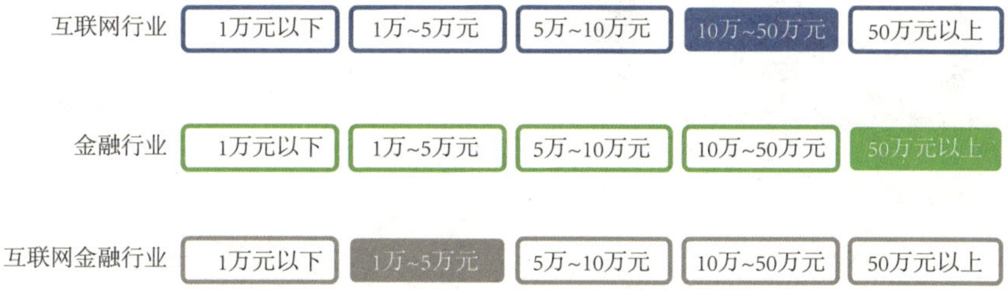

图 9-5　2016 年各行业人才库概览（总人数）

资料来源：领英，怡安翰威特：《2016 年中国互联网金融人才白皮书》。

在全新的时代，有效利用基于云技术的大数据平台，薪酬制定人员需要掌握行业趋势，基于客观、全面的数据报告，制定出更加准确、有效的薪酬策略，这对于组织吸引全职员工而言至关重要。然而，如前文所述，在未来，企业的工作任务可以交由内部员工、外包公司、人力资源平台、自由工作者、合作伙伴等来共同完成。如图 9-6 所示，2016 年 6 ～ 7 月，麦肯锡全球研究院在美国和欧盟 15 国进行了一项调查，并发布了《独立工作报告：选择、需求和零工经济》，该报告估计这些国家的独立工作者总人数可能达到 1.62 亿人，其中日常兼职者和自由职业者分别为独立工作者中最大的两个群体（共占 70%）。据推测，**到 2030 年，80% 工作岗位的薪酬不再按照月度发放，而是实时结算。未来组织在进行薪酬制度的设计时，在充分考虑经营管理特征、财务实力及其企业文化等因素之外，最为重要的是尽可能吸引到各类顶尖的人才——不只是全职员工。**

图 9-6 美国和欧盟 15 国独立工作者总人数

资料来源：麦肯锡：《独立工作报告：选择、需求和零工经济》。

□ 人才不那么需要组织，传统的薪酬数据价值还剩多少

2009 年，CCTV 播放的大型电视纪录片《公司的力量》指出，人类经济发展的一个重要分水岭就是发明了"公司"这样一个组织形态。公司可以把一群人组织起来形成一个整体，通过工作的分配、工作关系的协调使得人类可以发挥更大的作用。人类从无序变得有序是因为组织的产生，但是**未来人类工作的主要形态可能不是以组织的形态出现的。随着自由职业者的崛起，对于雇主而言，一方面拥有一个"全球人才库"不再是梦，另一方面主要用于全职员工的传统薪酬报告也将很难适用。**而财务自由是驱动人们进入自由职业市场的最大因素之一。据推测，到2030年，全球主要的知识自由工作者平台网站的年度工资支付总额（Gross Payment Volume，GPV）将达到 1 万亿美元。

根据自雇佣和自由职业者协会 ipse 发布的《2016 年第 4 季度英国自由职业者信心指数》表明，2016 年第 4 季度，对于未来一年英国经济的发展情况，英国自由职业者的信心依然处于较低水平，但是对个人业务发展的信心持续上升，

如图 9-7 所示。该报告还显示，英国 69% 的自由职业者相信其收入在未来一年将增加。

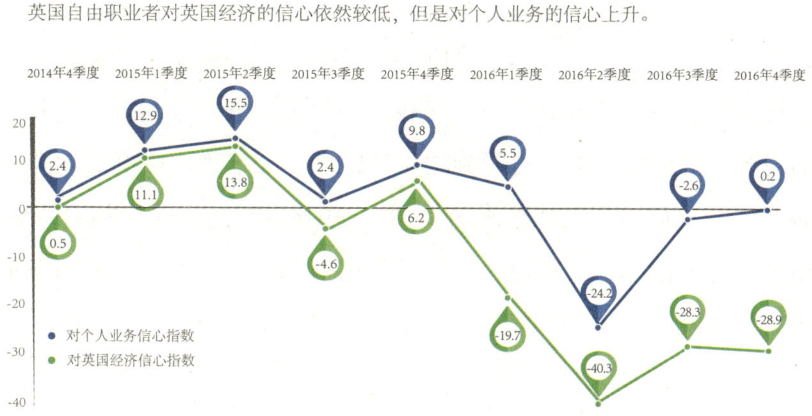

图 9-7　英国自由职业者的信心指数

资料来源：ipse：《2016 年第 4 季度自由职业者信心指数》。

根据中国信息分类网站赶集网发布的《2014 O2O 自由职业者生存状况》报告，2014 年中国税前个人月收入在 5 001 ～ 8 000 元的线上到线下（Online to Offline，O2O）自由职业者最多（占 34%），税前月收入高于 5 000 元的占到 68%，税前月收入超过 10 000 元的占 9%，收入普遍偏高。这个群体的平均税前月收入已达到了 8 312 元，超过了 2014 年白领收入最高的上海市（平均月收入为 7 214 元），如图 9-8 所示。

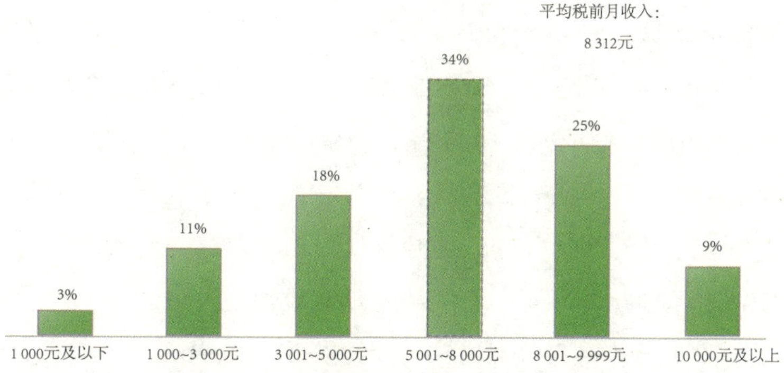

图 9-8　2014 年自由职业者的个人税前月收入分布

资料来源：赶集网：《2014 O2O 自由职业者生存状况》。

未来组织会越来越需要人才，而人才则不再那么需要组织。与此同时，**工作报酬也将由供需关系而不是组织来进行分配，每个人的工作表现将不断被追踪、评估。**

未来，在全球工作的对流中，跨时空的工作会越来越多，越来越多的人因为互联网提供的机会而获得更多的收入和更多的工作——他们不再需要归属于某类特定的组织，所获报酬也不再受到地域的限制。在过去，印度班加罗尔顶级的IT工程师也许只有硅谷工程师薪水的1/10，但随着像Upwork、Freelancer.com这样的自由职业者工作平台的出现，突破了就业信息的不对称和地域的限制，他现在可以为美国纽约的一家公司工作，其收入可以立即上升10倍，进而达到美国硅谷工程师的薪资水平。未来，薪酬水平在全球范围内将出现一种均衡的状态。

而传统上按照地域、行业撰写的年度薪酬报告假定的前提是某个行业的某个特定岗位，其薪酬变化比较缓慢；而当工作在全球范围内流动时，全球性的顶尖人才与效率品质俱佳的工作成果将成为雇主新的追逐目标，薪酬的结算也将更具个性化，快速变化也将成为常态。**这时，传统的薪酬数据报告势必将变成一种价值并不太高的参考系统，对自由工作者及其雇主在获取/提供薪酬时所采纳的依据提供了挑战。**

案例：自由职业者工作平台的薪酬交付玩法

根据在线支付系统贝宝（PayPal）中国的博客文章《深度探讨：人生规划的选择，跨境自由职业者》的介绍，在Upwork平台上，自由职业者除了可选择传统的固定价格的工作之外，还可选择独具特色的“时薪制”工作（Hourly Job）。自由职业者用户在工作时，可打开计时软件New Upwork Team，该软件会每10分钟自动截屏捕捉键盘活动，并发送给雇主，成为工作监督与支付报酬的依据。这就有效保障了雇佣双方的权益，使付款有据可言，避免出现纠纷。同时该软件还可以根据自由职业者用户的具体需求，对结算金额、工作量安排进行灵活调整。据悉，一些中国自由职业者在该平台上的时薪高达150美元/小时。除此之外，Upwork每个季度都会发布“最受欢迎的自由职业者技能”报告，自由职业者的报酬起伏与其个人技能和曾经雇主的美誉度息息相关。

而在专注于平面设计的自由工作者平台 99Designs 上，薪酬交付的玩法则更为大胆。自由设计师们不需要事先申请项目，而是参与投标“竞赛”的方式来进行。在雇主发出竞标通知后，有意向的设计师可以上传为客户度身定制的作品，雇主可进行筛选，并与中标者直接沟通薪酬发放事宜。

对于散布全球的自由职业者而言，其按工作任务和时间获取的报酬往往需要通过跨境收款来实现。他们最为关注的问题之一就是跨境收款的及时性和安全性，即如何在完成任务后以最实惠的方式安全高效地接收薪酬。一些支持跨境支付的平台，如电子支付领域的领先玩家美国的 PayPal、中国的支付宝等，都纷纷开发了一系列产品，在商家和自由职业者之间建立联系。同时，也不乏新玩家的出现。例如，一款名为 Felix 的移动应用，也能够提供某些与 PayPal 类似的服务，能够帮助自由职业者与客户之间建立“自动转账”的关系。它能够让自由职业者按周记录他们的工作时长，然后向那些同意自动付款的客户发送“讨薪”发票。这些发票每周产生一次，如果双方存在争议，那么客户可以在48小时内取消支付薪金。[1] **由于自由工作者平台及与此相关的支付平台上产生了大量实时、动态的数据，未来的薪酬数据报告很可能是由这些平台依据技能、岗位类别等而发布季度性、月度性甚至实时的薪酬报告。**

HR认知与预测能力的飞跃：美妙的数据流动与实时分析技术

人类的行为是否可以被预测？美国物理学院的院士艾伯特 - 拉斯洛 · 巴拉巴西给出的巧妙回答是：“在人类漫长的历史中，人类的行为并不是随机的，并不是泊松分布的，而是存在一定的规则。通过对大数据的分析，可以看到人类的行

1 Felix：一款专为临时工打造的“讨薪”平台，让你再也不用过年讨薪 [EB/OL]. 猎云网（2017-06-12）http://www.lieyunwang.com/archives/322873.

为规则是基于优先级排布的问题。每个人都有自己的任务列表，而如何按照优先级排列顺序则产生了不同的影响。”[1] 预测能力无不是建立在强大的数据感知和分析上的。**对于人力资源管理而言，这些数据是在整合薪酬、考勤、行为数据及外部商业环境的基础上，对未来的员工行为、绩效、薪酬形成的预测分析。**

技术正以前所未有的速度向前发展，包括人工智能、移动平台、传感器、社会协作系统、人脸识别等技术，正在不断颠覆人们的生活、工作和沟通方式，同时也使得获取与人力资源相关的大数据变得更加容易，这一方面给人力资源的认知与预测能力带来了飞跃式的发展，另一方面也为未来的人力资源管理提出了诸多挑战。

❑ 新技术带来大数据流，颠覆传统人力资源管理

即使抱着最公正心态的招聘官难免也会带着无意识的偏好和偏见，大数据分析方法有助于消除偏见和干扰。麦肯锡在《数据分析助力 HR 获取精确洞察》报告中发现，首席人力资源官开始利用人才模型试图解决各种人力资源问题。随着数据收集成本越来越低，员工的调查问卷、员工的代码行为、员工的社交网络内容等都可以用来对员工的绩效、招聘、流失率进行科学客观的分析。通过计算关键需求的数据得分可以对未来的分析投资进行优先排序。

南加州大学马歇尔商学院教授约翰 · 布德罗（John Boudreau）在《未来，这个世界只有四种工作模式》一文中则指出，机器人、无人车、商品化传感器、人工智能及物联网，将对劳动生态系统进行重构，使得灵活、分散、即时的劳动力足以适应快速的业务再造。分析、算法、大数据和人工智能在逐渐取代传统工作岗位的同时，在人机协作领域创造了新的工作岗位。与此同时，认知商业能够基于结构化数据提供全面的人际互动，基于对自然语言的了解和解构，组织和人才通过利用自动化技术，构想和设计更加优化的人力资源管理流程。

---

1 艾伯特 - 拉斯洛 · 巴拉巴西 . 爆发：大数据时代预见未来的新思维 [M]. 马慧，译 . 北京：中国人民大学出版社，2012.

2030年，**全球首次**

面试官的人工智能助理与

候选人的人工智能助理

完成自动连接，

并在亿分之一秒内

完成了遴选和录用通知的发放。

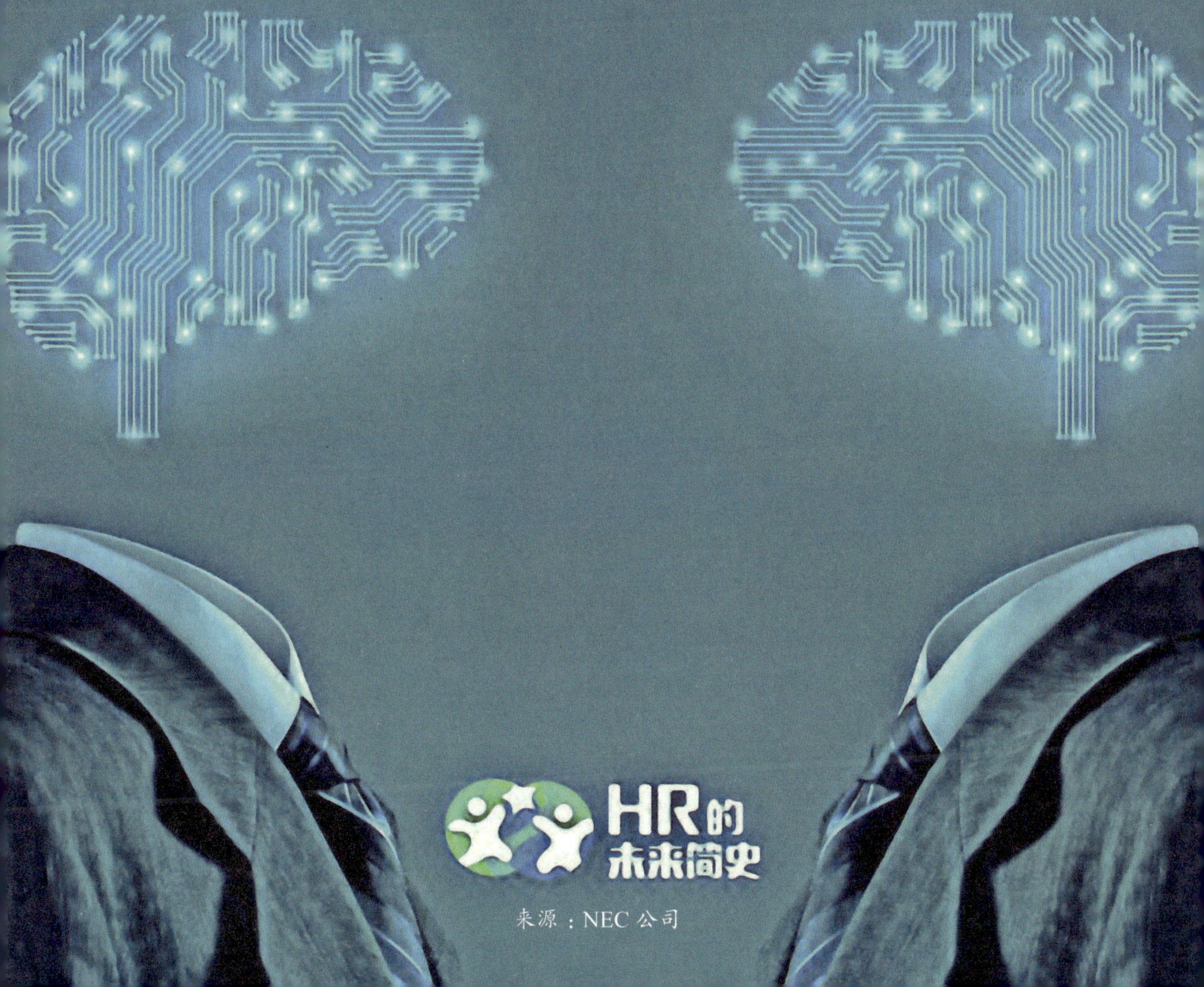

来源：NEC 公司

对于组织而言，甄选合适的人才变得越来越重要，由于在面试中信息的不对称而导致的错误招聘，使得企业深受其害。在面试中，面试主考官不仅需要深厚的人生阅历和广博的知识积淀，还需要较强的辨谎技能。但是，**仅仅依靠面试官来辨别，存在较大的主观性和误差，而大数据技术则能够大大提升面试测评的准确度。通过人脸识别技术和语义分析技术可产生大量的数据，进而加以分析，并做出准确的判断。**

按照百度百科的解释，人脸识别技术（Face Recognition Technology，FRT）是基于人的脸部特征，对输入的人脸图像或视频流，首先判断其是否存在人脸，如果存在人脸，则进一步给出每个脸的位置、大小和各个主要面部器官的位置信息。依据这些信息，进一步提取每个人脸中所蕴含的身份特征，并将其与已知的人脸进行对比，从而识别每个人脸的身份。而人脸表情识别（Facial Expression Recognition，FER）系统则由人脸检测、表情特征提取和表情分类组成，可检测到的情感有愤怒、轻蔑、厌恶、恐惧、快乐、无表情、悲伤及惊讶等。通过面部识别技术，可以精确实现毫秒级微表情捕捉。[1]

案例：NEC的人脸识别技术

作为人脸识别技术的先驱，日本最大的信息技术提供商NEC的人脸识别软件NeoFace现在已经被世界各国的出入境管理、公民ID管理等公共安全部门广泛采用，同时也日益成为金融、交通、教育等行业IT解决方案的重要组成部分。常见的应用场景，可以是机场安检的“对票”+“对人”，也可以是在商场进行“刷脸”支付，通过“刷脸”防止替考、助力智慧酒店识别客户身份等。

如图9-9所示，在企业大楼中将NeoFace用于门禁系统，可准确辨认出来访者是企业员工还是访客，或者未经授权进入的陌生人。NeoFace的下一代技术将是识别人脸的表情，可以在面试、工作场景中应用，进而分析出人的情绪状态，并通过数据积累来追踪和分析人的行为。

1 什么是人脸表情识别技术？[EB/OL]. 搜狐（2016-12-25）http://mt.sohu.com/20161225/n476877393.shtml.

图 9-9　人脸识别软件 NeoFace 识别来访者身份

资料来源：NEC 公司。

此外，**还可以通过语义分析，结合深层神经网络等机器学习算法，不断对面试过程中产生的历史信息进行数据挖掘，从而帮助人力资源管理者更好地进行决策。**例如，在具体的面试过程中，可借助人工智能测谎仪，首先通过摄像头捕捉人脸上的关键点，配合非接触式传感器，对人的性别、微表情、肤质、颜色，以及局部温度、心率、语音等神经进行分析，同时结合生理的外在表现，得出对应的唯一关系，进而反推候选人的心理，探测其内心的倾向，从而准确判断候选人的契合度，降低招聘决策的风险，提升人力资源的能效。

案例：IBM Watson 的语义分析技术在人力资源中的应用

IBM Watson 是国际商业机器公司认知计算系统的杰出代表，通过自然语言处理和机器学习，能够助力决策者从大量非结构化数据中获取重要信息。在商业领域，IBM Watson 能够在浩如烟海的数据中提供建模、文本分析及决策建议。例如，秘鲁最大的保险产品和服务提供商 RIMAC Seguros 就利用 IBM Watson 的语义分析技术，大大提升了工作效率。根据介绍，IBM Watson 通过对政府文档进行扫描，并抽取和案件相关的条例，这一过程能减少 90% 的索赔处理时间。IBM Watson 还能帮助保险公司确定医院的收费是否过高，判断特定区域的案件索赔性质。

企业在进行招聘时，并非只重视一个人的学历和能力，应聘者的品格、性格、态度等因素都在考虑之列。面对大量的候选人，单靠人力很难获取精确的信息，而IBM Watson能协助组织收集候选人在网络上的言行，再配合面试时的数据综合分析，如果某些特质并不适合该岗位，就会拒绝聘用。例如，IBM Watson能够研究候选人的个性，让候选人打字给机器人，机器人会在几秒钟内出具一份完整的候选人性格报告。

除此之外，IBM Watson还可以通过员工考核，分析员工的工作表现，向人力资源部门提供员工的生涯规划建议，将合适的员工放到适合的位置，帮助组织做到“人尽其才”。如何对实习生进行培养和任用，需要结合实习生的表现进行决策，而利用IBM Watson分析，大大减少实习时间，从而提升优秀人才的留存率。

❑ 人工智能与虚拟技术助力人力资源管理

运用人工智能技术，在培训项目中可以实行开放式推演，让参与者不断试错。例如，在某些引入该技术的沙盘模拟领导力培训中，学员可以根据所在企业具体的管理环境，通过多次实验确定合适的管理方法，并对培训中所获的知识进行实时验证。另外，机器学习也可为学习参与者提供更加深入的信息——通过参与者所选择处理的事件，能够归纳出参与者的管理风格倾向性，从而激发其学习热情，提升学习体验。

案例：乒乓球领域世界冠军蒂姆·波尔与机器人对战

如图9-10所示，2014年3月，世界领先的工业机器人制造商之一德国KUKA机器人公司举办了一场“人机大战”，参赛双方分别是曾获世界冠军头衔的德国乒乓名将蒂姆·波尔和KUKA公司的单臂机器人DR Agilus。在比赛初始阶段，机器人以精准的动作和击球很快取得6:0的领先，不过波尔也很快发现了机器人对手的弱点。最终，波尔不断以擦网球、擦边球和高球最终取得11:9的胜利。不过，有媒体评论指出，与以往棋类“人机大战”的真刀真枪拼杀不同的是，这场乒乓球比赛虽然进程激烈，但其中情节都是事先安排好的，整段视频既突出了 DR Agilus 机器人的灵活，同时也体现出人类更胜一筹的独立思维分析能力。某种程度上，这是 KUKA 公司的一次营销行为。

可以推测的是，如果在国际大型赛事中，一方选手想要攻克另一方选手夺冠，只需在陪练机器人系统中储存对手足够多的战略技能并模拟对手，并让选手在与机器人进行练习时着重提升击破对手弱点的技能，那么该选手的进步速度能力提升是可想而知的。

图 9-10 世界乒乓球冠军蒂姆 · 波尔对战 KUKA 公司单臂机器人 DR Agilus

资料来源：KUKA 公司。

将人工智能相关技术用于培训，不仅能够提升学员的体验和培训效果，同时还能解放人力资源部门的工作负担。例如，2016 年年底，美国网络电子商务公司亚马逊增加了约 120 000 个临时工作岗位以应对节假日用工需求的增加。面对急剧增加的劳动力，亚马逊利用机器人和认知技术，对临时员工进行培训。机械式记忆和重型起重等任务被自动化技术替代，从而使临时员工快速适应需要人力技能的工作。而自动化培训界面、“智能”胶带座和机器人托盘等工具使用，使新招聘人员的培训时间从6周减少到2天。[1]

另外，虚拟技术对人力资源管理也将产生极大影响。利用虚拟现实和增强现实，企业可以大大改善招聘与培训，提高求职者的体验，也能够提升员工培训的吸引力，降低培训的成本。增强现实设备能够针对员工的工作行为进行大数据分析，及时地调整培训内容。以往的培训数据单纯采集学习过程的信息，而利用增强现实技术，工作中的数据可以实时反馈到培训过程中，进而影响培训的内容与方向，其意义更为深远。

例如，英国军队已经在招聘过程中使用虚拟现实技术，而美国通用电气公司则把虚拟现实用在了校园招聘会上，让学生戴上虚拟现实头盔，参观公司石油和天然气回收机设备。

基于认知计算的解决方案，已经开始涉足不同领域来为人类服务，甚至改变了人们学习、生活、工作的方式。**人力资源管理者在技术的影响下也将不断创新，突破人类分析的盲点，不断提升组织管理的效率。**

❑ 大数据多方解码，精准预测员工行为

“大数据”、“机器学习”、“人工智能”等科技，已经颠覆了人们的认知。**通过大量的数据演算，组织还可以预测员工的心理及行为变化，从而采取有针对性的措施，有的放矢进行管理。**例如，摩根大通采用新型算法，过滤员工邮件，试图找出其中是否有任何不法行为，防患于未然。全球500强企业施乐则利用大数据将员工数量裁减了一半，同时利用认知和个人技能测试为公司聘请最优秀的人才。施乐的招聘团队还查看了与实际工作描述无关的因素，寻找员工留职与互动之间的关系。

大数据技术也可以帮助组织获取社交网站上的数据。例如，谷歌直接在搜索结果页面增加了一个新的职位搜索引擎，并与包括领英、Monster、WayUp、DirectEmployers、凯业必达、Glassdoor和脸书等在内的社交、招聘网站进行合作，用户通过在谷歌页面输入“我身边的职位”、“教学职位”或类似的关键词即可查

1 德勤. 2017年德勤全球人力资本趋势报告[R]. 2017.

看所在地区的可用信息，从而让找工作变得更加容易。而组织通过收集、整理和分析这些“人才搜索引擎”，也有助于寻找到最适合的候选人。

此外，大数据技术还可以追踪员工的活动，从而帮助组织绘制员工的社交图谱，从而发现组织潜在的客户和推广的最佳渠道。例如，美国个人社交数据自动分析技术公司 Fama Technologies 利用机器学习技术分析和匹配社交媒体信息和网上公开的个人资料，帮助公司进行智能招聘或对相关人员进行背景调查。

未来，机器人、人工智能、传感器、认知计算机等技术将成为主流，利用这些技术能够改善组织和团队，人力资源部门利用机器完成更多工作，从而增强人力资源效能，同时也将促使人力资源部门思考如何重新在机器与人力上分配工作任务，促进组织变革和未来的快速增长。

三支柱的坍塌——即将到来的人力资源共享服务中心机器人化

被誉为人力资源管理开拓者的管理大师戴维 · 尤里奇于 20 世纪 90 年代提出了人力资源管理的三大支柱模型，即商业伙伴、领域专家 、人力资源共享中心 ，这也是长期以来人力资源领域最炙手可热的工具模型之一。

然而，随着人工智能的强势入侵，据推测，**到 2030 年，人力资源三支柱将坍塌。**目前已有新型人力资源服务智能化机器人现身，其强大的功能首先对人力资源共享中心的功能产生了极大冲击，引发人力资源管理层的极大关注和深刻思考。

案例：智能机器人进入人力资源共享中心

一站式自助办公服务提供商纷享科技推出的 iHR 人力机器人，目前可以提供多种功能。其最基础的是可以开具各类证明文件自助打印，如在 / 离职证明、收入证明、公积金证明等 44 种证明文件，能够大大提高办事效率。iHR 人力机器人还可以应用到不同的工作场景，并可适用于不同企业的个性化需求，有标准版、专业版、定制版等不同类型。未来还会融入人脸识别、数据分析等更加先进的技术。

全球商业/IT咨询、解决方案及外包服务商文思海辉推出的人力资源智能服务终端，可根据不同办公区域，设置不同的人事服务模式，实现远程控制。其自助服务一体机 iclick 可以实现开具基本的证明材料。远程服务一体机 iconnect 则是新一代的升级版本，在实现基本功能的基础上，则具备更多的业务拓展功能，如考勤、请假、薪资单查询、打印、人事流程申请及进度查询等。同时，员工还可以下载远程服务应用 RSA，通过移动端及时提交申请，实现多种功能。

当机器人进入人力资源管理领域后，中小型企业中一部分处于价值链低端的人力资源管理者将面临失业，这是难以避免的。机器人的第一步已踏入人力资源共享服务中心，不禁让人思考人力资源商业伙伴、领域专家部门是否为下一波受到冲击的对象。

从目前的人力资源服务机器的功能来看，以输出打印文件的事务性工作为主。未来，在与机器的互动过程中，员工表情、语音、行为都可以被记录分析。通过面部识别技术、语音识别技术，这些分析工作都可以被快速完成，这种优势是“纸质时代”、“电子表格时代”所无法超越的。随着劳动力结构的重塑，成长在数字时代的“原住民”将充斥劳动力市场，他们与机器的天然互动性，也会加速机器在人力资源领域的普及和发展。

提供这些服务供应商也看到了其他人力资源服务场景存在的需求，例如利用机器进行远程面试、远程答题，即可打通招聘流程和管理流程，并且在薪酬福利领域也将大展身手。2016 年 6 月，日本高端人才招聘网站 BizReach 与雅虎及美国客户管理平台 salesforce.com 达成合作，宣布将开发一种人工智能工具，通过收集员工的工作数据，完成招聘、员工评价和分配工作岗位等任务。**这些数据通过智能机器进入人力资源管理部门之后，能够帮助人力资源的三支柱形成全面联动，辅助业务决策。将现在缺失、隔离的数据进行串联，打破现有的信息孤岛局面，从而扩大人力资源管理部门的影响力。**未来，机器将现身于人力资源服务的各个领域，冲击力不可小觑。

业内分析人士指出，人工智能能够通过统计过去和现在的大量数据来对员工进行判定，所以在变化较小的企业环境之中可以发挥很大的作用。但是当一个企业要进行技术创新，或因突发情况要推出新的人事策略时，还是必须要依靠人的力量。因为如何给默默奉献的员工做出恰当的评价仍然十分困难。因此，对于人与人工智能之间的职责分担将成为人力资源部门今后研究的重要课题。[1]

面对这场汹涌而来的技术大潮，就像人类历经的数次进化一般，都需遵循“适者生存”这一法则，坦然看待技术带来的两面性。在这场与机器的赛跑中，“人类＋机器＋出色程序”这一组合将渐入佳境。

1　人工智能会取代 HR 吗？或只适合变化较小的企业 [EB/OL]. http://news.163.com/16/0627/05/BQHU13OO00014AED.html.

2030年，

人力资源三支柱模式将坍塌！

第 10 章

HR的未来之镜

超级HR，
敏锐感知商业环境变化，
推动组织敏捷化，
快速迭代管理实践。
HR的未来简史

这就是未来人力资源管理被颠覆的动态场景：

琳达在协调位于印度班加罗尔的工程师阿米尔·汗和中国国内团队的合作视频会议后，手机收到董事长杰克对候选人托米视频面试满意的审批决定，琳达在手机上单击录用通知操作；托米查看工作手册已成为历史，直接扫描琳达发来的二维码，完成入职管理全流程；托米可能自己都想不到的需求，琳达会主动找上他：琳达怎么会知道我正需要它呢；坎迪的权威受到挑战，传统课堂的审判日到来；年度绩效和敬业度评估被琳达无情淘汰，托米可以实时分享学习发展结果和评价，线上所有人（同事、管理者、专家、客户、合作伙伴）都能看到董事长杰克和客户露西给托米的点赞；数据贯穿人力资源管理场景，琳达借助机器人 X-man 对坎迪的离职预测让杰克刮目相看；三支柱轰然坍塌，机器人 X-man 无情霸占共享中心；琳达几乎淘汰了幻灯片工具，转向具有交互功能的 X- 心理学家，一位数学家、计算机科学家、人工智能先驱和认知科学专家的集合体；琳达的命令和指标越来越渺小，混沌和自由在组织内生长；超级人力资源管理者横空出世，看似叛逆，却无比荣耀。

人力资源部门的敏捷与迭代

《谁动了我的奶酪》阐释了变是唯一不变的真理。摩尔定律显示：每 18 个月，计算机产品的性能会翻一番。“快比慢好”，谷歌要求公司尊重用户的时间，所以页面加载瞬间完成，所有的广告标志清楚，在一旁放置得体，与搜索结果相关而不喧宾夺主。在一个“不断加速的跑步机”上，市场变化太快，组织太过长远的规划可能并没有实际的意义。迅速适应新规划并迅速进入状态尤为重要，当大小公司身处同一起跑线时，颠覆与被颠覆的概率大增。没有企业愿意被称为行动迟缓或无法适应商业环境的“恐龙”，尤其是巨型组织一直在抗拒那个不可思议的悖论：越领先越接近灭亡。

黑暗丛林的生存法则之一在于突破战略盲点，发挥最小单元的最大力量，向各方向探索。无须任何中央控制体系，用点对点的方式快速寻找最佳位置。有时没有制订详细的计划不代表没有愿景。就像诺曼底登陆的时候，由加拿大、英国及美国组成的盟军并不需要制订详细的攻打巴黎的计划，但是每位士兵解放巴黎的愿景是有的。两栖登陆战是在 1944 年 6 月 6 日早上开始的，军队全身心投入于诺曼底登陆和过程中灵活变动的战略，未必能制定解放巴黎的具体作战过程策略和细节计划，但每名士兵在登陆诺曼底的过程中，已经完全明了军队解放巴黎这个宏伟目标。诺曼底战役实际上持续了超过 2 个月，盟军在 1944 年 8 月 25 日解放巴黎，宣告结束诺曼底战役。

像管理学家赫伯特 · 西蒙所说的："对于人为发展起来的科学，不管是工程学、医学还是管理学，其精髓都在于设计！"全新一代的人员体验，要重新设计，开拓新边疆。设计思维成为未来人力资源管理者最重要的工作，它涵盖组织、行为、流程和体验设计。

以人才激励为例，未来引入更多数字化手段是基于系统和机器的激励的。在工作平台钉钉，通过显示和评比个人的步数，成员有机会在当天获得勋章，并能得到他人的点赞。于是，认可与激励变得实时化，并能强化人才的正确行为，使人获得更多的幸福感和满意感。

敏捷组织要具备两个方面的支撑，既要有高度稳定的平台、完善的结构和流程，也要具备快速行动和应变的能力。如图 10-1 所示：最小化可行产品不是提供一个车胎、一个车身，而是提供一款可用产品如滑板、自行车等，最后演变为最终的产品汽车。滑板其实是一种帮助客户从一个地方到另一个地方的有用产品。而很多项目的失败在于交付者希望提供一个百分之百满意的产品。劣质的交付通常是缺乏实际的反馈循环，这会带来很大的风险，而且肯定不是敏捷的。[1] 从设计角度来说，要拥有敏捷和迭代的概念，而不是给企业立即做一个复杂的项目。快速变化的市场，客户有时并不了解自己要什么。了解客户的需求痛点，跟客户沟通，倾听和持续反馈。敏捷理论中的最小化可行产品，在竞争对手之前交付一款可用但不完美的产品要比竞争对手之后交付一款完美的产品重要。对于一款真正能满足用户需求的产品，时间窗口显得异常重要，需要管理者有时放弃完美主义。

1 亨利克 · 克里伯格：了解最小化可行产品 [EB/OL]. Crisp 博客 (2016-01-25)http://blog.crisp.se/2016/01/25/henrikkniberg/making-sense-of-mvp.

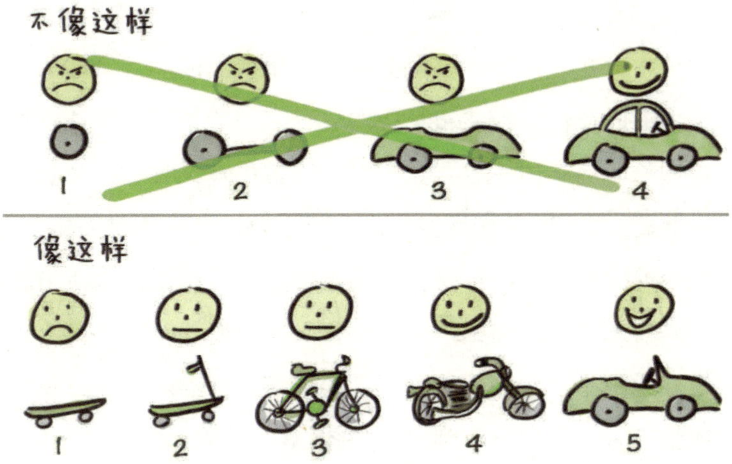

图 10-1 最小化可行产品是一款可用产品

资料来源：亨利克 · 克里伯格（Henrik Kniberg），Crisp 博客

然而，管理者要防止过度敏捷。如图 10-2 所示：一种糟糕情况往往发生在过去很多传统项目中，管理者没有建立敏捷思维，而是在事情开展前制定了过分臃肿的预先计划和体系结构。但是，完全无计划、无体系结构的思维作为一种过度敏捷，是一种十分糟糕的敏捷。只有粗略且可适应的计划和体系结构才是未来企业真正需要的敏捷 。[1]

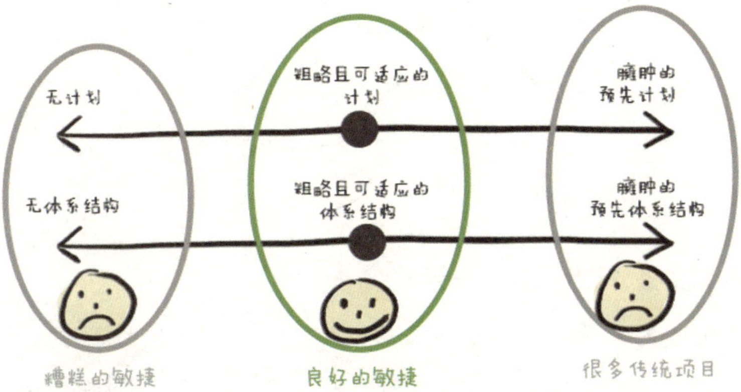

图 10-2 防止过度敏捷

1　亨利克 • 克里伯格：什么是 Scrum [EB/OL]. Crisp 博客 (2014-10-8)http://blog.crisp.se/2014/10/08/henrikkniberg/what-is-scrum

电影《泰坦尼克号》其中一幕：船撞上冰山后，船身剧烈倾斜，一片混乱，人人在生死别离中挣扎。这时，几位提琴手在甲板上演奏着音乐。人力资源部门如果不帮助组织适应在快速变化市场中的生存之道的话，**一个线性增长的公司不可能在指数级增长的环境中生存，竞争对手迅雷不及掩耳、人力资源部门需要让组织变得更为敏捷，否则就是掩耳盗铃。**千万不要像自以为是刀枪不入的义和团，因为在外部强大的冲击力下，组织会瞬间倒下。人力资源部门难道要成为泰坦尼克号的提琴手，在悲哀中目送组织的失败和人员的离开？

在这一设计过程中，人力资源管理者需要遵循行动—反馈—反思—再行动的路径。**传统课堂学习的审判日将到来。如图 10-3 所示，**每个人都需要通过和外部的交互、再反馈和行动，**再不断进行反思再行动，构建知识工厂和自我导向的学习体系。**

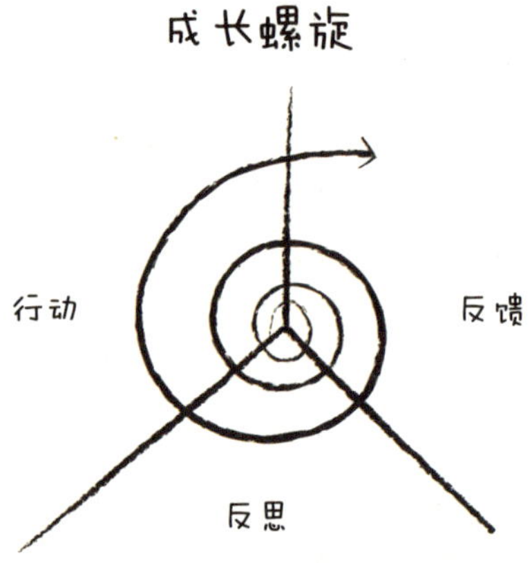

图 10-3 设计思维中的成长螺旋

资料来源：《互联网思维的企业》。

案例：传统企业人力资源管理转型

结合企业内部的社交、结合移动应用、利用设计化的思维，连锁百货公司梅西百货选用了包括招聘与入职、核心人事管理、薪酬管理、目标与绩效、人才盘点、员工发展、报酬管理等全套甲骨文云人力资源平台作为其人力资源转型的技术平台，在德勤管理咨询及甲骨文的帮助下，梅西百货在人力资源转型中：

- 建立了全集团统一、共享的人力资源管理支撑平台
- 打造全渠道独一无二的雇主品牌，以支撑零售行业对于短期海量人员招募的挑战
- 厘清、简化其人力资源业务流程以提升人力资源效能，原有2 000个的人力资源流程简化至200个以下，采用了143个甲骨文云平台中标准化流程及13个扩展流程以支撑梅西百货的特有需求
- 建立面对全集团超15万名员工的人力资源管理沟通平台，而之前，每年近百万个关于福利的调整和改变都是通过手工完成的
- 灵活的升级窗口以支撑零售企业旺季的需求

案例：腾讯的敏捷迭代管理

腾讯的绩效管理变革就是先灰度测试，慢慢磨合后，把实践中发现的问题逐步放大，逐渐解决。现在人力资源团队内部进行试点，后期扩展到典型团队。最后再扩大至全员。通过敏捷迭代，才能响应业务需求又能不断纠错完善方案。

腾讯完整的迭代过程包括概念、设计、开发、测试和发布五个过程。在概念阶段，会制定产品发布的计划，如产品迭代发布时间、发布哪些产品特性等；在设计阶段，会做产品原型的设计，如产品可能在一个团队里面先去体验，它会是一个不断放大的一个过程；在开发和测试阶段，更多地采取测试上的实践，如全员测试，就是将测试看成不仅仅是测试人员的工作，更多的是整个团队的工作，通过全员测试来激发大家对产品质量负责；在发布阶段，腾讯采用的是灰度发布，如有每日晨会，如何建设团队氛围，统一的管理平台，每次迭代完成时的总结回顾等。

规范不是很强硬地要求每个项目必须执行，更多地由团队自己选择，让他们根据自己团队的特点、规模去选择应该采取哪些实践。“假设、实践、验证”正是腾讯绩效管理变革快速迭代的经验根基。

在敏捷迭代过程中，项目负责人要进行接受度测试和实用性测试。接受性测试是用于判断用户对新技术的使用情况，尤其是在组织环境中。在

用户采访过程中，要确定用户是否正在使用及如何使用此技术，并了解使用过程中可能存在的障碍。接受度测试可用于快速评价一种产品的功能、卖点和其界面结构，并在产品设计的早期及时收集重要的反馈信息。

而使用性测试是一项通过测试用户代表而对产品加以评估的技术手段。在测试中，这些使用者将尝试完成特定的任务，而同时观察者进行观察、倾听并做记录。测试的目的是发现任何使用性问题，鉴定在一个特定的使用情境中，用户通过使用该产品能够有效、迅速、并令人满意地实现特定目标的程度。

在这个被变革和不确定性包围着的时代，对社交、智能技术和数字化进行投资，采用更加实时的方式洞察需求的变化，并调整组织运作方式。最开始的需求可能不是客户市场最大的痛点，这需要客户市场的反馈。如图10-4所示，通过计划、开发和测试式的迭代发展，每迭代一个版本都要从客户市场获得反馈，进而制定下一阶段的目标。在和外部市场人才、客户的互动中，产生不断地交互才能创造价值。

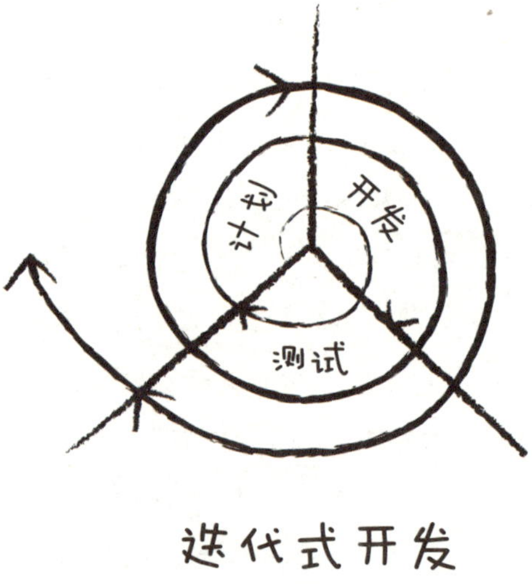

图10-4 设计思维中的迭代式开发

资料来源：《互联网思维的企业》。

橘生淮南则为橘，
生于淮北则为枳，
创新是组织和文化的果而非因。

其中，思考和创新是关键。创新需要不断尝试，并快速响应市场变化。激发员工的激情，人力资源管理者需要创建内部创新氛围。正如《重新定义公司：谷歌是如何运营的》的核心观点：关于未来企业的成功之道是聚集一群聪明的创意精英，营造合适的氛围和支持环境，充分发挥他们的创造力，快速感知客户的需求，愉快地创造相应的产品和服务。[1] **创新，某种程度上不是一个因，而是一个果。创新是因为管理者创造了松软的土壤才让它发生。**

超级HR的诞生：哥伦布与人力资源管理的新边疆

技术突变、商业模式喷发、新的组织形态产生。每个企业均有各种形态的变化。一万个公司有一万个组织架构。这部人力资源管理的未来简史，从组织设计、雇用，行为设计、学习与发展到激励、绩效管理、大数据与人工智能，无处不在地表现创新精神。在这之前，它要一路过关斩将，淘汰对手，还要与伟大的对手继续多年的相争。竞争来自行业的人才密度，而活力便由此而来。传统的领导力和管理在被弱化或可能不再见效，那么一种看似松散的管理，**企业在混沌中探寻生机和活力，既让成员保持创新精神，又不至于管理失控，实现一种"有组织的混乱"。**

科技和创新让人力资源管理有了新边疆，超级人力资源管理者将化身哥伦布去探索新大陆。**科技和创新也让人力资源管理者进化出新特质，这些看似有违常理的"悖论"，却让人力资源管理者未来分化为两种：一种是超级人力资源管理者，另一种是其他。**

图 10-5 中所示的是那些保守人力资源管理者曾经试图回避甚至深恶痛绝的词语，未来，正如《言论的边界》中的那句话：**给你所憎之思想以自由。**

1 埃里克·施密特．重新定义公司：谷歌是如何运营的 [M]. 靳婷婷，何晔，陈序，译．北京：中信出版社，2015.

2025年，

90%的企业将转型为
创新驱动，
人力资源部工作的
重中之重将是
如何构建创新的“土壤”。

HR的未来简史

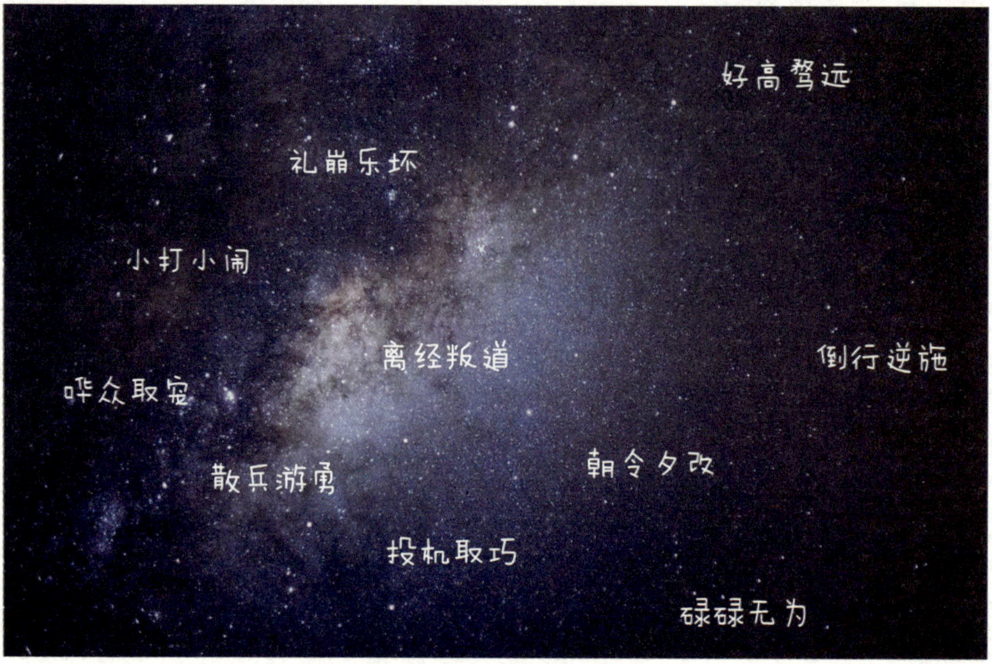

图 10-5 超级 HR 的诞生

❑ 离经叛道

人力资源管理者的离经叛道就是基于快速变化的商业环境和混序开放的组织环境。组织对于创新有了更为迫切的需求，大公司同样具备失速，它甚至需要比小公司更加具有活力，才能避免坍塌的风险。

案例：大型企业及其人力资源管理寻求活力

2017 年 5 月底，数字通信领军企业高通与通信及集成电路解决服务供应商大唐电信旗下的联芯科技有限公司成立了合资公司“瓴盛科技”，专注于中低端手机芯片组业务。2017 年 6 月 23 日，美国高通总裁德里克·阿伯利表示，高通将发力中国入门级智能手机市场，以推动企业业绩增长。但是，高通此前本身是专注于高端智能手机市场，此次战略调整，其实是寻求新的业务增长点。尤其是高通还正在与苹果之间的专利授权诉讼纠纷中。同时，德里克·阿伯利在中国台湾访问时，就 5G、物联网及虚拟现实等开发计划与中国台湾供应链寻求合作。

> 谷歌近年一口气接连开设了人工智能实验室、浏览器 Chrome 实验室和艺术 & 文化实验室等。谷歌的开发者说道："对呀，我们就是一边炫技，一边改变着这个时代未来。"谷歌的工程师可以花费 80% 的时间在核心工作上，20% 的时间用在具有战略性的新项目研发上，后者最终可能转化为公司的商业模式。
>
> 一些咨询公司或大型企业以项目制为基础的公司在人力资源管理上尽量追求灵活和创新，如会为了项目而雇用全职员工并且只签订 1 ～ 3 年的劳动合同。而人才也十分愿意接受这种灵活的方式，项目结束后，劳动关系结束，除非还有另外的项目或在公司内部其他项目中愿意谋得一职。

统一、控制、秩序、约束、流程，这是传统大型组织科层式的特色。过多的条条框框和创新绝缘，**创新有时需要人力资源管理者有胆识和能力去"离经叛道"，让企业处于多元化、自由、混沌甚至偶尔失控的状态，只为给创新之树松松土壤，收获苹果树上长出的柑橘。**

过去的企业是效率驱动型的企业，以"约束、纪律、封闭、孤僻、安定、保守、统一、服从、排斥"等为特点，这些特点与创新精神背道而驰，创新诞生于"自由、混沌、开放、交流、竞争、冒险、变异、多样、包容"的环境，而这正是创新驱动型企业的特点（见表 10-1）。对于组织人力资源管理者而言，需要在组织内部建立有助于创新的文化氛围。

表 10-1　效率驱动型企业和创新驱动型企业

效率驱动型企业	创新驱动型企业
约束	自由
纪律	混沌
封闭	开放
孤僻	交流
安定	竞争
保守	冒险
统一	变异
服从	多样
排斥	包容

创新往往是
我们种下一棵苹果树，
但却长出了满树的柑橘。

2030 年，预计 90% 的企业将转型为创新驱动，人力资源部工作的重中之重将是如果构建创新的“土壤”。橘生淮南则为橘，生于淮北则为枳，创新是组织和文化的果而非因。

一些看似难以管教的工作者，他们自主决定工作内容和工作时间，并对结果负责。这些具备自我管理能力的自燃型工作者将在未来继续受到尊重和欢迎。正如《云工作时代》中所说的，“相比一个经常加班但总干不出业绩的员工，一个不经常到办公室却能出色完成任务的员工可能对公司更有利”。

在无边界和混沌的组织形态下，根据组织过往的经验而设立的管理是愚蠢的，因为随着组织和员工的开放性，过去传统的天花板很可能被轻易触及。而且，利用过去的经验和数据所做的分析，与未来的混沌状态下的不确定性是对立的。经验和过往陈旧的管理哲学，甚至会被新的团队成员所摧毁而消亡。管理者为此需要付出比过往更大的努力，同时，管理者尤其需要在面对不确定的混沌环境时表现出比任何时候都更为强大的容忍能力。

案例：企业创新典范

新兴企业主动向市场领先者发起挑战，往往很难成功。但也有少数挑战者不仅没有失败，反而赢得了极大的市场份额，有些甚至发展成为新的市场领先者，这些企业能够取得巨大成功的原因在于它们敢于打破行规，进行战略创新，改变原有的竞争规则。许多企业的成功经验表明，在不存在技术革新的情况下，任何企业要想在激烈的竞争中取胜只有进行战略创新。

但企业的创业不仅仅是战略创新。创新起源于拉丁语，它原意有三层含义：第一，更新；第二，创造新的东西；第三，改变。1912 年，哈佛大学的教授约瑟夫·熊彼特第一次把创新这个概念引入了经济领域。他首先在《经济发展理论》(*Theory of Economic Development*) 一书中提出了“创新理论”，从企业的角度提出了创新的五个方面：产品创新、工艺创新、市场创新、要素创新及制度创新。美国的管理大师彼得·德鲁克也曾经在 20 世纪 50 年代，把创新的概念引入管理的领域，形成了管理创新。他认为，创新就是指赋予资源以新的创造财富的能力的一种行为。其实，创新贯穿了企业从战略到战术的各个层面，包括战略创新、服务创新、技术与产品创新、管理与制度创新、品牌与营销创新、文化创新等。

苹果可谓服务创新的典范，从iPod到iTunes的苹果商店的价值链条的产品生态系统的不断创新是其竞争对手所不能企及的。业界流行这样一句话：iPod的持续成功不在于iPod，而在于iTunes，iPhone的持续成功不在于苹果手机（iPhone），而在于iTunes、苹果商店等服务和应用。

技术创新可以为企业不断创造商业价值。世界最大零售企业沃尔玛成功运用技术创新谋得利润的快速增长。1985年，沃尔玛启用六频道人造卫星，通过录像带可以同时对所有员工讲话做培训，每家分店都与总部相连，分店的温度、销售业绩、客户的停留时间、购买行为模式等信息统统汇集到总部。沃尔玛还是世界上第一家试用条形码即通用产品码的技术。

❑ 倒行逆施

一些习以为常的管理顺序在颠倒。

首先，**企业的营销模式发生了变化。**过去企业的业务流程基本按照研发、生产、营销等环节设计。具体表现在：先有产品，再借助现有经销商的网络优势进行销售。现在，如果企业先有了自己的营销网络，在产品生产或上市之前，就已经创造出了市场需求，再对产品进行整合营销，即“逆向营销”。而且，一个产品经销商，完全可以按照现有资源优势，先建设自己的终端销售网络，待网络品牌资产建立后，把有潜力但效益不好的企业作为自己的生产商，对产品进行统一包装规划与推广。这种倒行逆施的管理方式，可以降低经营风险，也可能创造新需求。例如，美国知名导演约翰·拉塞特导演的影片《玩具总动员》，其实也创造了“一个特定的玩具需求市场”。

“倒行逆施”对于人力资源管理者的启示之一，在于人力资源管理者需要了解企业变革出现的“逆向营销”策略，随之影响人力资源管理者在人力资源需求和供给关系中适应包括数量和质量需求及供给计划的变化。

同时，这个时代，企业无论大小，惧怕因视野狭隘而带来的盲点代价。为了避免盲点为企业带来的难以承受之重，组织内部开始疯狂地发动创新，鼓励所有成员创造价值。**这场战役是从下至上的。**创新是自下而上的，势必要求管理者创设一个让员工表达意见、支配资源，共享利益的环境，于是沟通渠道也变得自下而上。新型沟通工具如移动办公平台钉钉、Basecamp和其他技术不断涌现，在被企业标准化后投入使用，作为企业核心人力资源管理系统的补充。在开放的组织环境下，组织及其贡献者愈加被用户价值驱动而非领导力驱动，追求创新成为企业战略重点。同时，人力资源管理者需要引领业务单元规划更加灵活、自下而上的发展道路。

案例：营销前置和思科“倒行逆施”

某知名的服装定制品牌去掉了服装制造商、零售商及中间商等有可能加价的中间环节，通过品牌进行大肆推广，获得大量客户订单之后，再去组织生产，为客户在线提供奢侈品服饰。这种营销前置的方式，使得用户和企业最大面积接触，也同时创造一个新的市场和需求。

而人力资源的政策需要按照企业业务发展和经营政策而定。在这种情况下，人力资源管理者及时调整了人才需求计划，具体表现在：人力资源管理部门选择前期重点为企业发掘和评鉴那些擅长塑造品牌的人才，中后期再为企业寻猎那些有资源和经验做好外部供应商管理的人才。

思科也将其生产活动外包出去。这意味着思科能够迅速扩大生产，又不必为扩建厂房、招募员工而犯愁。当需求缩减时，公司又能够轻松地缩小生产规模，这样在经济萧条期也不会有太多解雇员工的烦恼。在约翰·钱伯斯的带领下，思科从单一提供路由器产品的小企业走向一家提供“端到端”联网方案的行业巨头。

而且，前思科首席执行官约翰·钱伯斯鼓励思科的工程师用业余时间创业。员工为了创业可以离开思科，思科将作为投资者而非管理者来用资金支持员工。若项目成功，思科享有优先收购权，若项目失败，公司也节省了管理、人事、组织架构调整方面的麻烦。

启示之二，在于人力资源部门本身也要将营销前置和逆向的管理思路应用

2025年，
人力资源部最重要的几项工作
与今天最重要的工作
有90%截然不同！
HR的
未来简史

到人才管理中。例如，未来人力资源管理者会着力建设人力资源管理的品牌触点（Touch Point），品牌触点决定了对品牌的认知。人力资源部可以设计工作体验，改善候选人的触点、新员工的触点及正式员工的触点，这是雇主品牌建设要重点关注的部分。新员工在入职的前 3 个月阶段流失的人数可能超过招聘部门预想的数量。为了详细了解发生这种状况的原因，招聘人员可以绘制出员工在最初几个月的旅程，绘制出雇主和员工交互的人和事、这些体验带来的情感和态度及员工产生的行为。根据绘制出的图形，招聘人员可以明确员工旅程中一个或多个“重要时刻”。

❑ 朝令夕改

朝令夕改是组织对于外部反应的敏捷性适应。管理者需要敏锐感觉到外部变化，并具有高度的适应性和洞察力。朝令夕改也成为一件值得鼓励的事。然而，传统意义中的饱含贬义的“朝令夕改”，在如今敏捷迭代的商业发展节奏中，反而是一种优势的体现。因为，**那意味着更快的响应速度，能更快贴近“客户需求”。**

案例：是什么让国际商业机器公司“朝令夕改”

2015 年，国际商业机器公司的人力资源部门曾推出一项政策，鉴于安全隐患及报销制度禁止员工采用优步打车软件。这一项政策的发布，在国际商业机器公司的内部社交平台上引发一片哗然，许多员工认为这项制度不合理，并产生了抵触情绪。仅仅 24 小时后，国际商业机器公司的人力资源部门取消了这项政策，因为他们通过社交平台的大数据分析捕捉到了员工的“负面情绪”。

IBM Connections 于 2012 年被推出，该软件中包含高级分析和实时数据监测功能，并能通过国际商业机器公司的智慧云服务加快组织内外的网络协作。

很难想象，在如国际商业机器公司这样的大象级企业中，会发生如此戏剧化的“朝令夕改”。这正是反映了国际商业机器公司对员工满意度的高度重视，同时通过大数据实时感知，并及时调整。

不仅是企业的管理者需要敏锐感知外部，企业中的个体也都需要拥有灵活性思维。如图 10-6 所示，在思维体系中，管理层级别越高，愈加需要创新思维和复杂思维；其次为聚焦行动及灵活思维。但对于层级比较低的员工而言，由于产品和服务需要在不断迭代中发展，对于灵活性思维的要求更为突出。

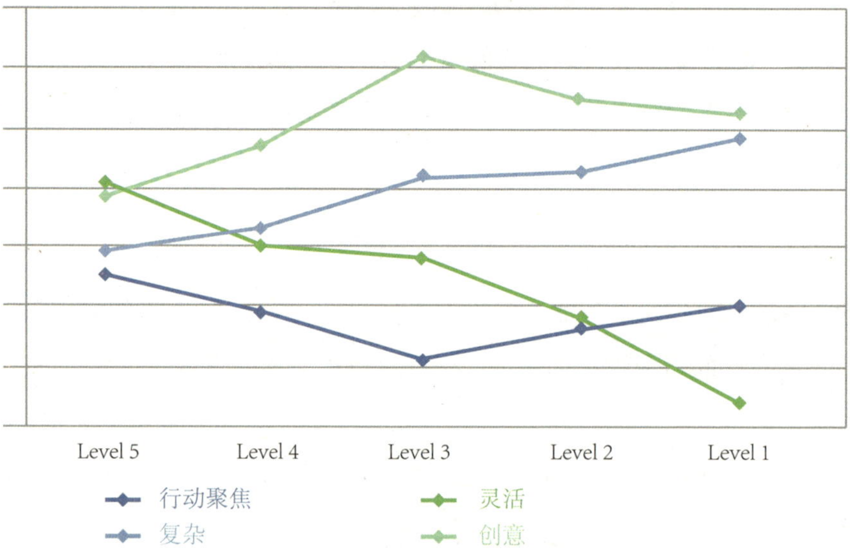

图 10-6 不同层级员工需要的思维方式差异

资料来源：光辉国际 Best-in-Class Leaders。

❑ 散兵游勇

第一，散兵游勇代表了一群没有组织、独自行动的个体像沙子一般，散落全球各地，却可以通过有效的组合和管理，爆发出惊人能量。**未来的人力资源管理者却有机会将这一盘散沙变成企业最为生猛的武器。**根据《任仕达职场 2025》的调研，47% 的受访公司和 57% 的受访员工表示，到 2025 年，企业的“贡献者”将不是“雇员”而是绩效表现更好的敏捷员工。管理者在未来尤其需要关注那些敏捷员工、顾问式员工等自由工作者的绩效，而不仅是核心员工。这是因为，人类对工作安全的传统观点、雇主承诺和职业发展路径在不断发展，除了传统的全职工作，很多人才尤其是优秀人才未来会选择更为自由灵活的工作方式。而且，当前企业大部分的管理层更多的是跟权力在一起，而不是跟市场和用户在一起，这些做法已经无法指导失控时代的业务决策和判断了。

未来的工作在全球流动，组织的人才池被迅速延展成更具活力的人才河流，企业可以突破地理位置、人才归属的限制，有机会拥有全世界的人才。而且，相同技能水平的人不管来自全球哪个地区，他们的薪水将趋同。这使得企业在同等成本条件下，可以获得更优质的人才服务。共享经济技术之于人力资源管理，替代了传统的雇佣关系和管理模式。**组织结构要像流水一样，要让员工在环境中感到舒适。**如何能够有效利用“散兵游勇”，成为企业的关键竞争力，甚至是共享经济中企业能否存活的关键。

第二，在快速变化的商业时代，面对一波又一波“创新破坏力”的浪潮，**人力资源工作者需要跳出思维盒子，以更加敏捷的方式获得尽可能多的连接，与各地的“散兵”建立联系。**业务部门、员工、供应商、客户、潜在客户、新入职员工、未来可能加入公司的员工、校友、股东、联盟、社区，周围有影响力的所有人或公司组织，都可以纳入管理者的营销对象圈子。上述连接对人才而言，并非强连接。斯坦福大学社会学教授马克·格兰诺维克强调了弱连接的作用，他称强连接没有办法带来更多的知识和信息，弱连接却会带来更多的信息、机会、价值。

案例：“散兵”的连接

2017年6月25日，电子商务集团亚马逊前资深主任科学家任小枫已经更新了他在华盛顿大学官网上的个人主页，其最新任职为阿里巴巴数据科学和技术研究院（iDST）首席科学家和副院长。任小枫将继续留在“阳光明媚”的西雅图，他自己喜爱这座城市。在接受澎湃新闻邮件采访时表示，因为家庭原因，还没有考虑回国。作为阿里巴巴负责人工智能技术研发的数据科学和技术研究院，成立于2014年，由一批杰出的科学家及工程师组成。而这些科学家和工程师其实也是以一种“散兵”的形式，分布在杭州、北京、西雅图、硅谷等地。

万科在东莞的一个房地产项目，一共由四家公司合作，由于万科管理制度的透明和规范，其余三家合作商主动推举万科操盘，但是每家企业股权占比25%。万科的董事长郁亮称其为“包容性增长”。

在人力资源的学习领域，思爱普在几年前就停用了目录式的知识系统，改用以问题为导向的学习协同平台，员工被引入到平台上获得知识和答案。在这个平台，一位新入职的员工在平台上的知识贡献也可能被企业高级管理者看到并点赞。而且，先进的社交协同技术可以为企业学习激发员工创新的积极性，包括创建虚拟组织、知识管理、分享“点子”和连接所有人；可以提供帮助与支持小组、并建立任务列表来驱动项目的进展；企业可以通过最新的学习技术自动进行小组成员邀请及检索功能，可以建立公司群组；个人可以自发邀请专家进行讨论、所有人可以分享最佳实践、信息等，还可以进行内容评分，达到良好反馈；可以支持在线文档管理、版本控制、权限控制和分享等，促进知识分享和讨论的氛围；可以轻松发布投票，了解员工的需求；等等。

第三，“散”也可以代表碎片化，2025 年，企业大学将大部分采用翻转课堂方式，课程内容交付将不再构建于课堂上，而是在车轮上、沙发上、床上……**碎片化学习入侵正式学习体系，人才需要同时游走于两个学习体系，高频、新鲜、个性、多样的学习时代开启。**2030 年，由于组织形态和员工构成的巨大变化，50% 的管理者认为培训和发展不再是组织的义务，企业从学习的组织者向赞助者转变。未来学习的过程中，人才越来越需要有自我导向的学习驱动力，通过深入思考，构建属于个人的“知识宫殿”。

案例：人力资源部门专属的内容推送

某大型企业集团希望建立针对内部人力资源体系从业者的资讯体系。每周进行内容资讯推送，包括国内外人力资源政策、人力资源趋势报告、人才市场报告（选、用、育、留、评各环节）、人力资源工具及方法等。涉及的领域包括外籍人员引进、毕业生就业政策、海外市场劳动力政策等。

HRootAudio 音频学习专栏，每天定时更新人力资源相关的音频学习内容，这样，每天上班路上，不管你是开车、挤地铁，还是步行，都可以随时听、随时学。音频学习只是企业的人力资源领域有机会依托外部获得信息的一个载体而已。借助外部人力资源媒体服务供应商 HRoot 所打造的全链条内容生态矩阵：汇集人力资源服务机构的最新资讯、研究报告与文档、视频与微课，该大型企业集团可通过外部平台强大搜索引擎，获得个性化的智能推荐。

该企业的人力资源部门对于推出内容的选择标准需要严格，这就保障了平台上出现的广告内容和品质维持在一个较高的水平。平台具有一个特性，就是会永久地记录用户的时间、地点、照片及点赞。这种记录功能使得网站与用户的黏性非常高，同时它也对用户的取向有了数据分析基础。其中的内容是基于用户属性分析，再向人群定向推荐的。对于用户而言，推荐了自己感兴趣的产品，自然不会觉得内容来得唐突，反而会认为受益；此时人力资源团队也收获了能提供实际反馈的员工用户。

根据大数据挖掘与引擎推荐，内容平台通过智能化地实现内容与用户的精准连接，使用户在信息过剩的互联网时代能够迅速获取自己所关心的内容，极大减少信息筛选时间与隐性成本，使用户能够充分利用其有限的碎片化时间。

第四，“散”还代表着实时性。2030 年，随着采集监测设备、传感器、智能分析技术的成熟，全体员工的满意度和敬业度可以实时感知，员工的行为变得可预测。智能机器可以通过各种应用软件（APPlication，APP）、穿戴设备、智能家居、车联网等即时采集情绪数据。而且，**通过现代的即时沟通工具和共享学习平台，企业的沟通、学习和绩效管理也变得即时。**

❑ 小打小闹

组织间胜败的逻辑并不是总体力量的较量，而是在关键局部的强弱对比。商业环境变化对于公司组织的评估也发生了巨大的变化。投资人越来越看重企业的用户量、业务模式、估值前景等。

第一，小型组织的力量不容小觑。以金融业为例，2010 年美国对冲基金的前十名（最大的一家，员工仅几百人）的盈利比全球六大银行的总盈利还高；脸书在 2014 年以 190 亿美元的价格收购了一款智能手机即时通信软件 WhatsAPP，现在 WhatsAPP 全球拥有 10 亿位注册用户。而同年，拥有着 3 万名员工的诺基亚手机业务也仅以 72 亿美元被微软收购；谷歌很多的业务都是由收购其他小型组织的创意而来的。谷歌智能手机的安卓操作系统是在 2005 年收购了同名的初创公司而获得的，并在 2007 年推出。2009 年，谷歌搜索引擎的“语义”改善应归功于 2006 年收购的一家澳大利亚公司所提供的 Orion 搜索引擎。

在众多优秀的小型组织中，Instagram 常被称为团队虽小，但效率却极高的公司。

案例：Instagram 团队虽小却效率极高

脸书在 2012 年以 10 亿美元的价格收购了一款拍照分享软件 Instagram。当时 Instagram 创立时间仅 551 天，员工人数 13 人，其中还包括了两名入职一个月的员工。而且，在 2012 年之前，Instagram 的团队只有 6 名成员。2017 年，Instagram 作为图片社交网站 Instagram 已经可以调动全球上亿名网民为其增值，用户数达到 6 亿人，而其员工人数仍旧十分精简。

Instagram 小而美的组织架构一方面是因为软件设计在推出时已经很完善了，且不需要大量人力维护，少量的员工也可以能够满足网站正常运营需求。更重要的是，团队成员的能力极强。其中，负责“社区”概念设计的 Dan Toffey，之前曾在商品期货交易委员会（Commodity Futures Trading Commission）担任页面交互经理的职位。Instagram 现在的首席运营官 Marne Levine 之前曾为奥巴马政府和 Facebook 工作。拥有“高配”的成员构成，虽然人员规模十分精简，却依然可以招架数以亿计且与日俱增的用户。

通向未来的船未必是一艘豪华舰艇，“船小好调头”，一艘小船更容易根据市场发展的不同情况去调整自己的战略。危机到来之后，规避风险的概率很大，也可以及时随着外部环境进行调整。而且，卷土重来、重整旗鼓的机会也仍然存在。英国芯片设计公司 ARM 因为将战略转向低能耗芯片，最终对性能出众的英特尔芯片产生威胁，并构建了自己的生态圈。

案例：小组织的逆袭之路

2016 年，日本金融及投资企业集团软银集团用较市值溢价 43% 的 320 亿美元买下了英国芯片设计公司 ARM。当时，ARM 营业收入不到 10 亿美元，与软银的收购价相比简直不值一提。ARM 不仅是一家无圆晶半导体企业，而且直接出售芯片。

此前，英特尔的芯片性能出众，傲视天下。ARM 在芯片性能上无法与之匹敌进而转战低能耗芯片。后来 iPhone 崛起，ARM 因能耗低而大放异彩。

同时，英特尔也失去了进入移动领域最佳的机会。ARM 相当于在半导体行业内构建了一个足够对英特尔 X86 框架结构造成威胁的 ARM 框架生态圈。ARM 正式通过低能耗芯片和独特的 IP 授权方式，帮助苹果、高通、华为等企业获得了满足各自需求的处理器，算是和合作伙伴共建了一个新的王朝。

第二，小数据和小团队的意义。这是一个个体价值崛起的时代，尽管大企业占有大量的资源，在整体力量上有优势，然而，互联网的基础设施让个体在关键局部中占据有利地位，这是时代给个体留下的机会，也是组织能拥有新战斗力的机会。中国最大的家电厂商海尔集团董事局主席兼首席执行官张瑞敏规划，海尔集团将变身为一家平台公司，未来的海尔集团将全部由“小微公司”组成，平台主、小微主和小微成员成为主体；自媒体的影响力削弱了传统纸媒及电视媒体的垄断地位，由于互联网革命的作用，只要有一技之长，就能开辟一个分众利基市场。

❑ 哗众取宠

2025 年，预计 50% 的大型企业使用营销自动化技术改善员工招聘工作；2025 年，预计 50% 的大型企业增设了首席员工体验官岗位；2030 年，雇主的吸引力将主要构建于员工价值主张的建立与传播，员工的工作动力主要来自工作的意义和影响而非薪酬福利。

“现代营销学之父”菲利普 · 科特勒曾把营销分为三个时代，即营销 1.0 时代

（以产品为中心）、营销 2.0 时代（客户掌握购买主动权）、营销 3.0 时代（客户要求了解、参与和监督企业营销在内的各环节）。关于营销 4.0，比较多的说法在于整合营销时代。

雇主品牌形象决定了企业对人才吸引力的强弱，工作环境有助于发挥工作的内在激励。菲利普·科特勒博士就说过：“营销学不仅适用于产品与服务，也适用于组织与人。”因此，人力资源部要重视候选人体验并了解他们的反馈，优化招聘流程，还要对面试官进行培训，在面试过程中充分体现对候选人的尊重[1]。**人才争夺战的加剧及社交网络的产生向企业招聘负责人提出了全新的要求：推销。**

案例：从营销中获利

那些针对候选人体验的营销实验是可以让企业获利的。谷歌公司使用一个叫 VoxPop 的工具来了解候选人对面试流程的态度和看法，并及时根据候选人的反馈进行改进。改进措施包括组织候选人进行办公室参观、为面试人员提供午餐、给予候选人 5 分钟提问及缩短差旅报销时间等。通过这些措施，80% 的参加面试并被拒绝的候选人仍然乐意推荐他们的朋友到谷歌公司工作。

此外，在新时代企业要学会从人们情感中获利。福特汽车公司创始人亨利·福特说：“为金钱而放弃营销无异于为节约时间而让时钟停滞。”

谷歌利用搜索服务，让失散已久的印度和巴基斯坦亲友重获联络，这种蕴含着情感的视频传播方式，让谷歌在印度地区的用户实现了快速增长。在人力资源管理过程中，情感化的产品或服务是进行情感营销的基础。人力资源管理者需要把员工的思维、心灵和精神联系起来；需要帮助员工，了解并理解他们的预期；努力同员工建立同感、共鸣，实现可持续性，为员工的生活带来不同。

案例：可口可乐的“情感营销”

每天，成千上万的南亚劳工为了一个美好未来而来到迪拜工作。

“如果在这里工作，可以为我的妻子、孩子和父母带来快乐。那么我

1 杨国安，李晓红 . 变革的基因 [M]. 北京：中信出版社，2016.

> 愿意永远留在这里。如果孩子能有一个更好的生活，我所做的一切就是值得的。
>
> 我渴望听到家人的声音，即使只是几分钟的时间。如果能实现的话，这会让我很幸福。”一位南亚劳工讲道。
>
> 每天 6 美元的平均收入，这些劳工给家里打电话必须支付高达每分钟 0.91 美元，这使得他们几乎不可能与自己的亲人朋友定期联系。那么，如果每瓶可乐都能带来额外几分钟的幸福呢？
>
> 可口可乐的管理部门把可口可乐瓶盖变成了可以投入电话亭的货币。
>
> “我收到了一个可口可乐的大瓶盖，所以我明天可以再次和我的妻子讲电话了。”那位南亚劳工说。
>
> 原来快乐就是可口可乐和打给家人的电话。

❑ 礼崩乐坏

传统组织中除了冗余的组织架构，还有大量的流程。**“乱世出英雄”，给了真正有能力的人短时间突破层级限制和出人头地的机会。基于秩序的层级架构是不可能提供这种机会的。**强调控制的体系开始消失，管控型流程也在消失。正像彼得 · 德鲁克所说的“每个人都是自己的首席执行官”。

以绩效管理为例，用流程来管理业务，员工被镶嵌在流程的每个节点，且被指标捆绑，被量化反馈使管理方法受到质疑。2030 年，只有 20% 的企业继续使用关键绩效指标作为主要的绩效考核和管理手段。在绩效管理变革过程中，组织给予员工“边界内的自由”，这个边界不再是过去意义上的绩效指标，而是目标。企业鼓励员工利用资源，自由表达和创新，实现各种可能的目标和成果。反馈流程让员工感到沮丧还是备受鼓舞取决于管理的理念基础和哲学，而平等一定是前提。

创新氛围的建立不仅给员工一定自由度，大的集团企业也可以创造性地设立单独的分机构或部门。而这些号称是“礼崩乐坏”的机构和团队，却成功地让企业“起死回生”、“锦上添花”。

案例："礼崩乐坏"让企业"起死回生"、"锦上添花"

国际商业机器公司曾在远离总部的地方成立了一家独立的机构。这家机构有权力向任何供应商采购组件，还可以通过独立渠道销售产品。这家独立的机构重新建立了不同于国际商业机器公司组织的成本结构，并进入个人电脑市场，令当时的国际商业机器公司起死回生。

微信产品让腾讯公司在商业竞争环境中"锦上添花"，在2014年5月成立微信事业群时，微信创始人、腾讯公司高级副总裁张小龙称该团队会保持小团队心态、思辨胜于执行。

"执行力很重要，但更希望我们的日常工作是一个思辨的过程。我们提倡争论，在工作中通过辨理来找到正确的解决方法，而非为了团队利益或人际关系放弃思辨能力甚至思辨习惯。进步来自思辨。这些朴素的价值观，希望能融入我们团队的日常工作中。

希望我们在微信事业群成立规模变大后，还能保持小团队心态，避免陷入官僚化和流程化里面。我们曾经禁止写幻灯片，认为那是形式化的体现。这有些武断，但目标是效率的最大化。我们还将继续限制招聘的人员数目，只招聘最优秀的人员加入团队。对一个优秀团队来说，人员也是少比多好。"

此外，企业内部的管理者包括来自技术中心、专家中心的高度知识、专业和技术权威人士在技术飞速变迁和企业战略迅速调整的背景下，也面临着"礼崩乐坏"的局面。

案例："科学家"被转岗或离开

当知识、技术的发展方向和程度与企业战略方向或速度出现不匹配或不相融时，人力资源管理者也会无奈地将过去多年形成的"专家"权威、技术中心的至高地位"礼崩乐坏"。

2017年，通用电气中国的研发一把手、科研开创者之一——陈向力低调辞职。隶属于GE中国研发中心的中央研究院上海分支在2017年2月裁员及进行人员转岗。2017年2月13日，通用电气中国总裁段小缨在公司

> 官方微信上说道，缩减非核心研发领域、重组等难免牵涉部分员工的离开或转岗。
>
> 中央研究院的部分员工除了辞职外，部分转岗或回美任职，其中不少是科学家。通用电气全球总计拥有 5 万名研发人员，而中央研究院全球各地的总人数约 3 000 人，占比为 6%。
>
> 这一变化在于：一是通用电气 2015 年年底，全球首席技术官进行了更替。服务通用电气 37 年之久的首席技术官 MarkLittle 退休，继任者 VicAbate 展开了一场针对研发部门的改革，其中，裁员和削减中央研究院人员就成为改革的核心工作之一。
>
> 二是通用电气正在由一家擅长传统工业制造的公司希望转型为一家多元化的数字工业集团，这促使了研发部门的大规模调整，这是通用电气中央研究院全球战略变化的一部分。GE 中国研发中心的中央研究院上海分支会有包括水处理、新材料、化学材料等研究方向，部分人员会做出删减调整，转而集中于人工智能、机器人等。

❑ 好高骛远

互联网时代，追求的不是简单增长，而是跃迁和进化。互联网时代的市场对企业估值也发生了变化。传统企业的估值通常是按经营情况如利润乘以某个数值的市盈率计算的。而互联网时代的企业估值常常是按用户来估值的，如你的产品有多少用户，每个用户未来可能带来的利润。阿里巴巴和腾讯市值破 3 000 亿元用了 18 年；微信月活用户突破 9 亿用了 8 年；摩拜完成 D 轮 2.15 亿元融资只用了 8 个月……

惊涛巨浪的变革中，企业的生存变得“极端”，生存或灭亡的未知性，常常让企业和管理者惊惶不安。美国上市公司，董事会衡量首席执行官业绩的时间周期是 6 个月，该时间内业绩是否上升决定是否继续拥有该职位；过去两年时间，仅 2015 年中国拿到 A 轮投资的企业高达 846 家，但更多项目也在时间与现实的考验中经历商业市场的快速洗盘。

线性增长的公司很可能在指数型商业环境中生存困难。**在成功和衰败呈直线的状态中，市场不会给企业喘息机会：**企业的机会窗口期被缩短，产品周期以年、以月甚至以周计；忽视客户需求变化和行业演变慢，可能满盘皆输；还需要时刻提防门外的“野蛮人”。越来越多的企业为避免断崖式跌落，会选择快速登顶的战略。但一旦未能快速登顶，可能就意味着跌落。

案例：以“好高骛远”的姿态为快速的商业战略变化赢取时间

领英前中国总裁沈博阳本可以向全球首席执行官杰夫·韦纳汇报领英在中国的成功，因为用户在稳定增长。但他却直面未来：“公司价值最大化必须要赌，必须要跑赢市场，而不是只看稳定增长，在一个100%增长的市场中你如果只增长30%，那就是输。”产品赤兔从2015年3月17日立项到6月23日正式上线，仅仅用了3个月。赤兔项目作为一个创业团队，沈博阳号召成员“6个锅5个锅盖，必须有紧迫感，赤兔项目要做的是跑赢市场”。

在此次快的业务战略调整变化下，人力资源管理者如果能更早地站在更高处，与企业同时甚至比企业更快思考可能发生的“战略”调整，会不会更从容地应对在短时间内保证团队快速组建和管理？

在赤兔团队的搭建上，人力资源管理需要快速为企业找到国内优秀的技术开发和管理人员，而且，赤兔团队摒弃了领英此前的“外企做派”，看重的是人员的技术水平，而非英语水平。而这对于人力资源管理团队来说，此前的人才库中匹配人员可能不足，需要借助外部供应商等渠道和其他各种资源适应快速变化的业务发展战略。这相比于此前，任务达成的紧迫感更甚。而人力资源团队以“好高骛远”的姿态，敏感地了解外部市场和环境，及时感受和预知领英中国化的战略转型，对于开发人员、技术人员的需求，更早地将人才库的结构进行优化、对供应商渠道进行开拓和管理，其实为人力资源部门和产品部门、业务部门赢得宝贵的时间和获取优秀人才的先机。

而且，实现指数型增长的关键就是和用户尽可能地接触，满足用户的需求、和用户保持更多的联系和沟通、获得用户更多的基础数据和行为数

> 据。领英存在着天然的和客户进行沟通的渠道优势，并能获得源源不断的用户行为数据，人力资源管理团队正通过数据精准地找到用户行为的方式。同时，人力资源管理部门需要采用去中心化的管理模式，去构建横向沟通、多渠道沟通的方式，更好地支持赤兔项目团队。

由此，对于人力资源管理者而言，**如果能以“好高骛远”的姿态，内心存在更多的“渴望”，不局限于自己的职能范围和视野，而是尽早设想自己站在更高的地方**，或者敢于并积极攀登那个可能虚拟的却可以“看得最远的地方”，预见可能发生的未来和快速应对可能危机。

“好高骛远”的表现还在于人力资源管理者在人才获取、薪酬激励、文化等领域有机会真正追求“全球化”。

对求职者和企业来说，他们都可以在未来让自己变得更为“好高骛远”。对于企业而言，任何企业都可能拥有一个世界范围的全球人才储备库。人力资源管理者从本地区即在某个地理范围出发去寻找人才，转为在全球去寻找人才；求职者可以凭借自身能力在全球人才平台上获取一份工作，或者在家或咖啡馆，为全世界某家公司工作。而且，由于工作和人才在全球流动，相同水平的人不管处于全球哪个地区，他们的薪水将趋同。以地区划分的各种人才管理结果和报告，显得过时且不客观。正如《迈向 2035：4 亿数字经济就业的未来》报告表明：分布于全球的各人才平台使就业者的身体素质、所处地域不再构成制约，带来全球化的广泛协同和对劳动者的一视同仁。

❑ 投机取巧

人机大战中的“相杀”和“相爱”，对于人力资源管理者而言，分别是被动地“投机”和主动地“投机”。

首先，在被动“投机”这场战斗中，不仅是人力资源管理岗位，而是各个职位都在被机器人抢夺。基于对 352 位人工智能研究人员的调查，牛津大学和耶鲁大学研究人员预计，2051 年人工智能将自动化所有的人类任务，2136 年取代人类的所有职业。不仅仅是重复性的简单劳动，也包括那些看似复杂、需要人类很多智慧的职位。这是因为**机器学习的能力和速度在某些方面会超过人类，而且，机器学习的能力和速度会变得越来越快且越来越优，但是从人的个人生命周期来看，却可能是个退化的过程。**

案例：职位被机器人抢夺

2016年，谷歌神经翻译系统强势袭来，号称能降低80%的翻译错误率。科大讯飞也早已实现将语音同步转写成中英文字幕实时显示的功能。

电子商务集团亚马逊所研发的Amazon Go是亚马逊最具革命性的创新项目之一。它正是使用计算机视觉、深度学习及传感器融合等技术，颠覆传统便利店、超市的运营模式。客户通过用扫码进店后，在店内随意拿商品，在离店后亚马逊自动扣款，支付时也不用打开手机，彻底跳过传统收银结账的过程。

2017年，上海第一家24小时无人便利店开张——“缤果盒子”，两面为透明玻璃墙。将商品放置在扫描区后，右侧屏幕上会自动出现商品信息和付款二维码，客户可使用微信、支付宝或应用扫码支付。出口处设有商品感应区，地面上的警示标志上写着“未结账商品带入此区域将触发警报”。如果有人未经实名验证，尾随他人进入超市，会被摄像头识别并将信息发送至人工服务中心。智能盘库系统可以让店员每天在20分钟内完成库存检测，再加上无须雇用收银员，运营成本约为传统便利店的15%。

量化投资也是人工智能的主要舞台。全球最大资管公司之一的贝莱德，在2017年3月宣布裁员包括7名投资经理在内的100名主动型基金部门员工，涉及变动的300亿美元资产中，有近60亿美元将由量化基金接管。据Opimas的分析，贝莱德采用人工智能取代传统人工的战略，将给公司的总体运营成本带来28%的下降空间。对于金融领域，咨询机构Opimas预测到2025年，金融机构中会有10%的职能将被智能程序取代，这被取代的部分中有40%将来自资产管理领域。

而在人力资源管理领域，**首当其冲就是三支柱模型中的人力资源共享服务中心。**预计2025年，人力资源共享服务中心99%的人力资源工作岗位将被机器人替代。越来越多的人力资源管理者对一站式自助办公服务抱有了极大兴趣和采购意愿。例如，办公自助服务供应商纷享科技的人力机器人，可以为企业员工提供 24 小时自动证明打印服务。文思海辉发布的科技产品智能服务终端提供考勤、请假、薪资单查询、打印、人事流程申请及进度查询，可以大大提升人力资源共享服务中心的服务效率。同时，员工还可以下载远程服务应用 RSA，通过移动端及时提交申请，实现多种功能。而未来，还会有更加复杂和智慧的功能推出。

人类若想继续跟摩尔定律赛跑，组合式创新是最好的方法。人类在和机器的比拼中，目前人还能占上风的地方包括高级模式识别、复杂沟通、肢体领域、整体性解决问题：知识迁移、创新能力。但是，在更远的未来，如图 10-7 所示，“人类中的弱者 + 机器 + 出色程序”的组合，胜过了单纯的强大机器，更值得注意的是，还胜过了“人类中的高手 + 机器 + 低劣程序”的组合。[1] **在混沌时代，能掌握机器，善于利用机器成为判断人才绩效产出的主要因素。人才的工资高低将取决于他能否和机器人默契配合。**

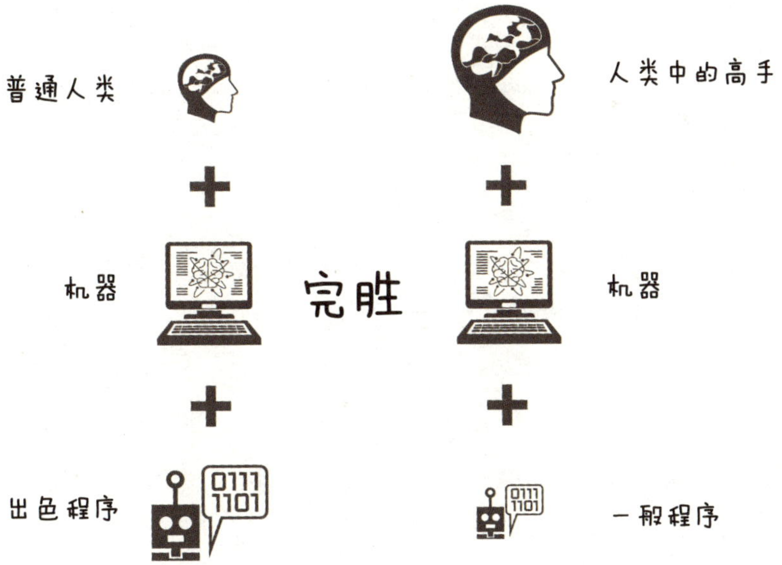

图 10-7 “人类 + 机器 + 程序”的组合

1 埃里克·布伦乔尔森，安德鲁·迈克菲 . 与机器赛跑 [M]. 闾佳，译 . 北京：电子工业出版社，2014.

案例：智能在人力资源领域的应用

2017 年 3 月，北美著名猎头公司 SourceCon 举办了一场竞赛：要求参赛者从 5 500 份真实简历中，筛选出最匹配公司要求的产品经理、系统管理员、地勤人员三个职位。参与此次竞赛的除了北美地区最顶尖的 8 名猎头，还有一台能够进行人工智能匹配的机器人 Brilent。机器人 Brilent 只用了 3.2 秒，就筛选出了合适的候选人，精确度在所有参赛者中排名第三。而获得第一的那名猎头，却用了整整 25 小时。

百度组建了面向智能化管理的专业复合型团队——百度人才智库，该智库收集了超过 10 万名内部离职与在职员工数据及大量外部公开数据，构建了人力资源相关模块的预测和分析模型。在离职管理环节，百度人才智库建立了准确度高达 90% 的 90 天离职预测模型。这一模型帮助人力资源部对有潜在离职倾向的员工进行及时挽留。

利用大数据进行预测，在“大数据”海洋中，需要利用超级智能可以剔除更多无效信息，将整个人力资源管理要素能“智能匹配”。百度创始人李彦宏表示，在即将到来的人工智能时代，仅仅考虑移动互联网远远不够。在人工智能领域软硬件的结合在人工智能时代将更加紧密，算法带来的推动力比数据更大，而且，由于万物需要被唤醒，人工智能也将大幅度地改变 B 端效果。

人力资源管理者主动地“投机”体现在采集监测设备、传感器、智能分析技术的成熟，全体员工的满意度和敬业度可以实时感知，员工的行为变得可预测。

其次，在与机器的互动过程中，员工表情、语音、行为都可以被记录分析。智能机器 EmoKit 可以判断各种情绪数据，包括语音、表情、心率等。通过面部识别技术、语音识别技术，这些分析工作都可以被快速完成。情绪行为分析功能可以反馈给人力资源业务伙伴，当发现员工的情绪波动比较大的问题时可以实时告知业务伙伴，去辅助业务伙伴采取一些措施。

而且，企业管理领域的智能应用被更加频繁地使用。机器学习和智能机器的能力会作为云平台的一项核心能力，允许用户调用。思爱普的创始人哈索 - 普拉特纳认为总体来说，企业领域的人工智能还处于发展的早期。现在思爱普已经有 20 多个带人工智能的应用正在开发中。哈索·普拉特纳预计到 2018 年下半年，会有 50 个左右的智能应用。

著名物理学家牛顿说过："我能算出天体运行的轨迹，但算不出人类的疯狂。"

❑ 碌碌无为

人是特别复杂的情感动物，而机器依赖算法、数据和分析。机器可能并不能分清社交媒体上朋友圈人们的点赞是真正出于赞赏或出于对方是同事、上司、客户这样的职业社交需要而点赞。

未来企业需要召集一群多样性背景团队下的人员合作共同承担的项目，拥有敏感性和具备亲和能力是建立信任感、促使人们沟通并吸收彼此观点的前提。管理者需要真正将人类的脆弱放到一个更高的关注位置上。

合作的基础是信任。信任，没有比在哪个时代更需要被提及。管理的核心更应该看成成员与企业内部领导的一个沟通机会。**借用很多的知识和技术往往是事物发展与否的开始，但成功与否，取决于对人性的认识和人与人之间的信任关系。**感觉力、同理心和直觉力技能将使你不被人工智能那么快地取代。知识、技术、人与信任对未来的影响如图 10-8 所示。

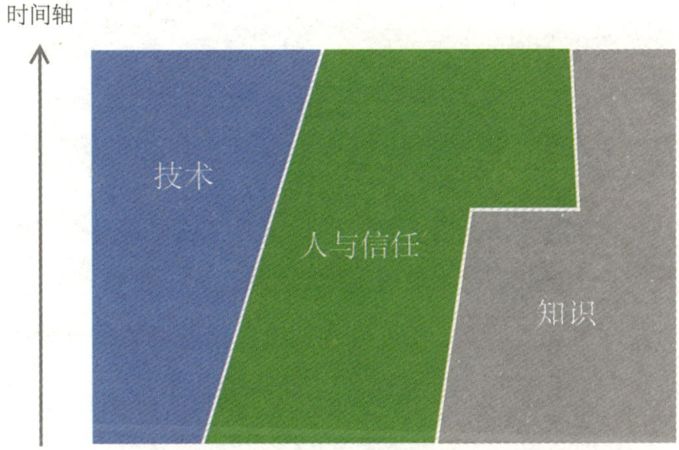

图 10-8 知识、技术、人与信任对未来的影响

埃米·卡迪（Amy Cuddy）等人的研究表明，那些让人觉得很有能力但缺乏亲和度的人常招人嫉妒，这种情绪既包含尊敬又带有敌意，好坏参半。发挥影响力和领导能力，首先需要从亲和力开始。[1] 同时，企业的管理者要学会放手，弱化管理，不做预设，利用效果思维，鼓励员工利用资源，自由表达和创新，达成各种可能的目标和成果。

案例：如何建立合作和信任的关系，才能战胜分歧和危机

2017 年 6 月 21 日，万科董事会主席王石在微信朋友圈宣布："在酝酿董事会换届时，已决定不再作为万科董事被提名，从当初我们放弃股权的那一刻起，万科就走上了混合所有制道路，成为一个集体的作品，成为我们共同的骄傲，未来万科将步入一个崭新的发展阶段。今天，我把接力棒交给郁亮带领下的团队，我相信这是最好的团队，他们更年轻，但已充分成熟。我对他们完全放心，也充满期待。"

王石与郁亮的交班历程达 17 年，其间未出现权力斗争和大的企业危机，万科从 2001 年的 31 亿元营业收入增长近 120 倍，达到 2016 年的 3 647 亿元。2013 年，郁亮在接受《哈佛商业评论》中文版采访关于"与王石产生分歧"问题时，表示"我们已经习惯了啊，就像打排球那样，相互补位嘛。遇到分歧很简单，放一放，想一想。首先，我们的利益是高度一致的，都是要让万科好；其次，判断是非的标准是统一的，即万科利益最大化。这两条是坚固的基础；最后，我们都有持续学习的心态。王石主席是善于学习的人，我也在不断地修正自己，摸索着往前走。遇到事情，用这三把尺子量一量，就没有什么真正的矛盾，都可以协调好"。

企业和人力资源管理者在未来环境中的怯懦只会使得自己更加脆弱，愈发难以应付外界的变化。**创新就要有"超级 HR"这种天才，看似"叛逆"，其实秉承着愈加"至简至真"的管理哲学，不断开疆拓土，帮助组织保持敏捷、构建混沌的土壤，让创新发生。**这就是"超级 HR"无上荣耀的事！

1 埃米·卡迪，马修·科胡特 . 打动人心：影响力的潜在素质 [EB/OL]. 哈佛商业评论 (2013-07-10) http://www.hbrchina.org/2013-07-10/1349.html.

反侵权盗版声明

举报电话：（010）88254396；（010）88258888

传　　真：（010）88254397

E-mail：　dbqq@phei.com.cn

通信地址：北京市万寿路 173 信箱

　　　　　电子工业出版社总编办公室

邮　　编：100036